Nozaldi 356—

Colección: **Raíces de la memoria**

La escuela moderna francesa
Guía práctica para la organización material,
técnica y pedagógica de la escuela popular

Una pedagogía moderna
de sentido común
Los dichos de Mateo

Las invariantes pedagógicas

Por

Célestin FREINET

Traducción:
Equipo Táramo

Célestin FREINET

La escuela moderna francesa
Guía práctica para la organización material, técnica y pedagógica de la escuela popular

Una pedagogía moderna de sentido común
Los dichos de Mateo

Las invariantes pedagógicas

Prólogo a la edición española por
Herminio Barreiro

EDICIONES MORATA, S. L.
Fundada por Javier Morata, Editor, en 1920
C/ Mejía Lequerica, 12
28004 - MADRID

Títulos originales de las obras:
L'ÉCOLE MODERNE FRANÇAISE. *Guide pratique pour l'organisation matérielle, technique et pédagogique de l'école populaire*
LES DITS DE MATHIEU. *Une pédagogie moderne de bon sens*
LES INVARIANTS PÉDAGOGIQUES

© Éditions du Seuil, 1994
La primera edición de *Les Dits de Mathieu* apareció en 1959; la de *L`école moderne française* en 1946 y la de *Les invariants pédagogiques* en 1969.
La edición francesa de 1994 está a cargo de Madeleine Freinet.

No está permitida la reproducción total o parcial de este libro, ni su tratamiento informático, ni la transmisión de ninguna forma o por cualquier medio, ya sea electrónico, mecánico, por fotocopia, por registro u otros métodos, sin el permiso previo y por escrito de los titulares del Copyright.

© EDICIONES MORATA, S. L., 1996.
Mejía Lequerica, 12. 28004 - Madrid

Derechos reservados
Depósito Legal: M-26.693-1996
ISBN: 84-7112-410-6

Compuesto por: Ángel Gallardo
Printed in Spain - Impreso en España
Imprime: LAVEL. Humanes (Madrid)
Fotografía de la cubierta propiedad del ICEM *(Institut de Coopération de l'École Moderne)*

Contenido

	Págs.
PRÓLOGO A LA EDICIÓN ESPAÑOLA, por Herminio Barreiro	11
LA ESCUELA MODERNA FRANCESA: Guía práctica para la organización material, técnica y pedagógica de la escuela popular	17
ADVERTENCIA	21
INTRODUCCIÓN	23
PRINCIPIOS GENERALES DE LA ADAPTACIÓN DE LA NUEVA CONDUCTA ESCOLAR AL MEDIO AMBIENTE	27
Finalidad de la educación, 27.—La escuela centrada en el niño, 28.—El propio niño construye su personalidad con nuestra ayuda, 29.—La escuela de mañana será la escuela del trabajo, 29.—Cabezas bien construidas y manos expertas antes que odres repletos, 30.—Una disciplina racional, que emana del trabajo organizado, 30.—Una escuela del siglo xx para el hombre del siglo xx, 31.—Esta readaptación se hará partiendo de la base, 31.—La complejidad social de esta readaptación, 31.—La escuela del pueblo no podría existir sin la sociedad popular, 32.	
LAS GRANDES ETAPAS EDUCATIVAS	33
El período preescolar, 33.—Las reservas y jardines de infancia, 34.—La escuela maternal, 37.—La escuela primaria, 54.	
COMPLEJO DE INTERESES Y PROGRAMAS ESCOLARES	104
EN LA PRÁCTICA	108

© Ediciones Morata, S. L.

UNA PEDAGOGÍA MODERNA DE SENTIDO COMÚN: Los dichos de Mateo .. 115

INTRODUCCIÓN 119

UNA PEDAGOGÍA DE SENTIDO COMÚN.. 121
Pedagogía del sentido común, 121.—Los caminos de la verdad, 122.—El peligro de los que hacen nudos, 123.—El buen campesino o el ciclo de la educación, 124.—El maestro y el obrero a destajo, 124.—Las águilas no suben por la escalera, 125.

HACER BRILLAR EL SOL 127
Las aventuras de la "Kon-Tiki", 127.—¡La vida se eleva siempre!, 128.—La historia del caballo que no tiene sed, 129.—El caballo no tiene sed: ¡pues cambiad el agua del estanque!, 130.—Provocad la sed en el niño, 130.—Primero hay que hacer brotar la fuente, 131.—Demos tiro, 132.—Llevar buena marcha, 133.—Una nada que lo es todo, 134.—Han olvidado su manzana, 135.—La vida se prepara con la vida, 135.—Nuestro laboratorio es el niño, 136.—Sed humanos, 137.

EL TRABAJO QUE ILUMINA 139
La bandera azul, blanca, roja, 139.—Antes-después, 140.— ¡Quiero cogerlas!, 141.—El trabajo que ilumina, 142.—¿Por qué trabajar?, 143.—El trabajo en serie, 143.—El trabajo a migajas, 144.—No hagáis el inútil trabajo de soldado, 145.—Elogiar, 146.—En el corazón del hombre, 147.—El tiempo de los bailes, 148.—Embragar con la vida, 148.—Id al encuentro de la vida, 149.—Nuestro trabajo nos unirá, 150.

LA PEDAGOGÍA DEL TRAJE DE PINGÜINO 151
La pedagogía del traje de pingüino, 151.—Los que no podemos domesticar, 152.—Han echado piedras en los estanques, 153.—El peso del servilismo, 154.—Cebadores y educadores, 154.—Criadero moderno o campo de concentración, 155.—La escuela del sorche, 156.—Cárceles de juventud cautiva, 157.—¡Cuidado con el laminador!, 158.—Los falsificadores del espíritu, 159.—Madera maciza o contrachapada, 160.—¡Cuidado con el canto-hachís!, 161.—En la cañada estéril, 161.—¡Hazte el muerto!, 162.—Liberados del rito, 163.—Todos nosotros somos delincuentes, 163.

NO SOLTÉIS NUNCA LAS MANOS 165
¡No soltéis nunca las manos ... antes de tocar con los pies!, 165.—Buscad a Adrien, 166.—Ponerse en cabeza del pelotón, 166.—Abrid pistas, 167.—El ojo mágico, 168.—Si el conocimiento..., 169.—¡Fulgurantes!, 170.—Escrito sobre pergamino, 171.—La interrogación, 171.—Una dirección sensible, 172.—¿Educar o domesticar?, 173.—¡Diablo de rastrillo!, 174.—La estilográfica escolar, 175.—Los "charlatanes", 175.—¡Adaptarse a la vida y al trabajo!, 176.—La observación mediante la iluminación, 167.—El 3 no va forzosamente detrás del 2, 178.—No siempre 2 y 2 son 4, 179.—¡Haced saltar los calzos!, 179.—La noción de velocidad, 180.

LOS QUE ANDAN CON LAS MANOS 181
Los que andan con las manos, 181.—¿Debo quedarme sobre las manos o andar con los pies?, 182.—Inquietos y vacilantes, 182.—De pie y a cuatro

patas, 183.—Los jugadores de taba, 184.—Dejad aquí toda esperanza, 185.—¿La escuela será templo o taller?, 186.—¿Será la escuela un taller?, 186.—¿Será la escuela cuartel o taller?, 187.—¿Cálido invernadero o aire libre?, 188.—Campesinos y ganaderos, 189.—Es en la fragua donde se forja el herrero, 190.—Contar garbanzos, 191.—¡Desconfía de la saliva!, 192.—¡Suprimid la tarima y remangaos!, 193.—El "escolastismo", 194.—¡Nos quitamos el sombrero ante el pasado, nos quitamos la chaqueta frente al porvenir!, 195.—Cachorros vulgares y perros de raza, 196.—Hay nacimientos que son explosiones, 197.—Calzado nuevo y zapatos gastados, 198.—Mis ideas se atropellan en el portillo, 198.—Los que todavía hacen experimentos, 199.—Una mentalidad de constructores, 200.

UN OFICIO QUE ES UNA FÓRMULA DE VIDA 202
Un oficio que es una fórmula de vida, 202.—Sembramos el grano de las ricas cosechas, 203.—La embriaguez de triunfos, 204.—Pan y rosas, 204.—Avanzar en profundidad, 205.—El Trabajador Hombre, 206.—Las preocupaciones del brigada, 207.—La vuelta a las orejas de burro, 208.—Evitad la prueba de fuerza, 209.—Hay varias moradas, 210.—Autocracia o libertad, 210.—Somos aprendices, 211.—El oficio os marca, 212.

Y LA LUZ SE HIZO 213
En el año 1959, 213.—El carretero retrasado, 214.—Una pedagogía que no se atreve ya a pronunciar su nombre, 215.—Las técnicas modernas han ganado la partida, 215.—La verdadera ciencia psicológica, 216.—El estremecimiento de la paz, 217.—¡Si gobiernan!, 218.—¡Y la luz se hizo!, 219.—La noche llegará demasiado pronto, 219.—Hemos colocado nuestra piedra, 220.—La venganza de los "realistas", 221.

LAS INVARIANTES PEDAGÓGICAS 223

INTRODUCCIÓN 227

LA NATURALEZA DEL NIÑO 229
Invariantes: Núm. 1) El niño es de la misma naturaleza que el adulto, 229.—**2)** Ser mayor no significa forzosamente estar por encima de los demás, 330.—**3)** El comportamiento escolar de un niño está en función de su estado fisiológico, orgánico y constitucional, 231.

LAS REACCIONES DEL NIÑO 233
Invariantes: Núm. 4) A nadie le gusta que le manden autoritariamente; el niño, en eso, no se distingue del adulto, 233.—**5)** A nadie le gusta alinearse, porque alinearse es obedecer pasivamente a un orden externo, 234.—**6)** A nadie le gusta verse obligado a hacer determinado trabajo, incluso si este trabajo no le desagrada particularmente. Es la obligatoriedad lo que paraliza, 236.—**7)** A cada uno le gusta escoger su trabajo, aunque la elección no sea la más ventajosa, 236.—**8)** A nadie le gusta dar vueltas en el vacío, comportarse como robots; es decir, actuar, someterse a pensamientos inscritos en rutinas en las que no participa, 237.—**9)** Es preciso que motivemos el trabajo, 238.—**10)** Basta de escolástica, 239.—**10 A)** Todo individuo quiere conseguir éxitos. El fracaso es inhibidor, destructor del áni-

© Ediciones Morata, S. L.

mo y del entusiasmo, 240.—10 B) El juego no es lo natural en el niño, sino el trabajo, 240.

LAS TÉCNICAS EDUCATIVAS 242
Invariantes: Núm. 11) La vía normal de la adquisición no es de ningún modo la observación, la explicación y la demostración (que constituyen el proceso esencial de la escuela), sino el tanteo experimental, procedimiento natural y universal, 242.—**12)** La memoria, por la que se preocupa tanto la escuela, es válida y preciosa sólo cuando se integra en el tanteo experimental, cuando está verdaderamente al servicio de la vida, 243.—**13)** Las adquisiciones no se logran, como a veces se cree, mediante el estudio de reglas y leyes, sino por la experiencia. Estudiar en primer lugar estas reglas y estas leyes, en lengua, en arte, en matemáticas, en ciencias, es colocar la carreta delante de los bueyes, 244.—**14)** La inteligencia no es una facultad específica, según enseña la escolástica, que funciona como un circuito cerrado independientemente de los demás elementos vitales del individuo, 244.—**15)** La escuela sólo cultiva una forma abstracta de inteligencia, que actúa fuera de la realidad viva, mediante la interpretación de palabras y de ideas fijadas por la memoria, 245.—**16)** Al niño no le gusta recibir una lección magistral, 246.—**17)** El niño no se cansa cuando hace un trabajo que está dentro de su línea de vida, que es, por decirlo así, funcional para él, 246.—**18)** A nadie, sea niño o adulto, le gusta el control y el castigo, que siempre consideran una ofensa a su dignidad, sobre todo cuando se ejercen en público, 247.—**19)** Las notas y las clasificaciones son siempre un error, 248.—**20)** Hablad lo menos posible, 249.—**21)** Al niño no le gusta el trabajo en rebaño, al cual debe conformarse el individuo. Le gusta el trabajo individual o el trabajo de equipo dentro de una comunidad cooperativa, 250.—**22)** El orden y la disciplina son necesarios en clase, 250.—**23)** Los castigos son siempre un error. Son humillantes para todos y jamás conducen a la finalidad buscada. Son, como mucho, una mala solución, 251.—**24)** La vida nueva de la escuela supone la cooperación escolar, o sea, la gestión de la vida y del trabajo escolar, por los usuarios, incluyendo al maestro, 252.—**25)** La sobrecarga de las clases es siempre un error pedagógico, 253.—**26)** La concepción actual de los grandes conjuntos escolares conduce al anonimato de maestros y alumnos; por este mismo hecho es siempre una equivocación y un obstáculo, 254.—**27)** La democracia de mañana se prepara con la democracia en la escuela. Un régimen autoritario en la escuela no podría formar ciudadanos demócratas, 255.—**28)** Sólo se puede educar dentro de la dignidad. Respetar a los niños, debiendo éstos respetar a sus maestros, es una de las primeras condiciones de la renovación de la escuela, 255.—**29)** La oposición de la reacción pedagógica, elemento de la reacción social y política, es también una invariante con la cual tendremos que contar por desgracia, sin que esté en nosotros la posibilidad de evitarla o modificarla, 256.—**30)** Por fin una invariante que justifica todos nuestros tanteos y autentifica nuestra acción: es la esperanza optimista en la vida, 257.

CÉLESTIN FREINET: DATOS BIOGRÁFICOS 258

OBRAS DE CÉLESTIN Y DE ÉLISE FREINET TRADUCIDAS AL CASTELLANO .. 265

OTRAS OBRAS DE MORATA DE INTERÉS 267

© Ediciones Morata, S. L.

Prólogo a la edición española

Por Herminio Barreiro
Profesor Titular de Teoría e Historia de la Educación
Universidad de Santiago de Compostela

Sobre Freinet y la escuela moderna

¿Por qué Freinet ahora? ¿Es una provocación? ¿Se trata de un anacronismo? ¿O es más bien un acto de restablecimiento de la justicia histórica?... Cada uno lo interpretará a su manera. Así es, si así os parece. El péndulo de la vida y de la historia parece que nos lleva ahora hacia los espacios de la no-historia, hacia el final de una época o hacia no se sabe qué indeterminación sideral... Es como si no quisiera volver —o no pudiera retornar— lo que muchos pensamos que no debería haber partido. Como si hubiéramos perdido un camino cuya silueta se distinguía con nitidez en el horizonte y que casi tocábamos ya. Aquel camino de los años sesenta por el que transitábamos decididos cuando Célestin Freinet nos dejó...

De cualquier manera, no será posible avanzar si no nos reorientamos. Se hace camino al andar, es cierto. Pero no andaremos con tino, si no abrimos en la dirección adecuada el camino... Y no haremos camino ni lugar si olvidamos lo andado. Albert Einstein tenía razón: si alguien quiere estar en la vanguardia de su disciplina, debe conocer la historia de su disciplina. Los educadores que quieren estar en la vanguardia de su profesión, deben conocer la historia de su profesión. Conservar, pues, la memoria equivale a estudiar a fondo las "raíces de la memoria". Y empezando quizá por lo más inmediato, por los que nos precedieron, por los que nos transmitieron directamente su legado. Como Célestin Freinet, por ejemplo.

Vivió Freinet (1896-1966) en la época más turbulenta, dramática, esperanzada y planetaria de la historia de la humanidad. Como dijo un día Max Aub, no todo el mundo puede decir que vivió y conoció dos guerras mundiales y varias guerras civiles revolucionarias. Realmente, entre 1905 y 1960 pasó casi todo lo que podía pasar. En 1960 empezaba otra historia. Una historia que no finalizó, como muchos sostienen, en 1989. Una historia aún sin final, que no se sabe muy bien si es ya la del siglo XXI o si se trata de la superación definitiva —¡al fin!— de todos los grandes problemas planteados en el XIX. Pero, en todo caso, una historia dinámica, fulgurante y apasionada que a nosotros nos ha marcado para siempre.

Aquel mundo, aquellos años, necesariamente tenían que haber provocado grandes experiencias de todo tipo, grandes realizaciones y grandes retos. Por eso —no sé si todavía bajo los efectos del embrujo de aquel tiempo— a mí me gustaría decir, para iniciar la presentación de FREINET en esta su nueva *rentrée* editorial, que todas las grandes experiencias educativas de nuestro tiempo son —¡tenía que ser así!— sencillamente *irrepetibles*. Y lo son por una razón muy simple: los grandes maestros son *únicos*. Ya sé que alguien objetará que dónde queda entonces el valor de las escuelas, el papel de los discípulos o la transmisión de la cultura. Pero ése es evidentemente otro asunto. Una cosa son las revoluciones y otra la estela de las revoluciones...

Porque al hablar de FREINET, estamos hablando de una *magna revolución*. Entiéndaseme bien, de una *revolución escolar*. Con todas las implicaciones que se quiera en el proceso de la revolución social, pero de una revolución —repito— pedagógica. Como la de GINER DE LOS RÍOS, a partir de 1876 —y COSSÍO, entre 1915 y 1935—, en la Institución Libre de Enseñanza. O como la de A. MAKARENKO, en los años veinte y treinta, en la URSS. O incluso como la de FREIRE, en Brasil, en años más recientes. Eso, por poner ejemplos con objetivos concretos bastante disímiles.

Todas ellas son —insisto— experiencias irrepetibles. Y lo son, por mucho que haya gentes de buena voluntad que quieran seguirles e imitarles. Lo son —repito— porque los grandes maestros son únicos. Y es que para ser un gran maestro es absolutamente imprescindible la *originalidad* y la *radicalidad* en el planteamiento global de una experiencia. Y eso es en sí mismo irreproducible en el ámbito de la educación. Lo que perdura, lo que nos queda, es el sedimento y el poso de su universalidad pedagógica, el salto histórico que cada gran experiencia lleva consigo.

La vida y la obra de C. FREINET ha sido ya estudiada de una manera sesuda y concienzuda por Georges PIATON en Francia y por José GONZÁLEZ MONTEAGUDO en nuestro país. Además de estudios igualmente densos y eruditos por parte de autores italianos. Es decir, se le conoce bien en los países que implantaron con más éxito escuelas al estilo freinetiano, con sus famosas "técnicas" como bandera.

Hoy, poco más de un año después de la reedición de su vasta obra pedagógica en francés, se ofrece aquí al lector de finales de siglo un ramillete con tres obras especialmente significativas y reveladoras de la "práctica técnica y pedagógica" de FREINET, así como de su original "filosofía educativa": *L'École Moderne Française* (1946), *Les dits de Mathieu* (1959) y *Les invariants pédagogiques* (1964). La primera fue considerada por Élise FREINET —compañera y colaboradora de C. FREINET hasta más allá de su muerte— como una obra eminentemente *práctica,* con un subtítulo de posguerra que, como ella dice, era todo un programa: "Guía práctica para la organización material, técnica y pedagógica de la escuela popular". La segunda recoge esa especie de "pedagogía del sentido común" —como le gustaba decir a FREI-

© Ediciones Morata, S. L.

NET— que subyace en los dichos campesinos y de cultura antigua de Mateo y en la que aparecen, aquí y acullá, no pocos momentos de una crítica incisiva de la sociedad, la política y la cultura de aquel momento. Y la tercera es el verdadero testamento pedagógico de FREINET, en forma de sentencias psicológicas, metodológicas y didácticas en las que se va decantando toda la sabiduría acumulada por el maestro a lo largo de los años.

La vida de C. FREINET aparece, pues, hondamente marcada por los grandes acontecimientos de este siglo. Grabada a fuego en su carne y en su alma con su herida de la Primera Guerra Mundial, que determinará el rumbo de su peripecia vital; con las lecturas de los clásicos del socialismo y del marxismo, durante su convalecencia; con sus primeras reflexiones sobre la vocación y la acción pedagógica; en fin, con su larga experiencia de cautiverio en un campo de internamiento y su militancia, después, en la Resistencia, durante la Segunda Guerra Mundial.

Así se forjó aquella experiencia original, entusiasta, decidida y radical que se llamó *Escuela Francesa, Moderna y Popular. Francesa,* porque la patria estaba en peligro. *Moderna,* porque se imponía la modernización del país para responder a las necesidades sociales reales. Y *popular,* porque el futuro o es del pueblo o no es de nadie.

Acción pedagógica, la de FREINET, que se encamina siempre hacia la acción política. Pero sin mezclar las cosas. Preservando siempre la autonomía —que él sabe relativa— de lo pedagógico, el valor en sí de la acción educativa. Terreno difícil y movedizo que, como se sabe, acarreará las críticas de los políticos doctrinarios y de los sociólogos radicales, para los que en el sistema educativo el elemento reproductor es el elemento dominante y casi único.

Sería ingenuo, a estas alturas, negar la correlación que existe entre sistema productivo, sistema político y sistema educativo. Hoy esto es ya una obviedad. Pero estamos hablando ahora de una época de profundos cambios sociales y políticos y también de un personaje singular. Estamos hablando de un hombre lleno de fe en los poderes de la educación como mecanismo privilegiado para la *crítica* y para la *toma de conciencia,* como palanca capaz de generar la inversión del pensamiento hegemónico, como diría GRAMSCI. FREINET no confundía la pedagogía con la revolución ni con la política. Ni en su práctica educativa, ni en sus publicaciones periódicas —*L'Éducateur* es un buen ejemplo— ni tampoco en ninguno de sus muchos libros. No pertenecía el pedagogo francés a los que creían ingenuamente en que era posible cambiar a la sociedad desde la escuela, pero sí pensaba que el aparato escolar era un lugar ideal para ejercitar la crítica y, desde allí, lanzarse a la acción política. Es decir, sabía de la dimensión política de la educación, pero se sentía un verdadero profesional de la pedagogía —en la escuela— y un ciudadano comprometido —en la sociedad y entre el pueblo (militancia en el Partido Comunista Francés). De ahí sus distancias y sus críticas respecto al movimiento internacional de la Escuela Nueva y respecto a ciertas tendencias de la pedagogía soviética.

La teoría educativa de FREINET —una teoría que nace siempre de la propia praxis y nunca de la especulación apriorística— se nutre básicamente del concepto marxista del *trabajo,* en tanto que actividad esencial y determinante de los seres humanos ("El trabajo es como el corazón social del hombre"; "La escuela no debe ser un templo sino un taller"). Y sigue de cerca el pensamiento de MARX en todo lo referente a la combinación de educación y trabajo productivo, en la superación del divorcio entre teoría y práctica y en la separación artificial entre el mundo de la niñez y el de la edad adulta. Tres elementos capitales para entender la pedagogía de FREINET.

Tres elementos que lo alejan del concepto de trabajo que manejaba la Escuela Nueva (por ejemplo, KERCHENSTEINER), de la percepción de lo teórico y lo práctico por parte de esos mismos pedagogos ("teorizan, pero no siembran ni trabajan la tierra ellos mismos" —decía FREINET—) y de la peligrosa infantilización de la infancia en que había caído la pedagogía a partir de ROUSSEAU ("sí a la especificidad de la infancia" —dirá—, pero no al peterpanismo —decimos nosotros—; "en vez del juego por el juego" —dirá— "será mejor hablar del trabajo-juego" —o, en todo caso, del "juego-trabajo"—).

Por eso quizá no tenga razón LERENA cuando sitúa, sin más, a FREINET dentro de la ancha plataforma "empirista-esencialista-idealista-psicologista" que parte de "papá Rousseau". Porque FREINET no analiza ni teoriza sobre el sistema educativo. Simplemente trabaja en él. Y quiere hacerlo con rigor y conciencia. Lo que ocurre es que, como casi todos los grandes maestros, se sentirá deslumbrado a veces por el fulgor de su propio trabajo apasionado y pensará que aquello puede llegar a ser más de lo que es; se sentirá transportado por su propia práctica, seducido por su misma acción, alienado por la estela de la experiencia. He ahí el optimismo pedagógico de los iluminados, sin el que no se va a ninguna parte. No hay recetas universales —pensamos los escépticos—, pero ellos creen firmemente en su propia solución y se entregan a ella en cuerpo y alma. No se sienten obligados a guardar las distancias. No les importa. Las distancias, en todo caso, que las guarden los críticos y los historiadores... Aunque, al final, lo que queda, ya se sabe, es la experiencia y el magisterio que marcará una época.

¿Dónde estaban las raíces de la memoria de Célestin FREINET? No es difícil colegirlo. Estaban en la mejor tradición del pensamiento francés. Estaban en el rico sustrato del Renacimiento (raíces ideológicas y culturales de toda la modernidad ¡y de la contemporaneidad!). Estaban en RABELAIS, más que en MONTAIGNE. Estaban también en ROUSSEAU (pero mucho menos de lo que se piensa; el naturalismo de FREINET es otro naturalismo; el naturalismo de FREINET estaba fuera, porque, para él, el hombre es fundamentalmente historia —MARX—). Estaban en la búsqueda de la felicidad de los ilustrados (sobre todo, de DIDEROT). Y estaban, por supuesto, en el legado vanguardista e irrenunciable de la Revolución de 1789 (no sólo en la escuela *gratuita, obligatoria* y *universal,* sino, sobre todo, en la escuela *laica.* Lo *laico* era lo *ético* para FREINET; la laicidad era eticidad, civilidad. Lo laico era lo civil, lo cívico, lo democrático, la mayoría de edad de la *sociedad civil socialista* del futuro, que era exactamente la desembocadura de una escuela europea *moderna* y auténticamente *popular*).

Si alguien quiere meditar sobre la sabiduría pedagógica atesorada a lo largo de los años por C. FREINET, debe leer con calma y delectación *Las inva-*

riantes pedagógicas. El lector encontrará ahí todas las constantes de la acción pedagógica de Freinet: la crítica de la escuela escolástica y retórica tradicional, el trabajo como cuestión central, sus nítidas consideraciones didácticas, psicológicas, sociológicas ¡y políticas! En fin, todo. En síntesis y en resumen.

Freinet amaba apasionadamente no sólo su trabajo, sino la reflexión permanente sobre su propio trabajo. Era un caso singular de la investigación-acción. Lo hacía a veces con un buen conocimiento de la pedagogía de su tiempo (siempre confesó, por ejemplo, su deuda con la "escuela de Ginebra": Claparède, Piaget, Dottrens y, por encima de todos, Ferrière), pero casi siempre prefería partir de cero, empezar de nuevo. Freinet era pura e incesante creatividad... Se solazaba con su autodidactismo pedagógico libre y entusiasta, desde su "psicología sensible" hasta el célebre "tanteo experimental". Fue un auténtico "rupturista" de la educación de su tiempo, el gran constructor de lo que podríamos llamar el *materialismo* escolar". Metido a fondo en su entorno y atento siempre a las necesidades sociales reales de su pueblo, sigue siendo un ejemplo de compromiso práctico, ético, político y modernizador. No en vano su pedagogía de base era una "ciencia de la formación del trabajador", como él decía.

No, no es una provocación editar hoy a Freinet. Tampoco es un anacronismo —aunque las modas nos lleven por otros derroteros—. Es, creemos, un acto justo de reconocimiento y de restablecimiento de la verdad histórico-educativa de nuestros días. Y es también un homenaje a la recuperación de la memoria de lo auténtico.

Herminio Barreiro Rodríguez

La escuela moderna francesa
Guía práctica para la organización material, técnica y pedagógica de la escuela popular

Esta obra se publicó en castellano con el título: *Por una escuela del pueblo,* Barcelona, Fontanella, 1972.

Iniciada en el campo de Saint-Sulpice-du-Tarn y terminada en Vallouise (el manuscrito se terminó el 26 de diciembre de 1943) *La escuela moderna francesa* lleva el subtítulo *Guía práctica para la organización material, técnica y pedagógica de la escuela popular.* En realidad más que una guía es un auténtico manifiesto, ya que a su parte práctica le precede una declaración de intenciones cuyo alcance revolucionario no podía pasar desapercibido justo al finalizar la última guerra.

"Education Populaire", fundada por Lucienne y Jean Mawet y que reunía a los discípulos belgas de FREINET, realizó en 1944 la primera edición de este libro.

Desde entonces, se han publicado otras ediciones que a veces presentaban actualizaciones. La última, en cuanto a su fecha, fue la realizada por Éditions François Maspero (1969). En ella se prefirió cambiar el título original por el de *Pour l'école du peuple.*

Aquí, hemos retomado el texto original y el título escogido por FREINET.

Advertencia

Como indica el subtítulo, la presente obra es fundamentalmente práctica. Hemos reducido al mínimo indispensable todas las consideraciones psicológicas y filosóficas que justifican las soluciones defendidas, y que los lectores podrán estudiar en los libros que indicaremos en otro lugar.

Educadores y padres, en el umbral de esta trágica posguerra, se encuentran en una difícil e inquietante encrucijada. Tienen conciencia de la inutilidad, de la impotencia, e incluso de la nocividad, de los caminos hasta ahora familiares, que no han sabido evitar la catástrofe; si es que, en algunos casos, no han conducido metódicamente hasta ella.

Pero entre los senderos que se ofrecen, más o menos roturados, más o menos paralelos a las rutas del error, ¿cuáles escoger que no estén invadidos por palabras inútiles y teorías falaces?

Al montañero que parte de excursión no le sirven las consideraciones estéticas, sociales o humanitarias de los que sólo se han lanzado a la conquista de las cimas mediante la imaginación. Sólo necesita un guía preciso y práctico que le permita alcanzar, con un mínimo de riesgos y de errores, el fin que se propone.

Un guía así es el que hemos tratado de proporcionar a todos los educadores. Es cierto que los caminos que indica no están siempre perfectamente desbrozados; no son aún carreteras amplias, allanadas, empedradas y asfaltadas; frecuentemente son pistas, en los flancos de una loma, que serpentean de calvero en calvero al asalto de los puertos y los picos.

Pero estas pistas existen, cuidadosamente jalonadas, con sus refugios y sus albergues. Precisamente os corresponderá a vosotros mejorar su trazado y sus materiales para convertirlas en caminos seguros donde puedan avanzar confiados los buenos obreros del porvenir.

Introducción

Antes de abordar la parte constructiva de este libro, deseamos plantear racional y humanamente el problema de la escuela popular.

Decimos claramente *popular*. No sólo para delimitar nuestro tema especial, con objeto de tratarlo en más profundidad, sino para señalar una etapa nueva en la evolución de la escuela.

Con un retraso más o menos deplorable, debido a la inercia tenaz de instituciones anticuadas ya superadas, la escuela se adapta lentamente, en todos los tiempos y lugares, al sistema económico, social y político que la domina. Esta adaptación es un hecho, ya se lamente o sea motivo de satisfacción; una ojeada rápida a los dos mil años de nuestra historia nos ofrecerá de inmediato la prueba de ello.

En la Edad Media, nos dicen, los señores estaban muy poco instruidos y no siempre sabían leer, porque en aquel momento leer y escribir no eran absolutamente indispensables para la función social del señor. Sin embargo, no se descuidaba ni su formación de señor, ni la de cazador o guerrero. Incluso esta formación tenía la originalidad envidiable de no ser libresca o formal, sino esencialmente activa y práctica: preparación del joven señor como paje, iniciación a la caza, a la equitación, a las pruebas guerreras de los torneos. Era una escuela ligada a la vida que respondía en una amplia medida a las necesidades individuales y sociales de la época; la adaptación era satisfactoria para el medio que se trataba.

Las catedrales y abadías también tuvieron sus escuelas especiales, donde se acogía a niños de todas las condiciones. Su formación estaba concebida y realizada con un objetivo preciso: la iniciación de los futuros hombres de Iglesia, que no necesitarían comprender, sino creer y servir en su celoso regazo.

Pedagogía y técnicas estaban adaptadas a estos fines.

La creciente burguesía tuvo a su vez escuelas, donde enseñó la lectura y la escritura —estos útiles tan raros, tan apreciados y tan respetados en aque-

© Ediciones Morata, S. L.

lla época—, la cultura antigua, griega o latina, la medicina, la controversia, conquistas todas ellas que asentarían sobre bases nuevas la autoridad de esta clase social de administradores y de comerciantes.

Nueva etapa en el siglo XIX: la instrucción del pueblo se convierte en una necesidad económica. El capitalismo triunfante instituyó entonces la escuela pública que también se adaptó, al menos durante un período, a las finalidades especiales por las que había surgido. A pesar de las teorías y de los discursos de los intelectuales idealistas, en el fondo no se trataba de educar al pueblo, sino de prepararlo para cumplir con la máxima eficacia racional las nuevas tareas que le imponía el maquinismo. Sin las técnicas básicas de leer, escribir y contar, el proletario era sólo un obrero mediocre. Al mismo tiempo, los rudimentos de literatura de enseñanzas geográficas, históricas, científicas y morales, debían completar la adaptación del individuo al cuadro limitado de su nuevo destino económico.

Esta adaptación era casi perfecta en el período 1890-1914. El mismo pueblo estaba aparentemente satisfecho, e incluso un poco orgulloso, de una escuela que convertía a sus hijos en sabios. Los filósofos exaltaban las virtudes de los nuevos dioses: la razón y la ciencia; la patria parecía sólidamente cimentada y los comerciantes de todo tipo hacían buenos negocios en un ambiente de seguridad.

Sin embargo, se rompió el encanto, contribuyendo a ello en un grado elevado la macabra engañifa de 1914-1918. Poco a poco, los más clarividentes y los mejores de entre el pueblo tomaron conciencia del destino de su clase y de la mentira interesada de la educación que habían recibido. Cuando los primeros grandes burgueses comprendieron cuál era el destino de su clase y las posibilidades sociales y políticas que tenían, arrancaron obstinadamente, por medio de la instrucción, la astucia o la fuerza, los elementos de dominación que disfrutaba una clase señorial decadente.

La clase popular comenzó su lucha para adaptar la educación de sus hijos a sus necesidades específicas. La escuela laica empezó a declinar, los maestros de vanguardia trataron de apresurar la evolución readaptando lo mejor posible el organismo desequilibrado; los militantes obreros tejieron en torno a la escuela pública una red incoherente de obras postescolares, de publicaciones y de organismos que eran otras tantas tentativas de adaptación. También los propios filósofos formularon los planes teóricos de la nueva educación.

Hoy el divorcio es claro, siendo el reflejo de la oposición permanente de las clases sociales que buscan un nuevo equilibrio.

Esta escuela pública, adaptada a la vida del período 1890-1914 y que se obstina en una concepción pedagógica, técnica, intelectual y moral hoy superada, ya no responde ni al modo de vida, ni a las aspiraciones de un proletariado que, cada día, tiene más conciencia de su papel histórico y humano.

Esta escuela ya no prepara para la vida. Ni está orientada hacia el porvenir, ni incluso hacia el presente; se obstina en mirar hacia un pasado acabado, como hacen esas damas ancianas que, debido a que tuvieron un merecido éxito durante su juventud, no quieren cambiar nada de su género de vida, ni de la moda con que habían triunfado, maldiciendo la evolución, a su alrededor, de un mundo que condenan.

La escuela no prepara más para la vida, ni sirve ya a la vida, siendo ésta su condenación definitiva y radical. La verdadera formación de los niños, su adaptación al mundo actual y a las posibilidades de mañana, se practican, cada vez más y de un modo más o menos metódico, fuera de la escuela, porque la escuela no las satisface en absoluto. Y se da el hecho característico de que los nuevos conductores de pueblos, ya sean obreros militantes, organizadores de cooperativas, jefes del ejército o supremos dirigentes políticos, con frecuencia son hombres que la escuela pública desconoció o rechazó, o que una sociedad, egoísta, comportándose como una madrastra, les alejó de sus aulas, teniendo que ser ellos mismos quienes, mientras se entregaban a la lucha o a una función social, se forjaran una cultura y una filosofía que tienden a dominar el mundo, y a las cuales la escuela se verá obligada a someterse un día.

Estamos en esta situación: un foso, que cada día es más profundo, va aumentando la separación entre la escuela pública tradicional, mejor o peor adaptada a la democracia capitalista de principios de siglo, y las necesidades imperiosas de una clase que siente la necesidad de formar a las nuevas generaciones, a imagen de la sociedad que vislumbra, cuya edificación majestuosa ha comenzado.

Los educadores deben tomar conciencia, sin tardar, de esta falta de adaptación y realizar el esfuerzo de rejuvenecimiento que se impone, rechazar los grandes sombreros y las faldas de volantes de una época que ya pasó, observar audazmente la nueva vida y adaptarse a ella, a su espíritu, a sus técnicas, a sus obligaciones; cesar de enfurruñarse frente al porvenir en nombre de una rutina que no es más que un freno peligroso a la vida que asciende; y ponerse al día.

"Quitémonos el sombrero ante el pasado, pero preparémonos con ropas nuevas ante el porvenir", escribía hace veinte años un pedagogo inglés, SANDERSON.

Vamos, pues, abandonad los viejos vestidos y uníos a nosotros en el inmenso lugar de trabajo que es la escuela popular.

* * *

Sobre nuestro grupo de educadores de vanguardia, reunidos en torno a la idea símbolo de la *L'Imprimerie à l'École**, tendría que recaer la carga y el honor de proceder a esta adaptación elemental de nuestras concepciones pedagógicas, de nuestro material y de nuestras técnicas de trabajo al servicio de la vida.

Desde hace treinta años, luchamos para hacer surgir, del mismo seno de la escuela pública, esa escuela del pueblo, cuyos fundamentos técnicos

---

* Trad. cast.: *La imprenta en la escuela,* Villafranca del Panadés, Cooperativa española de la imprenta en la escuela, 1936. *(N. del R.)*

© Ediciones Morata, S. L.

hemos elaborado con minuciosidad. Somos muchos ya los que hemos franqueado el foso, no sólo en pensamiento y en teoría, sino también en la práctica. Ahora nos toca movilizar a la masa de educadores para el combate más importante, preparando cuidadosamente —dicho en lenguaje estratégico, por desgracia muy corriente— las principales cabezas de puente, echando sobre el foso las pasarelas que permitirán, hasta a los más tímidos, unirse sin demora con el grueso de las fuerzas de la nueva educación popular.

Dicho esto, no pretendemos detentar el monopolio de esta adaptación, ni de fijar prematuramente las formas de una vida escolar cuyo dinamismo es la gran ley pedagógica. Orgullosos de nuestro pasado, fuertes por nuestra experiencia, lanzamos vanguardias vigilantes y esclarecidas. Pero debemos ser todos los educadores del pueblo juntos quienes, mezclados con el pueblo, en la lucha del pueblo, hagamos realidad la escuela del pueblo.

© Ediciones Morata, S. L.

Principios generales de la adaptación de la nueva conducta escolar al medio ambiente

Así pues, se impone una readaptación de nuestra escuela pública para poner al servicio de los niños de esta mitad del siglo XX una educación que responda a las necesidades individuales, sociales, intelectuales, técnicas y morales de la vida del pueblo en los tiempos de la electricidad, la aviación, el cine, la radio, el periódico, la imprenta, el teléfono, la televisión, en un mundo que esperamos pronto sea el del socialismo triunfante.

Recordaremos aquí brevemente los principios esenciales que nos van a guiar en esta readaptación. Pero no justificaremos ni los fundamentos psicológicos ni su valor pedagógico*.

Finalidad de la educación

Hay que reconsiderar totalmente la propia finalidad de la educación.

¿Qué queremos obtener de nuestros niños?

Antes de instalar su fábrica, el ingeniero tiene una idea precisa de los objetos que se dispone a fabricar. Ha realizado un sondeo comercial previo para darse cuenta de las posibilidades y de las condiciones de salida de sus productos, y de ello deducirá las normas de fabricación que le permitan enfrentarse con la competencia. La parcialidad de esta prospección está, por otra parte, en el origen de la inhumana racionalización capitalista, pues el industrial no se plantea la pregunta esencial: "¿Será útil a la sociedad el producto que voy a obtener?", sino únicamente esta otra, totalmente egoísta y accesoria: "¿Podrá venderse mi producto? ¿Conseguiré venderlo lo bastante caro y en cantidad suficiente? ¿Podré reducir suficientemente mis gastos generales para obtener un sustancial beneficio que justifique la empresa?"

---

* Si el lector desea profundizar en las teorías de Freinet, puede consultar la relación de "Obras de Célestin y Élise Freinet traducidas al castellano" en las páginas 265 y sgs.

© Ediciones Morata, S. L.

Por desgracia, los padres y la sociedad —esos padrinos naturales de nuestra escuela pública— razonan con mucha frecuencia como el capitalista interesado.

Para la mayoría de los padres, en efecto, lo que importa no es la formación, el profundo enriquecimiento de la personalidad de sus hijos, sino la suficiente instrucción que permita afrontar los exámenes, ocupar las plazas envidiadas, entrar en una escuela determinada o poner el pie en cierta administración. Sin duda se trata de consideraciones humanas cuya debilidad no incumbe sólo a los padres, puesto que es la consecuencia de una concepción demasiado directamente utilitaria de la cultura, de la creencia en la única virtud de la adquisición formal.

Por otro lado, la sociedad no es ni más comprensiva ni más generosa. Con demasiada frecuencia, está dominada por la preocupación política de durar, sin tener ocasión para pensar en lo que ocurrirá dentro de diez o veinte años. Lo que le obsesiona es el inmediato mañana. Pide a la escuela que prepare al niño sólo para este mañana inmediato, para los objetivos inmediatos que impone y que pueden no ser más racionales, ni más humanos, que aquellos cuyo nombre invocaba el industrial para emprender la fabricación en serie y el lanzamiento de un objeto inútil a la sociedad, o quizá peligroso y nocivo.

Frente a estas dos concepciones interesadas, que no tienen en cuenta, ni una ni otra, el punto de vista del niño, nosotros debemos definir el verdadero fin educativo: *el niño desarrollará al máximo su personalidad en el seno de una comunidad racional a la que él mismo sirve y que le sirve*. Cumplirá su destino, elevándose a la dignidad y a la potencia del hombre, que se prepara así a trabajar eficazmente, cuando sea adulto, lejos de mentiras interesadas, para la realización de una sociedad armoniosa y equilibrada.

Pero también sabemos que esto sólo es un ideal, aunque no es superfluo el formularlo. Sabemos que en la práctica los educadores tendrán que enfrentarse continuamente con el egoísmo, el interés mal entendido, la organización irracional y de cortas miras, consideraciones todas ellas que ponen en peligro de descentrar y perturbar el proceso educativo. Razón de más para que los educadores estén iluminados siempre por una clara visión del ideal al que, a veces, serán ellos los únicos que se consagren.

La escuela centrada en el niño

Técnicamente hablando, la escuela tradicional se centraba en la materia que debía enseñar y en los programas que definían esta materia, la precisaban y la jerarquizaban. La organización escolar, los maestros y los alumnos debían someterse a sus exigencias.

La escuela del mañana se concentrará en el niño como miembro de la comunidad. Las técnicas (manuales e intelectuales) que se deban dominar, las materias de enseñanza, el sistema de adquisición, las modalidades de la educación surgirán de las necesidades esenciales del niño en función de las necesidades de la sociedad a la que pertenezca.

© Ediciones Morata, S. L.

Se trata de un verdadero resurgimiento pedagógico, racional, eficaz y humano, que debe permitir al niño acceder a su destino de hombre con la máxima potencia.

El propio niño construye su personalidad con nuestra ayuda

Si es posible establecer con bastante certeza las necesidades funcionales de la sociedad en virtud de las cuales el Estado plantea, más o menos autoritariamente, sus exigencias límites, sin embargo es más fácil conocer con intimidad suficiente al niño, su naturaleza psicológica y psíquica, sus tendencias y sus posibilidades, su riqueza y su ánimo, para basar nuestra conducta educativa, en estos conocimientos. Cualesquiera que sean los progresos de la ciencia del niño durante el último medio siglo, todavía no podemos apoyarnos con éxito sobre estos balbuceos. Nos veremos, pues, obligados a practicar como hace el criador de ganado que no consigue a duras penas distribuir a las bestias la alimentación específica que aseguraría su óptimo desarrollo, y que no encuentra nada mejor que hacer que conducir a sus potros hasta el prado, donde pueden elegir a su gusto, entre dos zancadas la hierba sabrosa que dará agilidad y vigor a su cuerpo y un sano brillo a su pelaje.

Como hoy día no podemos pretender conducir metódica y científicamente a los niños, administrando a cada uno de ellos la educación que le conviene, nos contentaremos con prepararles y ofrecerles un medio ambiente, un material y una técnica que les ayuden en su formación; con preparar los caminos por los que se lanzarán, según sus aptitudes, su gusto y sus necesidades.

Ya no daremos más importancia a la materia que se memoriza, ni a los rudimentos de las ciencias que se deben estudiar, sino:

a) a la salud y al ánimo vital del individuo, a la persistencia en él de sus facultades creadoras y activas, a la posibilidad (que forma parte de su naturaleza) de seguir siempre hacia adelante para realizarse con un máximo de potencia;

b) a la riqueza del medio educativo;

c) al material y a las técnicas que, en este medio, permitirán la educación natural, viva y completa que defendemos.

La escuela de mañana será la escuela del trabajo

Esto no significa que vaya a utilizar el trabajo manual como ilustración del trabajo escolar intelectual, ni que se oriente hacia un trabajo productivo prematuro, ni que el preaprendizaje sustituya en la escuela al esfuerzo intelectual y artístico. *El trabajo será el gran principio, motor y filosofía de la pedagogía popular, la actividad a partir de la cual se desarrollarán todas las adquisiciones.*

© Ediciones Morata, S. L.

En la sociedad del trabajo, la escuela regenerada y encauzada de este modo se integrará perfectamente al proceso general de la vida ambiental, constituyendo una rueda del gran mecanismo del cual hoy se ve apartada demasiado arbitrariamente.

Cabezas bien construidas y manos expertas antes que odres repletos

La necesidad de basar toda la actividad escolar en el trabajo, según acabamos de mencionar, supone que la escuela vuelva definitivamente la espalda a la manía de la instrucción pasiva y formal, pedagógicamente condenada; que reconsidere por completo el problema de la formación ligado al de la adquisición; y que se organice para ayudar a los niños a realizarse por medio de la actividad constructiva.

Teóricamente, hoy todo el mundo admite este nuevo enfoque; en la práctica, tropieza con las costumbres pertinaces y rutinarias de la escolástica*; socialmente está en su contra todo el sistema de selección, de concursos, de exámenes, que sigue concediendo las mejores plazas a los odres repletos, en detrimento de las cabezas bien construidas servidas por manos expertas, que tienen que imponer su superioridad luchando enérgicamente.

Una disciplina racional, que emana del trabajo organizado

Este nuevo enfoque pedagógico y social conlleva una armonía nueva que suscita un orden profundo y funcional, una disciplina que es el propio orden en la organización de la actividad y del trabajo, una eficacia que resulta de una racionalización humana de la vida escolar; todas ellas son conquistas que, por encima de los formalismos anticuados, concurren a la formación armoniosa de los individuos en un marco social regenerado.

La escuela del mañana no será de ninguna forma, como afirman a menudo los detractores de cualquier novedad, una escuela anárquica en la que el maestro no consiga mantener la necesaria autoridad. Por el contrario, será la más disciplinada que exista debido a su superior organización. Lo que habrá desaparecido de ella es efectivamente esa disciplina exterior y formal sin la cual la escuela actual sólo sería el caos y la nada. La disciplina de la escuela del mañana será la expresión natural y el resultado de la organización funcional de la actividad y de la vida de la comunidad escolar.

---

* Cuando Célestin Freinet utiliza el término "scolastique" (= escolástico/a), recurre a su sentido etimológico, *scholasticus,* o sea, perteneciente a la escuela, lo que se enseña y aprende en la escuela. *(N. del R.)*

Por ello, el problema de la disciplina pasa a un segundo plano en beneficio de la organización material, técnica y pedagógica del trabajo, que debe ser el elemento esencial y decisivo del equilibrio escolar.

Una escuela del siglo xx para el hombre del siglo xx

La escuela, imbuida así de una vida nueva a imagen del medio, deberá pues adaptar, no sólo sus locales, sus programas y sus horarios, sino también sus instrumentos de trabajo y sus técnicas, a las conquistas esenciales del progreso en nuestra época. No sigamos acomodados por más tiempo a una escuela que lleva un retraso de cien años por su verborrea, sus manuales, sus manuscritos, el balbuceo de sus lecciones, la recitación de sus resúmenes, la caligrafía de sus modelos. ¡En el siglo del reinado indiscutible de la imprenta, de la imagen fija o animada, de los discos, de la radio, de la máquina de escribir, de la fotografía, de la cámara de cine, del teléfono, del tren, del coche y del avión!

Este contraste —al cual es verdaderamente sorprendente que educadores, padres y legisladores no sean más sensibles— plantea en toda su agudeza la tarea de readaptación que se impone, pero para las finalidades humanas que hemos definido.

Esta readaptación se hará partiendo de la base

Esta readaptación y esta modernización no se harán bajo el signo de la fantasía o de la moda, ni incluso por decreto superior de las autoridades, al menos en lo que se refiere a los detalles.

Aquí no se trata de quemar en un ataque de rabia todos los vestigios del pasado para sacrificarlos a un porvenir agitado e inquieto, dominado por la velocidad y la máquina. Esta adaptación se hará bajo el signo del equilibrio y de la armonía al servicio de la vida. Y esto supone una educación arraigada mejor que nunca, basada en la familia, la tradición, en el esfuerzo perseverante de los hombres que nos han precedido; una formación que no descienda desde lo alto —cualquiera que sean la comprensión y la buena voluntad de la autoridad que lo decrete—, sino que sube desde la vida ambiental, bien arraigada, bien nutrida, vigorosa y firme, capaz de hacer subir hasta muy alto, en el esplendor de un destino provechoso, a los niños que están llamados a construir un mundo mejor que éste, que nosotros hemos permitido que se derrumbara como un lamentable castillo de naipes.

La complejidad social de esta readaptación

El problema pedagógico concebido de este modo nos sitúa en el mismo centro de la complejidad social. En consecuencia, no descuidaremos ninguna de las necesidades sociales de la escuela; no subestimaremos ni el problema financiero, ni el de la formación y readaptación de los maestros. Cualesquie-

© Ediciones Morata, S. L.

ra que sean las convulsiones que acompañan el nacimiento de un orden nuevo, nuestra revolución pedagógica deberá nacer del desorden existente, construir el futuro en el seno del presente, convencer más que imponer y convencer no con palabras, sino con la evidencia de un progreso esencial en la organización, por el deslumbramiento de una eficacia multiplicada, por la irradiación casi mística del entusiasmo que anima a los que, como precursores, se han atrevido a abrir las vías salvadoras de esta readaptación.

La escuela del pueblo no podría existir sin la sociedad popular

Nuestra insistencia en vincular la obra del mañana con un pasado que sabemos que está condenado no podría interpretarse como una tendencia al estatismo político y económico. Nosotros, por el contrario, denunciamos la ilusión de los tímidos que esperan hacer florecer en el caos social una pedagogía y una escuela susceptibles de servir de modelo para las realizaciones sociales venideras.

La experiencia nos obliga a una humildad mucho mayor. Nos muestra que, salvo algunas raras excepciones, la escuela no se halla jamás a la vanguardia del progreso social. Puede estarlo en teoría —lo cual no es nunca suficiente—, pero en la práctica su florecimiento está demasiado condicionado directamente por el medio familiar, social y político, como para que jamás se la haya visto desprenderse de todo ello para lograr una hipotética liberación autónoma.

Por el contrario, la escuela va siempre a la zaga de las conquistas sociales con un retraso más o menos lamentable. Nosotros debemos reducir este retraso y esto constituirá ya una apreciable victoria.

El feudalismo tuvo su escuela feudal; la Iglesia poseyó una educación peculiar, el capitalismo ha engendrado una escuela bastarda, con su palabrería humanista que disfraza su timidez social y su inmovilidad técnica. Si el pueblo accede al poder, tendrá su escuela y su pedagogía. Este acceso ya ha comenzado. No esperemos más para adaptar nuestra educación al mundo nuevo que va a nacer.

© Ediciones Morata, S. L.

Las grandes etapas educativas

Consideraremos las siguientes:

1. El período preescolar, del nacimiento hasta el final del segundo año aproximadamente.
2. Las reservas y jardines de infancia, de los 2 a los 4 años de edad.
3. La escuela maternal e infantil, de los 4 a los 7 años.
4. La escuela primaria, de los 7 a los 14 años.

De ningún modo creemos que la escuela deba detener su acción en la pubertad que es, por así decir, el umbral de la vida. Pero como nos importa hablar solamente de los temas que conocemos en profundidad, finalizamos nuestro proyecto educativo en la pubertad, dejando a los educadores de los cursos segundo y tercero la tarea de proporcionar un estudio similar para las edades que les atañen, en las que permanecen válidos fundamentalmente los principios generales que enunciamos.

El período preescolar

Hemos insistido a menudo en la importancia primordial y determinante de la formación en el transcurso de los primeros años de vida, y hemos dado una explicación profunda de ello en nuestro libro: *Essai de psychologie sensible**. De esta formación inicial depende en un grado considerable el éxito pedagógico, individual, social y humano durante las etapas posteriores de la eduación.

---

* Trad. cast.: *Ensayo de psicología sensitiva. Reeducación de las técnicas de vida sustitutivas,* Madrid, Villalar, 1977. *(N. del R.)*

No nos es indiferente, ni mucho menos, el hecho de que el niño tenga una salud excelente, que sea vigoroso, equilibrado, activo y curioso, y que no esté disminuido por ninguna tara que le haga impermeable a nuestros esfuerzos. Pedagógica y moralmente hablando, no tenemos el derecho de desinteresarnos de los errores e injusticias que afectan al niño fuera de nuestro cuidado y nuestra responsabilidad y que, sin embargo, determinan y condicionan nuestro comportamiento educativo.

Sin ampliar pretenciosamente el campo de nuestra vocación al menos podemos hacer todo lo que esté en nuestras manos para que padres, educadores, administradores y legisladores se conciencien de esta realidad —demasiadas veces descuidada—, que asimilen profundamente esta interdependencia vital, para que sitúen leal y lógicamente los problemas, no sólo pedagógicos, que de ello se derivan.

Mencionaremos como puntos esenciales que se deben tener en cuenta:

a) *la salud de los padres* y la lucha contra las causas que la comprometen prematuramente;
b) cuidados especiales a la mujer embarazada;
c) preparación técnica, por así decirlo, del medio que va a recibir al recién nacido y a determinar su primer comportamiento:

— local, aire, luz, silencio;
— canastilla y cuna:
— alimentación;
— primeras experiencias mediante un ambiente positivo;

d) conducta de los padres durante estos primeros años de infancia.

Las reservas y jardines de infancia

En nuestro libro *Essai de psychologie sensible* hemos justificado la creación de lo que designaremos *reservas infantiles*. Aquí nos contentaremos con resumir el principio en que se sustentan.

Cualquiera que sea la etapa de la vida que consideremos, la educación verdadera se logra mediante un principio general de *experiencia por tanteo* que prima sobre otros métodos más o menos científicos. La educación sistemática cae en un error cuando pretende sustituir con sus métodos racionales a un proceso que es la misma ley de vida. Todo lo que puede y debe hacer es enriquecer al máximo esta experiencia por tanteo, acelerar su evolución para permitir la elevación máxima de los individuos hacia la eficacia social y humana.

Para prepararse eficazmente para la vida, los pequeños tienen necesidad de hallarse en un medio ambiente rico y "solícito", donde puedan realizar libremente estas experiencias por tanteo (cuando decimos rico no consideramos la situación económica de los padres, que no es una condición suficien-

© Ediciones Morata, S. L.

te, sino a la cantidad, la variedad y el interés de las actividades funcionales que este medio propicia al niño para la construcción de su personalidad).

Ahora bien, no existe normalmente un medio así entre las familias de los trabajadores dominados por la maldición capitalista: en la ciudad, aridez, cuchitriles, barrios sin condiciones, hacinamiento en casas obreras sin ventilación, sin horizontes, árboles, flores ni animales; en el campo, pobreza de un medio humano y social que no se compensa nunca por la extrema riqueza de la naturaleza. Sobre todo en la ciudad, los niños del pueblo son como esos animales de los zoos que se ven obligados a adaptarse, mejor o peor, a un espacio reducido, con un esqueleto de árbol, un simulacro de riachuelo y la tierra muerta y desnuda.

Los animales no viven en este medio anormal, que no les permite desarrollar sus funciones fisiológicas más elementales; o, si viven allí, no se reproducen o, en todo caso, degeneran, por buenos que sean los cuidados alimentarios que se les brinden.

También, para conservar ciertas especies amenazadas de desaparación se ha previsto una actuación más eficaz: en el medio natural de estas especies —bosques, montañas, valles— se han establecido espacios garantizados contra la inconsciente ferocidad de los destructores. Los animales que se pretende salvar pueden vivir allí y desarrollarse en su atmósfera específica. Es lo que las autoridades forestales llaman *reservas.*

Pedimos que, para los hijos de los hombres, se imite esta actuación inteligente y audaz que ha dado buenos resultados con los animales.

Se trata, en suma, de una visión nueva, más racional, de los jardines de infancia, cuya idea lanzó Montessori, aunque, según nuestra opinión, son de una concepción científica demasiado falsa, excesivamente formal, que no responde más que a algunas necesidades funcionales de los niños a los que se destinan.

A medida que perfeccionamos el medio de este modo, desplazamos el centro de gravedad pedagógica de la educación hacia la perfección de la organización técnica. Allí donde el medio no permite las experiencias por tanteo, necesarias para la adaptación de los niños a las situaciones nuevas, el educador deberá entregarse a una gimnasia pedagógica especial con lecciones, mímica y juegos malabares... Al igual que el charlatán que realmente no quiere que traten de probar la bondad del producto que ofrece, hablando sin cesar para evitarlo.

En el medio natural, la tarea del educador será mucho más fácil: le bastará con comprender el nuevo espíritu pedagógico y con saber *ayudar* adecuadamente a la experiencia infantil.

Nuestra "reserva de niños" no estará, por tanto, en una sala o en un parque cualesquiera. Se comprende que la preparación material y técnica de este medio será una de nuestras preocupaciones educativas esenciales.

1. *Situación de las reservas de niños.* Estas reservas se instalarán en un parque, en un jardín público, un espacio libre, lo más cerca posible de los centros urbanos respectivos.

© Ediciones Morata, S. L.

2. *Dependencias de la reserva.* Habitualmente la descripción de una vivienda se empieza por los locales donde se ubican las dependencias. Nosotros invertimos la descripción para resaltar la relevancia que concedemos al medio, cuyos locales se convierten en una especie de dependencias accesorias, previstas especialmente para los días con mal tiempo.

a) Medio natural. El niño, menos todavía que el animal salvaje, no está hecho para vivir encerrado. El medio más apropiado para él es la naturaleza. Así pues, debemos poner la naturaleza a su disposición.

Bosques y arbustos, con posibilidad de construir abrigos primitivos con ramajes.

Rocas y grutas para que el niño pueda trepar y esconderse.

Riachuelo con cascadas, cavidades, surtidores... pero sin riesgo de ahogarse.

Laguna con playa de arena y la posibilidad de chapotear en verano.

b) Medio natural cultivado. Prados, cereales (cebada, trigo), árboles frutales, legumbres, flores, cultivados a la vista de los niños.

c) Animales silvestres, que vivan en libertad y a los que esté prohibido destruir: pájaros, liebres, conejos, peces, etc.

d) Animales domésticos. En establos o en el campo: vacas, cabras, burros, gallinas, palomas, tórtolas...

e) Huertos para niños. Terreno especial donde los niños puedan remover libremente la tierra con herramientas adecuadas cuyo modelo presentaremos. Incluso podrían destinar huertos particulares a los niños más hábiles y serios.

3. *Locales.* Se concebirán con una finalidad idéntica: permitir a los niños la experiencia por tanteo.

La planta baja del edificio será el territorio de los niños con:

— el alojamiento de los animales domésticos: cabras, gallinas...
— una sala viva con plantas de interior, semillas en tiestos, tórtolas, una pequeña exposición de productos de temporada...
— sala de experiencias de tanteo con: cajón con arena, pequeño surtidor con su pila, material educativo, cubos, discos, juguetes, coches, muñecas, cacharros...
— la sala de reposo con alfombras, asientos, mesa, un servicio para comidas rápidas, camas...

En el primer piso se alojará el personal adulto:

a) Trabajadores elegidos por sus cualidades pedagógicas que cuidarán de los animales y trabajarán el campo bajo la mirada de los niños;

b) Jardineras y enfermeras para ayudar y cuidar a los niños.

Podría diseñarse una reserva de este tipo para unos cincuenta niños. Los que estuvieran el día entero en ella tendrían comida y una camita.

Se pensará quizá que éstas son complicaciones bastante inútiles y que, como mucho, bastarían los jardines de infancia.

© Ediciones Morata, S. L.

Lo que nosotros reprochamos sobre todo a los jardines de infancia es que sean jardines de aclimatación, más o menos lujosos, con quizá todos los perfeccionamientos modernos, pero que no son más que jardines de aclimatación.

Además, estas instituciones conceden un papel demasiado exclusivo al juego, y olvidan la experiencia por tanteo que es la primera etapa del trabajo. Subestiman también la importancia del medio natural, tan positiva, con sus animales, plantas y trabajos.

Construiremos, lo mejor posible, un medio ambiente rico que permita que el niño se prepare de verdad, sólo mediante la acción, para sus progresos de mañana.

Los gastos de mantenimiento de estas reservas no podrán ser muy elevados, gracias a la capacidad de producción de los campos y a la cría de animales. A fin de cuentas esta solución puede resultar una forma económica y esencialmente práctica de existencia de los jardines populares para la infancia.

La escuela maternal

Reservamos esta denominación para la etapa educativa intermedia entre el ambiente familiar, completado y secundado cuando es necesario por las reservas de infancia, y el medio escolar habitual.

En la etapa anterior, el niño ha procedido al metódico examen del medio que le rodea y luego, con las primeras conclusiones de sus experiencias, ha podido efectuar una adecuación inicial de su personalidad. A los 4 años trata de dominar este medio. Comienza el período del trabajo, y se presenta bajo las dos formas paralelas y complementarias: el *juego-trabajo* y el *trabajo-juego.*

Igual que en la etapa precedente, no concedemos ningún lugar a las lecciones, de cualquier forma que quieran presentarse, por atractivas que sean. Tendremos, pues, que prever:

a) los locales y el medio que se adapten al máximo a este trabajo-juego;
b) los útiles, el material y las técnicas que permitan el trabajo-juego y el juego-trabajo;
c) la organización general de la actividad en función de esta educación del trabajo.

Hemos de reconocer que se han hecho muchas realizaciones en este campo y que algunas soluciones prácticas adoptadas tanto en Francia como en otros países se acercan sorprendentemente a lo que defendemos. Sería injusto no recordar cuánto debe cualquier pedagogo a Decroly, a Montessory y a todas las abnegadas maestras que han dado renombre a las escuelas maternales francesas.

Por eso nos contentaremos con señalar aquí las modificaciones, los ajustes y los complementos que consideramos indispensables.

© Ediciones Morata, S. L.

Locales y dependencias

Las mejoras que pretendemos provienen de las nuevas posibilidades que nos ha revelado nuestra concepción original de la experiencia por tanteo.

Los métodos más perfeccionados —por ejemplo el de MONTESSORI— no han considerado la vida del niño en su diversa complejidad, sino sólo una educación sistemática que limita el tanteo a un cierto número de actividades bien definidas, preparadas y previstas de antemano por el educador. Por ello, la escuela maternal, incluyendo la de MONTESSORI, sigue siendo un rincón del jardín de aclimatación (un rincón moderno, eso sí) donde en el reducido espacio del que se disponía se han agrupado los objetos indispensables para un mínimo de actividad del niño. El adulto elimina autoritariamente toda posibilidad de experiencias previas; suprime un cierto número de escalones; va hacia lo que supone que es esencial: abotonar y hacer lazadas para saber vestirse mejor; ajustar y comparar formas y colores para perfeccionar los sentidos de la vista y del tacto; seguir con los dedos unos trazos rugosos para iniciarse en los gestos esenciales de la escritura.

Pero la realidad de la vida desborda en todo momento este marco formal siempre limitado, como para recordarnos que trataremos en vano de atarla a nuestros métodos, y que son éstos los que deben enriquecerse y hacerse flexibles para servir y desarrollar la vida.

Podría decirse que MONTESSORI y las educadoras francesas han llevado la escuela maternal casi a la perfección como una sección del jardín de aclimatación. Todavía tenemos que hacer un esfuerzo, aún más allá de esta realización, para llegar hasta la concepción de una escuela maternal de *vida compleja y de trabajo.*

De todo ello se desprende:

— que necesitaremos prever un medio que "propicie" experiencias por tanteo, de una variedad y una riqueza a la medida de la vida;
— que el local deberá ser, en consecuencia, lo más espacioso posible;
— que sobre todo deberá completarse con un ambiente natural, con jardines, agua, plantas y animales.

Nuestra *escuela maternal viva* comprenderá, pues:

— una amplia sala, perfectamente iluminada, aireada y soleada, que contenga el material de experiencia y de trabajo que vamos a definir. Las escuelas maternales modernas disponen hoy de salas en donde no faltan ninguno de estos aspectos:
— una sala adyacente, o un rincón de la naturaleza dentro de la propia sala, que reemplazará a la naturaleza, al jardín exterior en los días de mal tiempo;
— un jardín con árboles, césped, agua, cultivos, para el trabajo real de los niños;

© Ediciones Morata, S. L.

— un anexo con animales domésticos, insectos, acuario, vivero, herbario, etcétera.

Si llega el caso, este jardín podría estar separado de la propia escuela, y los alumnos acudirían cuando hiciera buen tiempo, igual que se va al campo los domingos o las tardes de verano.

Material y técnica en la escuela maternal

Aquí tampoco vamos a presentar como novedades el material y las técnicas que educadores ya consumados han perfeccionado antes que nosotros y que se han introducido en la práctica casi corriente de las escuelas maternales. Señalamos aquí:

— las críticas que hacemos a determinadas prácticas o métodos;
— una reconsideración de la importancia relativa que debe otorgarse a las diversas actividades;
— las novedades que aconsejamos.

Hay dos tendencias pedagógicas opuestas que amenazan hoy a la escuela maternal: la tendencia escolástica que quiere orientar demasiado deprisa a los niños hacia los deberes y las lecciones escolares y da paso, en consecuencia, a las actividades que preparan para las adquisiciones formales: preparación para la lectura y la escritura, lecturas morales, iniciación al cálculo mediante juegos o tableros especiales, cultivo sistemático prematuro de una forma menor de la memoria. Y la tendencia que llamaremos infantil y que, por el contrario, parece querer conservar al niño en una etapa que, sin embargo, ya ha superado. En este caso se preocupará de hacer jugar al alumno, de divertirle, sin otro objetivo en el fondo que lograr silencio y orden. Esta tendencia ha dado origen a una infinidad de juegos supuestamente educativos, que son sólo pasatiempos más o menos ingeniosos o quizá, en definitiva y sobre todo, una fuente interesante de beneficios para quienes los fabrican y comercializan.

Entre estas dos posiciones extremas vamos a encontrar la verdadera solución pedagógica.

En nuestro libro *Essai de psychologie sensible,* hemos diferenciado tres etapas en la evolución activa de la vitalidad infantil:

Un primer período de *prospección por tanteo,* durante el cual el niño experimenta, busca, examina, prueba, para familiarizarse con el ambiente y alejar cada vez más el misterio y lo desconocido que amenazan su poder. Este período termina hacia el final del segundo año, cuando el niño ya camina, logrando, por ello, una mayor autonomía en sus reacciones, y sus manos liberadas le permitirán realizar las primeras actividades constructivas.

Un segundo período que denominaremos *de instalación.* El niño no se conforma con conocer por conocer, mover una piedra para probar sus fuerzas

© Ediciones Morata, S. L.

nuevas o para ver solamente lo que hay debajo. Comienza a organizar su vida, y sus experiencias de tanteo se agrupan y aglutinan inconscientemente en torno a necesidades fisiológicas esenciales y a los perturbadores misterios de la vida. Pero el niño no sale aún de sí mismo, donde todavía está todo por hacer y no puede por ello dedicarse a ninguna actividad continua, ya sea trabajo-juego, o juego-trabajo. El mismo juego sigue siendo una actividad estrictamente personal en el marco de esta instalación. Es el período del *egocentrismo* descrito por tantos psicólogos. Nosotros preferimos decir *instalación* para indicar claramente la finalidad de ese egocentrismo, que no es simplemente una tendencia a dirigirlo todo hacia sí mismo, ya que el niño puede, al mismo tiempo, actuar con sorprendente generosidad. Se trata más bien de una necesidad funcional. Recordando la comparación que usamos en nuestro libro: después de haber dado minuciosamente una vuelta por su nuevo alojamiento, durante el período de prospección, el inquilino se dispone a instalarse. Por el momento está preocupado casi exclusivamente por esta necesidad vital. No es que ya no quiera a sus amigos, como éstos saben muy bien; conserva su buen corazón y sus cualidades sociales, pero por el momento no hay que molestarle; cuando haya terminado de instalarse, volverá a ellos.

Este período de instalación llega hasta los 4 años aproximadamente.

Entonces comienza el "período de trabajo". Hacia los 4 o 5 años de edad, el niño ha hecho una prospección suficiente de sus propios locales con los que tenía necesidad de familiarizarse. Ha procedido a la instalación mínima indispensable y ha organizado sus primeros reflejos vitales. Desde ese momento dispone de tiempo libre para partir a la conquista del mundo. Esta conquista se efectúa mediante el trabajo, que es la actividad por la cual el individuo satisface sus necesidades fisiológicas y psíquicas más importantes con el objetivo de adquirir la potencia que le es indispensable para cumplir su destino.

Así pues, en esta etapa, el niño trabaja si las circunstancias del medio ambiente y la ley del adulto se lo permiten. Si no es así, se entrega a un *juego-trabajo* que es el substituto más o menos simbólico del trabajo-juego cuya necesidad experimenta.

Tenemos entonces, con las indicaciones psicológicas suficientes sobre las actividades que le corresponden, las etapas esenciales de nuestro sistema educativo:

a) *el período pre-escolar* que corresponde a la fase de *prospección por tanteo,*
b) *las reservas y los jardines de infancia* para la fase de *instalación,*
c) *la escuela maternal* y luego *la escuela primaria* para la fase del *trabajo.*

Pero en la práctica, el paso de una de estas etapas a la siguiente es siempre esencialmente progresivo. Después de una prospección superficial, el inquilino experto empieza su instalación a medida que va colocando los muebles, libre de pararse de vez en cuando para continuar su prospección; tampoco esperará a estar perfectamente instalado para continuar con sus relaciones y volver al trabajo, dispuesto a seguir, después del trabajo, la instalación y el reconocimiento. Pero hay inquilinos menos emprendedores, cuyo cerebro y cuyos nervios no soportan esta actividad diferenciada, que no son capaces de hacer dos cosas a la vez: solamente cuando el reconocimiento esté muy adelantado pensarán instalarse. Estas tareas de *instalación* les preocuparán durante tanto tiempo que no acabarán nunca ni encontrarán el tiempo libre suficiente ni la posibilidad de salir de ellos mismos a fin de reconciliarse con el medio y dominarlo para las grandes tareas vitales específicas.

Lo mismo ocurre con el niño; continúa sus experiencias de tanteo, pero sin embargo se dedica a unas tareas que ya son de instalación. O bien comienza el trabajo cuando las circunstancias le parecen claramente favorables, para volver a ocuparse de la instalación o del reconocimiento en otros momentos. Los individuos discapacitados suben con mayor dificultad los escalones, sin abordar jamás el período de trabajo.

Nuestros métodos, por su flexibilidad, deberán responder a esta iniciación que en realidad corrige el rigor siempre demasiado formal de nuestras clasificaciones. En nuestras reservas para niños nos preocupará aún mucho el reconocimiento por tanteo cuya etapa no ha sido franqueada del todo. Y en la escuela maternal, al menos en los primeros años, facilitaremos la posibilidad de continuar la instalación que el individuo necesita todavía antes de entregarse por entero al trabajo.

El material que pondremos a disposición de los niños en este nivel responderá a esta necesidad vital de actividades combinadas.

Por otro lado, esta imbricación repercute prácticamente en una rama importante de la vida, que varía según las aptitudes de los individuos: a la edad en que los niños se dedican a un trabajo consciente, con frecuencia les veremos aún volver, como a una actividad funcional, a los juegos, a los gestos, a las búsquedas, que no son otra cosa que el reconocimiento por tanteo o la instalación. Y no sabemos en qué medida este proceso explicaría, en los propios adultos, determinadas actitudes de recogerse en sí mismos, ciertos retrocesos del comportamiento. Como ocurre con los inquilinos que disfrutan pasando algunos domingos sin salir para explorar de nuevo su piso, y hacer cambios que no terminan jamás.

Así es como concebimos el trabajo en la escuela maternal y cuál es el material que nos parece que responde mejor a las actividades recomendadas.

1. *La naturaleza* sigue siendo siempre el medio más rico y el que mejor se adapta a las necesidades variables de los individuos.

No debe existir escuela maternal que no posea un ambiente natural: espacio de terreno más o menos grande, con arena, agua, piedras, árboles, desniveles, rocas, animales silvestres y domésticos. Este terreno, ya lo hemos dicho, puede estar separado de la escuela (aunque esto sólo sea en el peor de los casos).

© Ediciones Morata, S. L.

Este medio natural responderá a nuestra doble inquietud de instalación y de trabajo.

Debido a la necesidad de instalación, deberá evitarse que se plante y se trabaje todo y que se tracen estrechos caminos; prohibiendo aventurarse fuera de ellos. Convendrá reservar algunos rincones para que los niños que no han alcanzado aún la fase del trabajo, puedan continuar sus experiencias, sus construcciones, sus tanteos, a su ritmo, y según sus medios fisiológicos y su equilibrio psíquico. Por otra parte, veremos a menudo que los pequeños trabajadores se les unen, y ahora comprendemos por qué.

Pero, al mismo tiempo, organizaremos el lento dominio del medio por el trabajo, que tiene siempre un fin social, incluso cuando este fin a veces se nos escapa.

Tendremos que prever:

— cultivos;
— cria de animales;
— construcción de muros, barreras, cabañas y casas, canales, molinos, etcétera.

En la fase precedente, el niño sólo se interesa por estos trabajos de una forma accidental; prefiere mirar o bien dedicarse a una actividad intermitente, sólo a título de experiencia, de tanteo, para ejercitar, medir y perfeccionar sus posibilidades. Luego vuelve a su estado de instalación. En la nueva fase, el esfuerzo tiene una finalidad objetiva, por decirlo así: realizar, crear, suscitar sus capacidades.

Debemos tener muy en cuenta esta complejidad.

2. Para los días en que sea imposible acceder al medio natural, sobre todo cuando se encuentra fuera de la escuela —como en la reserva para la infancia— tendremos un rincón de naturaleza en una sala que será al menos su imagen: arena, semillas, plantas y flores en cajas y en macetas, y una pequeña selección de animales: peces, insectos y, si es posible, conejillos de indias, gallinas, una cabra...

3. El medio natural, esencialmente vigoroso, no bastaría, sin embargo, para la educación contemporánea. Añadiremos a ello: *las actividades mecánicas, las actividades intelectuales y las actividades artísticas.*

Por actividades mecánicas entendemos el empleo de útiles —frutos de la civilización— que permiten acelerar nuestra experiencia por tanteo e intensifican y prolongan nuestras capacidades.

Se ha ignorado totalmente, incluso en la nueva pedagogía, todo lo que incluye este apartado. Se ignoraba el trabajo en la escuela maternal, como también en los siguientes niveles. Se contentaban con el principio de actividad que no es más que una imitación; los juegos y los ejercicios que se inspiraban en él debían claramente su éxito a que respondían a las necesidades de la etapa anterior, de instalación. Por el propio material Montessori, pretendidamente científico, el niño enriquecía sus relaciones, mejoraba su equilibrio muscular, ajustaba su visión de conjunto. No decimos que esto sea inútil, sobre todo para los desheredados que no han podido beneficiarse de un ambiente rico y propicio, indispensable para su formación. Pero esto no es más que reconocimiento e instalación adaptados a la etapa precedente, sobre todo a los discapacitados que han quedado retrasados en ella. A esta edad el niño normal quiere y debe ir más allá. Debe, y quiere, iniciarse en los gestos esenciales del trabajo que, por su acción cada vez más diferenciada sobre el medio ambiente, crea los elementos nuevos de equilibrio y de capacidad.

Más que las piezas que encajan unas en otras y que las pirámides, el niño investiga espontáneamente el empleo de herramientas; nada le entusiasma más que un martillo, una sierra, un carrito, un patinete o una bicicleta. Sin embargo este interés, cuyo valor no deberíamos despreciar, no debe ilusionarnos. Para empezar, pertenece al tipo de la instalación: el niño clavará clavos en cualquier sitio, serrará un barrote de silla tan bien como cualquier madero, hará girar, sin parar, una manivela sólo por el gusto de contemplar sus efectos. Es una etapa. Pero no debe ser más que eso.

El niño debe adaptar ahora estas herramientas a sus manos, integrarlas a su actividad social, servirse de ellas para las realizaciones vitales de las que va adquiriendo progresivamente conciencia. No se conformará ya sólo con clavar clavos: querrá fabricar una caja para un uso determinado que él ha pensado; dejará de serrar cualquier cosa para hacerlo cuando vea un fin que persiga; se cansará pronto de dar vueltas a una manivela, si el movimiento que ésta produce no tiene una utilidad como trabajo.

Nuestro material y las técnicas que regularán su uso óptimo tendrán muy en cuenta estas necesidades. Determinadas herramientas, a pesar de gustar mucho a los niños, deberán mantenerse alejadas en este nivel porque pueden ser peligrosas o precisar una fuerza o un dominio de la mano que aún no son propias de esta edad: sobre todo cuchillos, sierras, martillos. Pero la mecánica actual ofrece por suerte una gama aún muy rica de posibilidades que debemos adaptar al trabajo de los niños.

Además, los maestros completarán este material. Si han asimilado los principios que nos han guiado en esta realización, darán un paso importante hacia la mejora técnica de nuestras escuelas maternales.

Actividades intelectuales

Por medio del material nuevo y las múltiples actividades que permite, tanto en el jardín como en los propios locales de la escuela, el niño se inicia en el dominio de ciertas herramientas, más o menos mecánicas, que le permiten imponerse poco a poco en la materia, para plegarla a su voluntad y a sus necesidades, aumentando así sus propias capacidades.

Pero hay otro tipo de herramientas sin duda más sutiles y más inmateriales, cuyo interesante empleo no podríamos olvidar. Son las que permiten

© Ediciones Morata, S. L.

al niño entrar en contacto con sus semejantes, exteriorizar y formular sus necesidades, desarrollar y profundizar su conciencia de las relaciones entre los elementos y sus manifestaciones, y dominar progresivamente la naturaleza por medio del *lenguaje* (que después de las manos es la herramienta principal y más destacada), del dibujo, la escritura, la imprenta y la lectura.

Para cada una de estas herramientas hay una técnica de iniciación y de empleo que precisa una perfecta preparación, a la medida del proceso vital y de adquisición de los niños de esta edad. Como ocurre con los instrumentos mecánicos, se trata de eliminar todo peligro y de preparar un material que el niño pueda utilizar con éxito para actividades no exclusivamente escolásticas, sino vivas y dinámicas.

- *El lenguaje.* El niño que llega a la escuela maternal sabe con frecuencia hablar casi correctamente. Pero su lenguaje, sobre todo en los ambientes populares, es esencialmente pobre porque es la expresión exclusiva de un reconocimiento y una instalación laboriosa. Los métodos actuales se detienen en esta instalación cuando insisten en las palabras y los nombres de las cosas que condicionan la riqueza verbal menos de lo que se cree. Orientaremos preferentemente a los niños hacia el lenguaje global, de relación y de expresión, según el proceso natural. Además, los trabajos que les ofrecemos les incitan al lenguaje vivo: en el campo, junto a los animales que cuidan, se ven arrastrados a hablar para expresar las reacciones complejas a las que ellos ajustan como pueden las palabras y expresiones que les son familiares. Cuando el niño cava o siembra, cuando cuida a la cabra o a los conejos, cuando construye una cabaña, un garaje, un carrito, o fabrica unas marionetas, le agita una vida totalmente nueva que tiene su expresión natural en el lenguaje espontáneo y sensible.

Lejos de quedarnos en una limitación metódica que, bajo el pretexto de corrección o de concentración, no hace más que reprimir esta necesidad de expresión del niño, nosotros le animamos a que la utilice y perfeccione.

Después de haber colocado a los niños en su elemento de creación y de trabajo, la educadora les escuchará hablar, estimulándoles en las direcciones que le parezcan favorables; anotará lo esencial de sus palabras y así redactará un texto que será como la emanación superior, la sintetización y la fijación mágica de un fragmento de vida. Los niños son extraordinariamente sensibles a ello y la emoción resultante será la primera manifestación verdaderamente intelectual.

Este texto se escribirá en la pizarra y, si es posible, se ilustrará con un dibujo; después la maestra lo transcribirá a un *cuaderno de vida de la clase* donde se conservarán también los mejores dibujos, y se colocará después en una vitrina de honor.

En una etapa inicial, quizá no intentaremos que la especialización intelectual avance más. En efecto, conviene evitar como sea posible que estas relaciones se conviertan en sistemáticas y "escolásticas". Ni siquiera intentéis hacer leer el texto; está allí, blanco sobre negro, en la pizarra, y luego como finas patas de moscas misteriosas en vuestro bello cuaderno. Esta transcripción es como una herramienta maravillosa cuya precisión mágica admirará el niño mucho antes de conocer su mecanismo y de saber servirse de él. Se contentará con beneficiarse de él, hasta el día en que trate de adquirirlo para adaptarlo a su propio uso.

¿Cómo se hará esta adaptación? Lo hemos explicado con precisión, partiendo de la experiencia de BAL, en un libro que muestra la superioridad de un nuevo método natural para el acceso a la escritura y a la lectura, cuyos material y técnica están hoy al alcance de todos. Resumimos ahora las conclusiones prácticas de nuestro estudio.

- *Dibujo.* Para nosotros, la primera etapa de la escritura-lectura no está en el reconocimiento y la copia mecánica de elementos de palabras y de frases despojados de su valor vital subjetivo, sino en el dibujo, primero creación manual y después expresión.

Sin embargo, podéis estimular y enriquecer esta práctica del dibujo por medio de la siguiente técnica:

Procuraos una multicopista o, mejor, un limógrafo*. La multicopista tiene la ventaja de poder reproducir un dibujo en varios colores, pero estos colores son poco estables y la tirada reducida. El limógrafo sólo da un trazo negro, pero es sencillo de manejar y la tirada es ilimitada.

Con uno de estos aparatos reproduciréis cada día el dibujo que os parezca más expresivo, y que no siempre es el más perfecto. Intentad, además, que todos los alumnos tengan, a su vez, el honor de ver reproducido un dibujo propio.

Comprobaréis su entusiasmo al ver esta reproducción automática y rápida de la obra inicial, qué alegría para el autor del dibujo, y qué afán por manejar el instrumento que produce tal maravilla.

Una vez secas, se distribuyen las hojas entre los alumnos que las colorean para encuadernarlas a continuación en unas tapas de hojas reemplazables que constituyen su primer libro, tan vivo y sugerente.

De cuando en cuando, el maestro puede reproducir, ya sea por separado o con el dibujo, el texto del día, en espera de que en la etapa siguiente esta reproducción se convierta en regla.

---

* *Limógrafo:* Instrumento de impresión, también conocido popularmente como "vietnamita" y que fue muy utilizado en España durante la Dictadura por los grupos políticos de izquierda para la edición de documentos y panfletos políticos clandestinos. También muchas de las escuelas que trabajan con técnicas Freinet utilizaban en la década de los setenta esta técnica.

Se trata de dos marcos de madera unidos por bisagras. En el marco inferior hay un cristal o madera plastificada, en él se colocan los folios que se van a imprimir. El marco superior tiene una tela bien tensada, normalmente nylon. Debajo de la tela se coloca un cliché de multicopista ya escrito a máquina con el texto que se desea imprimir. Se entinta el nylon y con un rodillo de goma se presiona a lo largo de todo el nylon que filtrará la tinta a través de los contornos de cada letra que la máquina de escribir fue dejando y recortando en el cliché (debido a la presión de cada tecla de la máquina en él). Al irse filtrando la tinta por los contornos de cada letra se irá reproduciendo el texto en el folio. *(N. del R.)*

© Ediciones Morata, S. L.

Otra maravilla también a vuestro alcance: comprad un equipo para grabar, linóleo y el material para imprimir. De vez en vez, grabad vosotros mismos un dibujo de los niños —esperando que algún niño hábil lo intente. Luego reproducid este dibujo con el material especial, o bien realizad un cliché parecido con cartón recortado, grabado y pegado a una plancha, que imprimiréis también. El efecto de esta tirada con sus bellas manchas negras o de color, sobre el fondo blanco del papel, maravillará a vuestros niños, exaltará su necesidad de dibujar y de expresarse, y también cultivará de la mejor manera su sentimiento artístico.

Estos dibujos, resaltados con colores, irán a unirse con las páginas multicopiadas en el libro de vida personal.

Unas muestras de estas impresiones se colocarán alineadas como un friso alrededor de la clase, o se enviarán a los padres para suscitar la necesidad de comunicación de la que vamos a hablar.

Se adivina la riqueza y el valor pedagógico de estas técnicas, sobre todo cuando se imbrican tan perfectamente en todo el proceso de vida, acción y trabajo.

El niño se ejercita, en un principio, para dominar la mano y el lápiz, y hasta que no controla lo bastante su técnica, el dibujo no se convierte en expresión.

El relato que habéis desmenuzado, anotado y transcrito de esta manera, el niño tratará de expresarlo ahora a su modo, de revivirlo, apropiárselo y enriquecerlo por el dibujo. Éste debe ser absolutamente libre. Dad papel y lápices al niño y dejadlo que se ejercite. Su realización será al principio informe, pero con ayuda del ejemplo se irá perfeccionando y enriqueciendo.

No deis ningún consejo; no juzguéis... Contentaos con interesaros por la obra realizada, que siempre posee una parte importante de originalidad, aprovechadla para hacer hablar al niño, para animarle a exteriorizarse y socializarse.

- *La escritura.* A partir de un cierto grado de habilidad, hay un desdoblamiento y bifurcación. El niño continúa expresándose por el dibujo, pero también comienza a interesarse más activamente por esas patas de mosca que son una traducción particular del lenguaje: dibuja por imitación el texto manuscrito y luego se interesa más especialmente por las palabras y las letras. La intuición surge en él por el propio procedimiento de la expresión escrita, basada en el valor fonético de los signos. Y, partiendo de este valor de los signos, por fin escribirá a su vez, y expresará su propio pensamiento.

El paso del dibujo a la escritura ha concluido, tras múltiples tanteos intermedios, cuyo ejemplo os hemos ofrecido en la obra *Méthode naturelle**.

En esta etapa no prevemos ningún ejercicio sistemático, más o menos metódico.

---

* Trad. cast.: *Los métodos naturales,* Barcelona, Martínez Roca, 1986. *(N. del R.)*

- *Multicopista e imprenta.* Si el dibujo, como todas las técnicas de expresión artística de las que hablaremos, se basta a sí mismo porque produce belleza y provoca emoción, la escritura no tiene el mismo impetuoso privilegio. No se investiga ni se cultiva a no ser que se emplee con una finalidad propia evidente, si no está motivada por una necesidad orgánica; de otro modo, parece una bicicleta estática, montada sobre un soporte, cuyas ruedas giran en el vacío, sin conseguir el desplazamiento que sería la consecuencia normal del pedaleo.

Nuestras técnicas nuevas responden a esta necesidad pedagógica de motivación.

El niño comprende ahora el valor de expresar y traducir la escritura. Pero todavía es preciso que esta traducción se sienta como una necesidad. Si se trata solamente de comunicarse con sus compañeros o con el maestro, la palabra y la mímica le son suficientes, sin tanto aprendizaje técnico. Si el instrumento demuestra ser superfluo, ¿para qué utilizarlo? Y si el niño pedalea en vacío, podéis obligarle a pedalear, podéis amaestrarle igual que se adiestra a la ardilla para que dé vueltas en su jaula... Pero en este caso, la cuestión es muy distinta.

La escritura sólo tiene sentido si estamos obligados a recurrir a ella para comunicar nuestro pensamiento más allá del alcance de nuestra voz, fuera de las barreras de nuestra escuela.

Nosotros hemos realizado prácticamente esta motivación por medio de nuestra técnica: expresión libre, multicopista o imprenta, ilustración, realización de un periódico escolar, remitido a los padres e intercambiado con periódicos de otras escuelas, intercambio extendido además hasta un conocimiento mutuo lo que le otorga un alcance pedagógico insospechado.

Incluimos a continuación el esquema de esta técnica cuya descripción detallada se encuentra en nuestros libros y publicaciones.

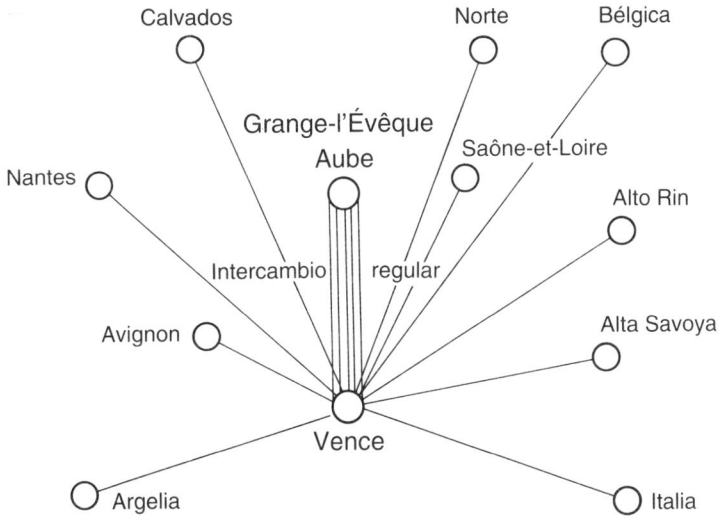

© Ediciones Morata, S. L.

Cada día se redacta en común un texto, expresión de las inquietudes y de los intereses dominantes en los niños, y después se escribe en la pizarra. Este texto puede reproducirse con el limógrafo. Pero la superioridad de la imprenta con sus caracteres de gran tamaño está fuera de duda. Con ayuda del educador o de algún alumno mayor, los niños reproducen en sus componedores el texto escrito en la pizarra. Después, los propios niños imprimen el texto completo, ya que a partir de los 5 o 6 años pueden hacerlo perfectamente.

Además, el texto puede enriquecerse con un dibujo multicopiado con el limógrafo, o con un cliché hecho con linóleo o cartón. O bien los niños lo ilustrarán a mano, y así lo revivirán, repensarán y lo asimilarán antes de clasificarlo en su libro de vida, o de añadirlo al friso animado que se expone en las paredes.

Pero, sobre todo, un complemento indispensable: algunas hojas se imprimirán aparte cada día. Unas constituirán a finales de mes un periódico escolar original que se divulgará, en el pueblo, entre los padres y los amigos de la escuela, y que se intercambiará con los periódicos igualmente impresos o multicopiados de una decena de escuelas diseminadas por toda Francia. Dos veces por semana se hará un envío especial de estas hojas impresas a una escuela que es nuestra corresponsal particular, cuyo modo de vida, el nombre de sus alumnos, sus reacciones, sus juegos, sus alegrías y sus penas conocemos perfectamente. La correspondencia manuscrita pronto sobrepasará a esta correspondencia impresa. El envío de fotos, juguetes y diversos paquetes dará la máxima intensidad a esta necesidad de comunicarnos a lo lejos, que ya habíamos previsto.

El niño se ve inmerso en una red verdadera de intereses naturales, que nos basta para explotar al máximo las necesidades escolares.

Pero lo que nosotros queremos señalar aquí es que este proceso, absolutamente adecuado al proceso natural de iniciación al lenguaje, permite el progreso firme, a través del proceso de experiencia por tanteo, del lenguaje hasta la expresión, hasta la escritura y finalmente hasta la lectura.

Que nadie se sorprenda de ver a los niños "dibujar" en la pizarra un texto que no saben leer, pero que comprenden perfectamente; al verles componer con caracteres que no distinguen todavía, pero que se esfuerzan en reconocer mediante una atenta comparación con el texto manuscrito, con ayuda, también del ambiente; y que no se crea nadie de antemano que es imposible establecer correspondencias antes de saber escribir largas cartas sin faltas. No somos nosotros los que colocamos el arado delante de los bueyes, los que sí lo ponen son aquellos que efectivamente uncen sus bueyes al arado, para hacer un simulacro de trabajo, arando un bancal de cemento armado. Lo esencial es que el niño perciba el valor, el sentido, la necesidad, el alcance individual y social de la escritura-expresión. Nuestro material permite esta iluminación primordial. Para lo demás, confiemos en el niño. Por poco que le ayudemos, dominará las técnicas por el mismo proceso que le ha hecho dominar la técnica del lenguaje.

A pesar de que estas afirmaciones parecerán muy paradójicas a los pedagogos acostumbrados a los métodos "científicos", persistimos en afirmar que nuestro método es el único que permite la evolución natural y educativa del lenguaje hasta la expresión por la escritura, y luego hasta la lectura.

Pero, sobre todo, resistíos lo más posible frente a la tendencia escolástica que impulsa a practicar dogmáticamente una iniciación metódica que tiene como objetivo abreviar la experiencia por tanteo, e incluso, en ciertos casos, prescindir de ella. El niño puede, sin duda, conseguir leer y escribir antes, pero en detrimento de la serie de experiencias intermedias que algunos juzgan, muy a la ligera, como inútiles. Se puede enseñar al niño a girar la llave del contacto, a dar paso a la gasolina, a hacer girar la manivela que hace que el motor se ponga en marcha maravillosamente. Es un hecho. Pero en cuanto se presente el más pequeño trastorno, o surja el mínimo obstáculo ante la impotencia de los gestos mecánicos que consideraba que eran lo más importante, el niño echará de menos una formación que ha dejado a un lado las experiencias intermedias a las que se verá obligado a volver, en una reconsideración radical de la educación recibida.

- *Lectura.* El niño habla, ve cómo se fijan en la pizarra, bajo una forma nueva, los pensamientos o los actos expresados; con su propio trabajo transforma ese texto manuscrito en una emocionante página impresa; comunica así su lenguaje a unas personas que están lejos, y que le responden por el mismo artificio. De esta impregnación permanente surge la fijación en la memoria visual, auxiliada por la memoria auditiva, de formas, palabras y frases en su relación con la idea expresada. El niño compara permanentemente las palabras escritas con las habladas; las que ha escrito él con las que le sirven de modelo en la pizarra o en la hoja impresa; las que ha reconocido en los periódicos recibidos de sus corresponsables, con las identificadas en los libros o periódicos. Se produce un trabajo profundo, fruto de una rica experiencia por tanteo que conduce a este resultado: sin un ejercicio especial, el niño reconoce progresivamente un número mayor de palabras; las reconoce, no sólo por el grafismo, sino por la idea a la cual está ligado ese grafismo. Reconocimiento de palabras y comprensión van a la par, participan de un mismo proceso.

El niño reconoce así, sin leer, en un principio los textos conocidos, luego determinadas frases de los textos o de las cartas de los corresponsales, deduciendo algunas veces a partir de ellas la comprensión instantánea de las frases y de las palabras desconocidas. Luego reconocerá pasajes enteros de libros fáciles; más tarde abordará dificultades más serias.

El niño sabe leer sin necesidad de hacer ejercicios de lectura. Sabe leer, en primer lugar, porque reconoce, bajo el grafismo manuscrito o impreso, el pensamiento que aparece allí dormido; es como si oyera a distancia la palabra de los que están ausentes o, alejada en el tiempo, la de los muertos. Qué importa que aún no lea de corrido en voz alta. Considerándolo bien, se trata sólo de un ejercicio fastidioso y casi soberanamente inútil, que la escuela ha elevado siempre al rango de necesidad porque es incapaz de controlar la comprensión muda. Sin embargo, recordemos que la noción de lectura silenciosa va ganando terreno firmemente, lo que no hace más que añadir valor a las técnicas que permiten un resultado tan profundamente educativo.

Remitimos a los lectores a nuestra obra *Méthode naturelle de lecture**, en la que encontrarán la descripción detallada del proceso, del material y de la técnica que permiten al niño pasar del lenguaje a la lectura del pensamiento impreso, no digamos que en un tiempo récord, pero sí con una seguridad de éxito y un provecho educativo sobre los que nunca insistiremos lo suficiente.

Actividades de expresión artística

Las técnicas precedentes han orientado a los alumnos hacia las adquisiciones particularmente más intelectuales mediante el empleo de estos instrumentos que son el lenguaje, la escritura y la lectura.

Pero existen otras técnicas de expresión que, aunque sean exclusivamente instintivas y sintéticas, tienen también una elevada virtud formativa y un estimable valor como instrumentos para la conquista de las capacidades por medio de la creación y el trabajo.

Además, estos instrumentos tienen de peculiar —lo que algunos consideran como una tara, pero que más bien es un signo de elevada nobleza—, que ni su empleo ni su técnica son comparables a los de instrumentos más específicamente intelectuales. Es como si una zona particular del individuo entrara en acción, una zona subconsciente y psíquica. Y sucede bastante a menudo que los sujetos más rebeldes a la enseñanza formal y a las adquisiciones precisas, son justamente los que en el campo del arte pueden alcanzar la perfección en un momento.

Sería un verdadero crimen contra la personalidad amputar así una parte importante de sus posibilidades, aquéllas relacionadas sobre todo con la afectividad, el equilibrio, el sentimiento profundo de realización y de poder.

Hemos dicho que se trata de un proceso diferente en su principio y que, por ello, debe juzgarse y apreciarse según otras normas. Una escritura es más o menos perfecta, un texto más o menos correcto, una lectura más o menos expresiva. Las normas son fáciles de establecer en estos casos. Sin embargo, no intentéis trasladarlas al terreno artístico.

Para juzgar un dibujo o un grabado, es necesario que os construyáis un alma nueva y sensible, y sentir más allá de la torpeza de un trazo de lápiz la personalidad que éste deja entrever, la sensación fugitiva que se expresa, un ser que se realiza.

Otorgaremos un importante lugar a estas realizaciones artísticas: dibujo, que continuará su evolución a partir de la bifurcación donde lo hemos dejado, ilustración de textos, pintura, grabado hecho con cartón recortado o sobre linóleo, canto, rítmica —a falta de piano o armonio, aconsejamos utilizar el tocadiscos—, guiñol, teatro, marionetas.

---

* Trad. cast.: *El método natural de lectura,* (3.ª ed.), Barcelona, Laia, 1978. *(N. del R.)*

© Ediciones Morata, S. L.

Desde nuestro punto de vista, nunca será exagerado el lugar que se conceda a estas actividades.

Ficheros

Completaremos nuestro material con un objeto nuevo, actualmente desconocido en las escuelas maternales: el fichero documental.

Conocemos el interés de los niños por las imágenes y la alegría que les produce recortar, pegar, clasificar... Vamos a satisfacer ese gusto.

En nuestras aulas efectuamos una caza permanente de imágenes, y los niños participan activamente en ella y nos traen fotos y las revistas que interesa recortar. Estas imágenes se pegan sobre unas fichas de cartulina, en blanco, de formato 13,5 × 21 y 21 × 27, ordenadas separadamente en los ficheros. Luego se puede sacar el material del fichero que se necesite para el trabajo escolar.

Es una novedad que no cuesta cara y que es rica en perspectivas pedagógicas.

Planes de trabajo

Mientras el niño no pueda elegir entre una gama diversificada de actividades, las nociones de planes de trabajo no pueden imponerse de ningún modo. Si en la familia sólo hay una actividad posible, la madre en seguida se dispone a pedir: "Id a buscar leña." Trabajo que gusta más o menos y que, en consecuencia, los implicados se ingenian para deshacerse de él o esquivarlo tan pronto como la autoridad se relaja.

Pero si hay una gran variedad de tareas: cuidar los conejos, ir a guardar las cabras, conducir la carreta, construir un muro, reparar una puerta, pintar o dar cera a un mueble... es necesario que el cabeza de familia proceda, en la noche anterior, a un reparto de tareas. Esta distribución puede hacerla ejerciendo su autoridad, según un criterio quizá opuesto a los gustos de los niños: uno hubiera llevado la carreta (y ¡con qué gusto y cuidado lo habría hecho!). Pero, con el pretexto de que casi nunca hacemos lo que nos gusta, lo envía a recoger a las cabras —lo cual hará de cualquier modo— y, en su lugar, irá a la carreta el muchacho que soñaba con hacer de carpintero y no sabrá evitar un accidente. Desorden, deficiencia, aburrimiento, sabotaje, descontento, desequilibrio, mala educación.

Con demasiada frecuencia la escuela practica así esta diversidad vital, a menos que crea más prudente reducirla a un mínimo que juzga favorable para la concentración.

Pero la madre, más diplomática y menos autoritaria y rígida, va a repartir las tareas dentro de una especie de consejo familiar, haciendo coincidir los gustos de cada uno con las necesidades del grupo. Cada niño sabrá lo que tiene que hacer al día siguiente: hará el trabajo que le gusta más, el que eligió o, por lo menos, aquel cuya necesidad comprende. Por tanto, se esforzará en hacer bien su tarea.

Ésta es la práctica que vamos a necesitar, debido a la riqueza de nuestro material y la diversidad de actividades que permite. El maestro no se contentará ya con ordenarlo todo, hora tras hora, haciendo uso de su propia autoridad, sino que establecerá los planes de trabajo con la colaboración de los niños. Es preciso prever:

1. *Un plan de trabajo general,* establecido para una semana, y teniendo en cuenta las necesidades que imponen el medio y los reglamentos, así como un mínimo de disciplina colectiva. En casa todos deben ser puntuales a la hora de comer, para no complicar la tarea general. También en la escuela se imponen ciertas limitaciones: trabajos obligatorios a horas fijas, salidas al jardín a ciertas horas del día, determinadas en función del tiempo, de la estación, del horario general, de la preparción del texto diario, la tirada de los impresos, etc.

2. *Un plan de trabajo individual para una semana,* en el cual el niño apunta las tareas que quiere y debe efectuar, cuya ejecución él mismo vigila.

Sin plan de trabajo, el alumno puede ser sometido y dominado a voluntad. Si ha terminado el trabajo colectivo, se le da en seguida otra tarea suplementaria; o bien se le aparta de una actividad que le apasiona para encargarle otros trabajos que no estaban previstos. La consecuencia de todo ello es el desorden, la pereza, el nerviosismo.

Con el plan de trabajo, el alumno queda libre, por así decirlo, dentro del marco de ciertos límites que ha medido y aceptado previamente. Dentro de estas fronteras puede ir a su paso, medir el avance de su trabajo, darse prisa para luego descansar, o dedicarse a otras actividades más apasionantes. Con esta práctica adquiere, incluso desde muy joven, la noción del orden, del dominio de sí mismo, de confianza, de amor al trabajo terminado que se desarrollará como conciencia profesional, equilibrio y paz conquistada a brazo partido mediante la virtud del trabajo.

Esta práctica de los planes de trabajo en la escuela maternal —igual que en otros niveles— estará en el centro de la nueva disciplina, que no está llena de fantasía ni individualismo, como a veces se ha supuesto, ni es arbitrariamente autoritaria, sino que es el resultado de una organización metódica de la actividad individual dentro del marco de la vida compleja del aula.

Lugar de las lecciones

En la escuela maternal, sobre todo, suprimiríamos de buena gana toda enseñanza más o menos didáctica. La riqueza y el alcance educativo del material y de las técnicas que nosotros defendemos son las más sólidas garantías de progreso escolástico, que cualquier pedagogo considerará satisfactorias. Cualquier retraso solamente podría deberse a un estado anormal y a deficiencias para las cuales nuestros métodos son la mejor terapia.

© Ediciones Morata, S. L.

A los 7 años, el niño sabrá hablar y expresarse normalmente, escribir y leer con una riqueza de vocabulario quizá más intuitiva que formal, aunque nunca estará por debajo del promedio admitido en las escuelas. Contando con doble contacto de un medio propicio y de técnicas adecuadas —mecánicas, intelectuales y artísticas— perfeccionará la seguridad de sus gestos, que es la base de la seguridad de sus juicios y de sus reacciones. Lo que todavía no sabe expresar con suficiente precisión por medio de la palabra, por el escrito o la actividad manual, sabrá exteriorizarlo con éxito por medio del dibujo, el grabado, el canto, la mímica; tendrá una idea funcional de sus obligaciones individuales y de su papel social; sabrá someterse a una disciplina, que es función de orden y de equilibrio, conservando siempre su animación, su originalidad y también, por qué no, su poder de oposición instintiva a las tendencias que le parecen nocivas para esta armonía.

Sin embargo, sobre estas bases sólidas, debido a que son funcionales, siempre existe la posibilidad de incorporar, sin demasiado daño, ciertas disciplinas exigidas por los programas escolares, por el ambiente o por las circunstancias. Algunas técnicas que veremos desarrollarse en el nivel siguiente, pueden practicarlas con éxito los alumnos más avanzados. Por ello, puede ser ventajoso elaborar, para determinados grupos, ficheros de autocorrección para la lectura, la escritura o el cálculo, imitando ficheros autocorrectivos cuya preparación y uso para los niveles siguientes explicaremos.

Nos contentaremos con anotar estos detalles con el fin de dar una idea de las posibilidades de adaptación de las técnicas que recomendamos en las condiciones tan diversas, como ya sabemos, de las escuelas públicas; y también para precisar que, al contrario de lo que ocurre con ciertos métodos patentados internacionalmente, nosotros no presentamos un marco inmutable, como un rito del que los maestros no pueden desviarse un ápice sin arriesgarse a comprometer y traicionar el espíritu mismo en cuyo nombre prevalece esta rigidez.

Nosotros ofrecemos:

— un material que hemos perfeccionado totalmente, que los propios educadores podrán fabricar en parte, mejorándolo y adaptándolo a sus necesidades, con tal de que se inspiren en los principios esenciales que hemos resaltado;
— la técnica general de utilización de estos instrumentos;
— unos principios de organización de la vida y del trabajo de los niños, que incluyen la colaboración permanente de los educadores y la práctica generalizada de las correspondencias interescolares.

Cada uno debe extraer de este conjunto el máximo de virtudes educativas, en el sentido de la complejidad de la vida individual y social. Nosotros os garantizamos, si adoptáis esta vía, además del mayor éxito escolar, una comprensión nueva de vuestro papel de educadores y esta importante satisfacción interior que anima y recompensa la generosidad comprensiva de quienes despiertan las almas.

© Ediciones Morata, S. L.

La escuela primaria

Consideraciones preliminares

Las páginas precedentes habrán familiarizado un poco a nuestros lectores con el sentido general de nuestras investigaciones y con el alcance de nuestras actuaciones.

Al comienzo de la parte más delicada de este trabajo, querríamos prevenir la desconfianza de aquellos de nuestros colegas que duden en continuar adelante porque temen seguir a un iluminado en innovaciones que son quizá teóricamente aceptables, pero cuya práctica, sin embargo, corra el riesgo de trastornar peligrosamente la vida de la escuela, las relaciones con las autoridades, la disciplina, el trabajo y el éxito de los niños, sin contar con las costumbres del propio educador, ya cristalizadas, a veces, en rutinas impermeables.

Si somos partidarios hasta tal punto de una educación del trabajo, es que hemos aplicado de antemano sus principios a la concepción y a la realización de nuestra obra. En el lento perfeccionamiento que hemos perseguido durante treinta años, no hemos partido nunca de la teoría pedagógica para elevarnos a la realidad constructiva. Nuestras realizaciones son siempre, exclusivamente, el fruto de una experiencia por tanteo practicada en el propio trabajo escolar con los niños, en el ambiente normal de la escuela popular. Ninguna de nuestras innovaciones tiene su origen en una idea *a priori* que se trata de hacer pasar a los hechos, sino que hemos adaptado los instrumentos antiguos y forjado y perfeccionado los nuevos en el propio trabajo día a día. Lejos de quedar satisfechos con los primeros éxitos, hemos percibido sus insuficiencias y debilidades, teníamos conciencia clara de los vacíos que debíamos cubrir, sin dejar de buscar, mediante tanteos, los ajustes materiales y técnicos que pudieran hacer más eficaz todo nuestro sistema educativo.

Si nuestras prácticas no hubieran sido así, habríamos buscado en el mercado, como tantos otros, los modelos de imprenta que respondieran a nuestra idea pedagógica anterior. Y habríamos fracasado, como tantos otros también que habían probado antes, porque los principios del trabajo escolar y del trabajo industrial no son idénticos en absoluto. Partiendo del trabajo escolar de los niños, hemos creado, pieza a pieza, todo nuestro material escolar, perfeccionándolo luego. Lo mismo ha sucedido con el fichero escolar, que responde a una necesidad nueva, cuya interesante retrospectiva mostraría la emocionante serie de tanteos. También ocurre lo mismo con la ilustración, los planes de trabajo y todos los detalles de la nueva organización del trabajo escolar.

Es decir, que nuestras técnicas deben, como primera razón de ser, responder a las necesidades de nuestras escuelas públicas. Lejos de descender de algunos proyectos imaginarios o de teorías pedagógicas, ascienden exclusivamente de la base, del propio trabajo y de la vida de los niños en nuestras aulas renovadas.

© Ediciones Morata, S. L.

Debido a que nuestras búsquedas no se han desviado nunca de su objetivo por consideraciones extraescolares, debido también a que hemos sabido contrastar su empleo mediante la colaboración eficaz y permanente de centenares de escuelas públicas, hemos logrado una conjunción quizá única en la historia de la pedagogía: la de la técnica escolar y la teoría pedagógica, justificándose una con otra. Según CLAPARÈDE, hemos convertido en realidad, mediante nuestra acción en el seno de la escuela, los sueños generosos de psicólogos y pedagogos.

Ciertamente, hoy no nos disgusta comparar nuestras realizaciones con las perspectivas teóricas de tantos investigadores, así como intentar, a veces, una justificación *a posteriori* de nuestros éxitos. Pero cuando nos topamos todavía con algún tropiezo, cuando la experiencia no nos parece que coincida totalmente con la idea pedagógica, siempre volvemos a la comprobación por medio de la práctica. En definitiva, ella será el elemento decisivo: en su nombre renunciaremos a ciertas pruebas que no dan resultado en nuestro caso, aunque las recomienden en otros sitios como panaceas; en su nombre nos atreveremos con actuaciones que sorprenderán en un principio a los teóricos, aunque un día se rindan ante la evidencia de los hechos.

En esto consiste nuestra naturaleza pedagógica. El proceso de su evolución es perfectamente acorde con las verdaderas reglas de la investigación científica, tal como las ha definido Claude BERNARD: partimos de la vida, de las experiencias en la propia vida, sin ignorar en absoluto las teorías y los principios que pueden influir y ayudar en nuestro tanteo. Nosotros hacemos surgir la organización nueva de la realidad cotidiana.

Es decir, que podemos, sin ser pretenciosos, aseguraros el éxito. No os presentamos una teoría dejándoos la tarea de pasarla a la práctica. Nosotros vamos directamente a la práctica y, os lo reiteramos, si estuviera en nuestro poder haceros presenciar, utilizando una cámara de cine y una proyección de lo grabado, a la actividad nueva de las clases que trabajan según nuestras técnicas, si os fuera posible ir a ver en el propio lugar de trabajo, aunque fuera sólo media jornada, lo que rinden estas innovaciones, nos callaríamos por completo, contentándonos con decir a la salida: "Habéis visto el instrumento; habéis comprendido su empleo... Introducidlo en vuestra clase y uníos a nosotros para perfeccionarlo y universalizarlo".

Para los que no pueden ir a visitar estas escuelas en pleno trabajo, reduciendo la teoría al mínimo, vamos a:

— describir la adaptación indispensable de los locales a las nuevas necesidades;
— presentar el material;
— mostrar, en la vida de una clase durante una semana, la utilización pedagógica de los nuevos instrumentos y la organización del trabajo que este uso precisa;
— dar después todas las indicaciones prácticas para introducir gradualmente en vuestras aulas las técnicas de trabajo que harán de vuestra escuela, demasiado intelectualizada, un medio educativo verdadera-

© Ediciones Morata, S. L.

mente adaptado a las nuevas necesidades del grupo.

Los locales de la escuela primaria

Para dar una idea de conjunto de la nueva concepción de los locales escolares y de su mobiliario, vamos a presentaros un plan ideal, por así decirlo, que trataríamos de realizar si tuviéramos la oportunidad de construir la escuela popular del siglo xx.

Concedemos a esa instación material una importancia más decisiva de la que se cree necesaria para el éxito de los métodos. Es absolutamente preciso que nos despojemos de un sentimentalismo anticuado que nos mueve a decir que no hacen falta tantas riquezas para vivir felices e instruirnos dignamente. Sin duda sabemos que se puede ser mil veces más feliz en una chabola que en la opulencia de una mansión moderna; que se puede realizar una tarea de mejor calidad en una escuela pobre que en los locales donde no falta ninguna de las comodidades modernas. Se trata aquí de casos individuales, de la excepción a la regla. Pero en su conjunto, en igualdad de condiciones, se puede asegurar que es indispensable un mínimo de equipamiento material para la vida armónica de la familia; por debajo del cual, todo trabajo eficaz a menudo se hace imposible en las aulas.

El dar a la familia, a la escuela, ese mínimo, ese "estándar", debe ser una de nuestras primeras reivindicaciones.

Antes de construir una fábrica o un gran almacén, el ingeniero no derriba por casualidad viejas casas que aunque son centenarias, se mantienen sólidamente en pie por espesos muros construidos sobre sótanos abovedados que resisten a cualquier prueba. Las derriba porque sus muros, la disposición de las habitaciones, la reducida longitud de las vigas no permiten la utilización material que requiere la racionalización del trabajo.

En nuestra escuela ocurre lo mismo: a trabajo nuevo corresponden locales y material diferentes, adaptados a las nuevas normas de actividad.

- *Ante todo, la situación.* Hemos mostrado, en nuestro libro *Essai de psychologie,* que el recurso a la naturaleza es, sobre todo, una vigorosa necesidad para el niño. Por ello, la escuela no está situada en el centro de una naturaleza "estimulante" si no es posible que se encuentre siempre cerca de un bosque, un río, unas rocas o campos cultivados, es indispensable al menos que esté rodeada de ese medio natural que ya hemos recomendado para niveles precedentes, aunque aquí adquiere un significado distinto con su huerto (de frutas y verduras), su prado, su colmena, su gallinero, sin olvidar espacios libres para juegos, acampadas, construcciones, etc.

En general, estas condiciones casi siempre se dan en las escuelas rurales. Pero en las urbanas hace falta tener en cuenta, naturalmente, la posibilidad de que los niños puedan ir a la escuela sin cansarse excesivamente y sin el riesgo de la circulación. En algunos casos, la existencia de medios de transporte permite la instalación de las escuelas en la periferia de las aglo-

© Ediciones Morata, S. L.

meraciones ciudadanas, donde pueden reunirse las condiciones antes indicadas. (Este transporte era ya algo corriente en la época anterior a la guerra en algunas escuelas nuevas.)

En su defecto, como hemos indicado para las escuelas maternales, el medio natural estará separado de la escuela, lo que perturbará algo los horarios. Pero *no debería existir escuela primaria moderna sin un medio ambiente natural.*

Apenas insistimos en otras condiciones de instalación que el sentido común hará respetar: lugar soleado sobre un terreno seco, al abrigo del viento en todo lo posible, lejos de los ruidos callejeros, de los trenes o de las fábricas.

- *Plano del local.* Ofreceremos un plano modelo para una escuela de una sola clase, que será como la célula inicial que los arquitectos combinarán técnicamente para la construcción de escuelas de varias aulas.

La naturaleza y la forma del trabajo escolar tendrán que determinar la estructura de los locales, del mismo modo que la técnica de venta determina la disposición y la estructura de los almacenes modernos.

La escuela tradicional es un *auditorio-escritorio,* y el salón de actos de las escuelas superiores constituye su forma ampliada. La disposición más favorable para este *auditorio-escritorio* era una sala única, suficiente para agrupar a la población escolar sentada, pero no demasiado grande para que la voz del maestro se pierda y su ojo deje de vigilar hasta el último rincón. No hablemos del puntero con el que, antiguamente, desde su sitial, podía alcanzar hasta los desgraciados de la última fila. No convenía que esta sala tuviera aberturas muy amplias hacia el exterior, pues estas ventanas perjudicaban la resonancia de la voz magistral y podían distraer a los alumnos; corregido con la gran elevación de las ventanas y la opacidad de los cristales.

Nuestra escuela moderna será un *taller de trabajo,* integrado en la vida del medio. Este destino específico precisa una estructura nueva.

La escuela será un taller de trabajo comunitario y especializado a la vez. Por todo ello, deberá poseer:

— *una sala común,* comparable más o menos al aula tradicional, donde los niños pueden reunirse para todos los trabajos colectivos cuyo papel pedagógico veremos más adelante. Esta habitación estará iluminada y ventilada lo mejor posible. Luego hablaremos de su mobiliario.

— *talleres especializados exteriores* que comprendan:

  a) el medio natural: huerto con verduras y frutales;
  b) el criadero: conejos, colmenas, conejillos de indias, gallinas, cabras...

— *talleres especializados interiores,* en número de ocho, que darán a la sala común de acuerdo con las indicaciones del plano que incluimos en la página 66.

© Ediciones Morata, S. L.

- *Modernización de los locales existentes.* Será posible construir, en algunos casos y al menos en una de las fachadas del local existente, un añadido de dos metros de profundidad con anchas aberturas que darán a la sala co-mún, donde se situarán los talleres. El gasto no será excesivo y, en el momento en que padres y funcionarios hayan comprendido su necesidad, reconocerán que se puede llevar a cabo.

Pero también ocurre con frecuencia que la escuela dispone de una habitación que da a la clase y que está desocupada, o que, al menos, puede cederse (antiguo despacho de la alcaldía, aula vacía...). Allí podríamos instalar nuestros talleres especializados. Deberá tener, desde luego, una puerta de comunicación directa con la clase.

Adivinamos la inquietud de los pedagogos: ¿cómo podrá vigilarse a los niños y qué sucederá con los alumnos de una clase cuando el maestro esté en la otra habitación? El problema sería efectivamente insoluble en la escuela tradicional donde el trabajo está en función de la vigilancia y de la autoridad.

Felizmente las condiciones han cambiado en las escuelas que trabajan según nuestras técnicas. Hoy es un hecho indiscutido: cuando los alumnos se dedican a trabajos que les interesan profundamente porque responden a sus necesidades funcionales, la disciplina se reduce a la organización de estos trabajos y sólo requiere un mínimo de vigilancia que, la mayor parte del tiempo, se dedica al equipo o al grupo. El maestro deja de ser un guardián para convertirse permanentemente en consejero y auxiliar. Esto no quiere decir que se logre así de repente la perfección en la armonía escolar. Si el mecanismo estuviera perfectamente regulado, si no existiera entre los alumnos algún niño nervioso, discapacitado, aturdido, o violento, puede ser que sucediera esto. En la práctica el maestro debe hacer como el mecánico que vigila un grupo de máquinas y puede descansar en el quicio de la puerta cuando todo funciona. Pero en cuanto oye un ruido sospechoso, nota un descenso del ritmo o un fallo, tiene que apresurarse para echar aceite, acelerar un mecanismo o aminorar la marcha de un rodamiento.

Éste será el nuevo papel del maestro que, consecuentemente, puede muy bien hacer trabajar a grupos de alumnos en dos salas contiguas que se comuniquen.

A falta de la sala contigua, los talleres podrán instalarse en un pasillo o, si no fuera posible, en la misma sala común. En este caso, bastará modificar la disposición del mobiliario y montar unas mesas de trabajo rudimentarias, con viejas mesas transformadas, o con caballetes.

Esta última solución sólo es posible en las clases bastante espaciosas y no sobrecargadas. En las demás, en los cuchitriles escolares, como ocurre con los tabucos obreros, sólo existe una solución: se impone el desalojo.

La instalación de los talleres en la propia aula tiene el inconveniente de complicar el trabajo colectivo ya que el ruido de los talleres dificulta la concentración de los alumnos ocupados en actividades intelectuales o artísticas.

Tiene la ventaja de facilitar la vigilancia en clases mal acondicionadas o demasiado recargadas de alumnos.

© Ediciones Morata, S. L.

Todavía debemos hacer aquí una observación esencial: en estos últimos tiempos, en la educación nacional francesa ha habido una tendencia característica hacia la organización del trabajo manual en el seno mismo de la escuela primaria (segundo ciclo). Se han concedido créditos para la instalación de talleres que potenciaran este trabajo.

Como el trabajo manual, al que se destinan esos talleres, es independiente de la actividad intelectual escolar, puede surgir la tendencia a separar a dichos talleres de la clase y agruparlos en una especie de taller anejo para el preaprendizaje manual.

Deseamos precisar también que esta especialización prematura no es, ni mucho menos, nuestro objetivo: para nosotros no se trata de conservar todo lo esencial —espíritu y métodos— de la enseñanza escolástica, y de incorporar —y ni siquiera eso, sino pegar— una sección de trabajo para los alumnos mayores. Esta dualidad no es ni siquiera un mal menor: es un engaño, una falsa reforma, uno de estos gestos simbólicos muy adecuados para sabotear y desacreditar la idea que parecen servir.

Nosotros queremos la educación por el trabajo, una cultura fruto de la actividad laboriosa de los propios niños, una ciencia hija de la experiencia, un pensamiento determinado continuamente por la materia y la acción. Por eso, talleres de trabajo, sala común, ayuda del maestro, son las condiciones inseparables de un todo que es la formación del niño y, más allá de él, la formación del hombre, del ciudadano de la nueva sociedad popular.

Esta observación es especialmente necesaria para la concepción de los locales en las escuelas con varias clases. En efecto, podría darse la tendencia, mucho más que en las escuelas de un solo maestro, a separar los talleres especializados de las clases, igual que se instala un lavabo común, una cantina o una piscina. Estos talleres podrían establecerse, equiparse y organizarse perfectamente con un mínimo sensible de desembolso, pudiendo responsabilizar de los mismos a maestros estrictamente especializados, y por tanto particularmente competentes. Estas escuelas con varias aulas incluirían, así, clases tradicionales que sólo tendrían de más un taller de carpintería, una herrería, un fichero, una imprenta, un laboratorio de ciencias, una sala de trabajos domésticos comunes a todas las aulas. Esto es lo que ya existe, de manera más completa, en numerosas escuelas bien organizadas de Francia, Alemania, Noruega, Suecia. Justamente contra esta concepción pedagógica nos levantamos; contra esta separación anormal de la clase intelectualizada y del taller activo que prepara esta dualidad social de los trabajadores manuales, relegados en la mediocridad, y de una clase intelectual, tanto más presuntuosa cuanto más estéril.

Nuestra concepción pedagógica nueva necesita que cada clase, incluso en las escuelas de múltiples maestros, tenga sus talleres especializados que forman parte del proceso educativo, como ocurría hasta ahora con la mesa del maestro sobre la tarima, medio y símbolo de la enseñanza. Esto no impedirá la organización de talleres complementarios donde maestros especializados darán todo tipo de orientaciones prácticas para el trabajo propiamente escolar.

© Ediciones Morata, S. L.

La organización de este conjunto complejo es cuestión de los arquitectos. Ellos conocen ahora cuáles son las necesidades verdaderas de nuestra pedagogía, como también conocen las correspondientes al trabajo industrial racionalizado. A ellos les incumbe construir los locales que por fin posibilitarán las actividades cuya necesidad primordial hemos mencionado.

En las escuelas de aulas múltiples, la reorganización y readaptación de los locales existentes es más delicada. La única solución práctica será quizá la supresión de clases intermedias levantando en ellas tabiques medianeros para albergar los talleres contiguos a las aulas que queden. Para todo ello habrá que ampliar ligeramente los grupos con los niños procedentes de las clases que hubiera que eliminar.

Para esta readaptación, las dificultades financieras siempre son sólo una mala excusa. Recientemente se ha decidido la concesión de importantes subvenciones para mejorar el hábitat rural. Así hemos visto a los granjeros derribar su viejo establo para construir otro moderno, amplio y aireado, con luz eléctrica, montacargas, etc. No vamos a pedir menos para los niños.

Lo que falta, lo sabemos, no es el dinero, sino la conciencia de la necesidad de esta adaptación, el sentimiento del verdadero papel de la escuela, de su nobleza, de su fundamental importancia para la vida de los individuos, para la paz y prosperidad de las ciudades. Y a nosotros nos corresponde la tarea de demostrar el movimiento andando, de demostrar la necesidad de esta readaptación por medio de una experiencia irrebatible.

Una vez más afirmamos que esperamos de los educadores de las pequeñas escuelas de dos aulas gemelas de pueblos y aldeas, de los maestros de escuelas con una sola clase, la prueba decisiva que arrastrará a todo el mecanismo educativo. A ellos les corresponde hacer que surja de la escuela tradicional, incluso de la vida de las comunidades rurales, el taller complejo, manual, intelectual y artístico, que formará armoniosamente al hombre completo y activo de la sociedad del mañana.

• *Mobiliario.* El mobiliario de la escuela tradicional es naturalmente el de un *auditorio-escritorio:* mesa del profesor en una tarima, pizarra única para uso exclusivo de la lección magistral o para preguntar las lecciones; bancos-pupitre para los niños sentados que están escribiendo o leyendo (se excluyen todas las demás actividades, salvo las clandestinas); ausencia de todo espacio libre cuya utilización no está prevista en la organización pedagógica; un mueble biblioteca con una enciclopedia científica cuidadosamente cerrados, al abrigo del polvo y de las manos indiscretas; y, sobre una consola, el busto de la República o el crucifijo.

Este mobiliario no responde ya en absoluto a las nuevas necesidades escolares porque en este entorno:

— es imposible hacer otro trabajo, sentados o de pie, que no sea la escritura o la audición pasiva;
— es imposible desplazarse;
— y es totalmente irrealizable, por todos esos motivos, cualquier colaboración entre alumnos o del profesor con los alumnos.

Nosotros prevemos:

• *Mesas corrientes,* y por tanto fundamentalmente móviles, con la parte superior horizontal, sobre las cuales pueden trabajar sin molestarse cuatro alumnos. Estamos totalmente en contra del banco-pupitre inclinado que sólo sirva para escribir.

Nuestras mesas son prácticas para la escritura, la lectura, el recortado, el pegado, el dibujo, el examen de mapas y documentos. Colocando pegadas una a continuación de la otra, forman una gran mesa para el trabajo en grupos. Se pueden colocar a un lado de la clase o amontonarlas en un rincón, dejando libre el espacio para otros usos colectivos: desarrollar temas, exposiciones, teatro, etc.

A falta de mesas portátiles, pueden servir igualmente unos tableros sobre caballetes, con capacidad para ocho alumnos, que serán más baratos. Pero quizá su estabilidad no sea suficiente. Además, siempre que sea posible, es preciso evitar que los alumnos dependan materialmente demasiado de sus compañeros: esto puede ser motivo de disputas, de accidentes y de desorden inútil.

• *Como asientos,* recomendamos una silla ordinaria o, si no, el taburete de madera. Por las razones antes expuestas, hay que erradicar el banco colectivo.

Podemos tener previsto disponer de algunos cojines para poner en los asientos de los alumnos demasiado pequeños: además, la altura de las mesas y de los asientos estará adaptada al curso al que la clase corresponda.

En definitiva, esta instalación es menos incómoda que los pesados bancos-pupitre tradicionales.

Que no se intranquilicen los defensores de la higiene escolar por nuestras mesas planas y los taburetes ligeros sin respaldos. La escritura y la lectura, ya no son, para nosotros, las únicas tareas escolares, y los alumnos no se ven obligados a adoptar, durante horas, una inmovilidad fuera de lo normal, lo que les hacía propensos a contraer escoliosis. Por la diversidad de actividades que les ofrecemos, corregirán ellos mismos las posturas incorrectas, compensando con una actividad corporal la concentración intelectual o artística que ha mantenido tensos sus músculos e inmovilizados sus cuerpos.

• Se instalarán *casilleros* en una de las paredes libres del aula. Allí colocarán los alumnos sus libros, cuadernos y útiles sin sobrecargar más las mesas. La disposición del mobiliario permitirá al escolar levantarse libremente sin producir ruido, cuando lo desee, para ir a su casillero.

• No hace falta que la *mesa del maestro* se coloque sobre la tarima. El educador pronunciará cada vez menos lecciones magistrales o las suprimirá totalmente. Se le pedirá, con más frecuencia, que colabore con los alumnos por todos los rincones de la clase. Será suficiente con una mesa sencilla, como las destinadas a los alumnos, esencialmente móvil, y un casillero particular.

• En cambio, ampliamos el uso de las *pizarras*. Tendremos una pizarra con caballete para copiar los textos, notas e inscripciones que interesen directamente a toda la clase; y una, dos, o incluso tres pizarras —pintadas, si es

© Ediciones Morata, S. L.

preciso, sobre los espacios libres de las paredes, o sobre paneles de madera— destinadas al trabajo de los grupos.

No es necesario que estas pizarras sean lúgubremente negras. Un verde ligeramente oscuro es perfecto. No debe descuidarse ningún detalle que pueda mejorar la austeridad inútil de la clase.

- La *iluminación natural* debe ser la suficiente. No hay que temer a las amplias cristaleras, al nivel de los niños, como en las viviendas familiares. Es bueno que los niños puedan mirar al exterior. Esto no siempre es inútil, ni perjudicará la calidad de nuestro trabajo, sino que liberará definitivamente a nuestra escuela de la atmósfera de prisión.

Deberán estar previstos los dispositivos para dejar el aula a oscuras durante cualquier hora del día, para las proyecciones luminosas fijas o animadas.

La iluminación artificial indirecta también deberá ser la adecuada.

- El *mobiliario de los talleres* incluirá, según a lo que se destine, mesas móviles o fijas contra las paredes, casilleros y estanterías.

En todo eso no hay nada lujoso o irrealizable. Las escuelas existentes, salvo en los casos irresolubles de cuchitriles estrechos y superpoblados, pueden orientarse progresivamente hacia esta adaptación. Entre las cosas inmediatamente posibles destacamos:

— La desaparición de la tarima del maestro y la colocación de su mesa al nivel de los alumnos. Esta medida produce a menudo un aumento apreciable del espacio libre. La tarima podrá utilizarse para otras necesidades.
— Algunos pupitres sobrantes o inservibles podrán transformarse en pequeños bancos de trabajo o en mesas para exposiciones.
— Si tenéis que reemplazar bancos ya viejos, haced construir mesas y taburetes según nuestras indicaciones, en espera de transformar la totalidad del mobiliario. Si el gasto es muy parecido, las autoridades no pondrán ningún obstáculo.
— Modificad la estructura de vuestra aula disponiendo las mesas de manera que quede el mayor número de zonas de paso y espacios libres.

El material de trabajo

En este marco adaptado al máximo a las modalidades del nuevo trabajo escolar, ¿cuál es el material, cuáles son los instrumentos que instalaremos para realizar, práctica y eficientemente, nuestra educación del trabajo?

Después del examen psicológico y social de las necesidades esenciales de los niños de nuestra época, hemos fijado en *ocho* el número de talleres de trabajo especializados.

Cuatro de estos talleres estarán consagrados a lo que llamamos *trabajo manual de base,* es decir, aquél hacia el cual se vuelve espontáneamente el niño que es libre de escoger su actividad. Es un hecho, en efecto, que se finge ignorarlo o descuidarlo porque está en contradicción con el interés exclusivo y prematuro por la intelectualización: entre una actividad que precisa un esfuerzo general especial y un trabajo manual que permite dominar, por poco que sea, la materia viviente o pasiva, ningún niño duda, a menos que esté ya pervertido por una formación que le haya provocado una repulsión anormal por el esfuerzo manual. Así pues, ocurre lo mismo que con el niño que se acerca espontáneamente al fruto natural y suculento y lo prefiere a las preparaciones artificiales por atractivas que sean, a menos que su gusto esté ya pervertido.

Hoy conocemos los riesgos que existen en la construcción de un sistema, sea alimenticio o pedagógico, basándose en la perversión y la adulteración. Nosotros continuamos pensando que, en todo caso, es preferible tomar la naturaleza tal como es, y construirlo todo a partir de sus más sanas virtualidades.

Por tanto, no obligaremos al niño que llega a nuestra escuela a orientarse hacia una actividad intelectual que, bajo la forma como se la presentamos, no es natural para él. Dejaremos que se dirija hacia las tareas ancestrales de enriquecimiento por el trabajo manual y el empleo perfeccionado y continuo de herramientas; le ayudaremos a realizarse primero por este trabajo, que elevaremos luego a su importante dignidad intelectual y social.

"Y si el niño se entretiene en exceso, se preguntará alguno, en esta actividad manual básica, con el riesgo de descuidar y desconocer las adquisiciones que hasta ahora eran específicas de la escuela, ¿no lo violentaréis?"

Sería ésta una violencia bastante inútil.

De este trabajo de base, tercera etapa de la personalidad, después de la prospección por tanteo y de la instalación, nacerán inevitablemente: la conciencia de las relaciones entre los hechos, la lógica nacida de la experiencia y la construcción, y esa necesidad, que crece sin pausa, de conocer mejor para dominar mejor su propio trabajo, para dar a los instrumentos el rendimiento máximo al servicio de la capacidad individual, ligada a la capacidad de la comunidad.

El paso de una etapa a la siguiente no es un asunto externo, sino interno. Vosotros podéis facilitarlo, ayudarlo, acelerarlo; no podríais evitarlo impunemente para pasar de un salto a la etapa superior. Este paso es tanto más rápido cuanto más estimulante sea el medio, mayores las posibilidades del individuo para asimilar el mundo, y más inteligente sea dicho sujeto —en este caso no consideramos la inteligencia en su sentido estrictamente escolar.

Cuanto más retrasado esté el individuo, más se demorará en la satisfacción material del trabajo puramente manual. Incluso puede quedarse en este estadio. Pero ¿creeremos verdaderamente haber hecho alguna tarea útil cuando le hayamos separado artificialmente de la lenta formación funcional, que era esencial para él, para comenzar a presentarle lecciones, ejercicios memorísticos y de castigo, en un intelectualismo que le excede? Sólo habremos conseguido descentrarlo, desarraigarlo, desequilibrarlo, comprometer su ascenso normal hacia la inteligencia verdadera.

Hasta ese día hemos procedido como la mamá inconsciente —aunque por otra parte no hay ninguna que pueda impulsar la inconsciencia hasta este

© Ediciones Morata, S. L.

absurdo— que pretendiera evitar a su hijo el lento tanteo por medio del cual ajusta día a día la potencia de sus músculos y la armonía de sus gestos, por temor, diría ella, a que su hijo no llegue nunca a caminar derecho y lo colocara en un aparato de su invención que le obligara a sostenerse sobre sus piernas y a caminar. Excelente forma, aseguraríais, para que el niño no llegue nunca a andar derecho por si sólo con sus piernas flácidas y torcidas, y se vea reducido a caminar toda su vida con los aparatos que le pusieron prematuramente, sin respetar su proceso evolutivo.

Ninguna madre aceptaría semejante estupidez, pues todas poseen esa confianza instintiva —que la escolástica seudo-científica ha destruido en nosotros— en la invencible necesidad del niño de ascender, de crecer y perfeccionar sus técnicas hasta dominar el mundo con la velocidad de sus piernas, la seguridad de sus gestos, el poder de su cuerpo armonioso. Más todavía, ella juzga, en su espontaneidad afectiva, que cada etapa de este crecimiento tiene su encanto, del que le molestaría verse privada.

Solamente, claro está, este ascenso de los primeros gestos coordinados hasta la marcha normal se realiza con mayor o menor rapidez según las aptitudes de los niños. Algunos no llegarán nunca a alcanzar un equilibrio normal, y durante toda su vida caminarán como tanteando, los brazos inseguros, separados del cuerpo, como tratando de agarrarse a una rama salvadora. Por desgracia, no hemos asimilado que la ciencia ha conseguido, hasta la fecha, asegurar su paso y mejorar su equilibrio, sólo mediante una lenta y problemática acción sobre el comportamiento general que condiciona el éxito especializado.

Verdaderamente los pedagogos son únicos pretendiendo quemar etapas, tener más éxito que la naturaleza y obstinarse orgullosamente en sus errores a pesar de la evidencia de sus fracasos.

Recuperemos nuestra confianza en la vida y tengamos la seguridad de que es capaz de conseguir que los individuos asciendan, sin estar deformados, desvitalizados, desde las actividades básicas hacia la instrucción, la cultura, la ciencia y el arte, hasta la suprema conquista de una espiritualidad que es la señal manifiesta de la superioridad humana.

En nuestros talleres de trabajo básico, ofrecemos a los niños posibilidades de trabajo y no formas de amaestrarlos. Evitad volver a la escolástica realizando el trabajo en estos talleres como si fuera una tarea consecutiva a determinadas lecciones metódicas, o bien obligando a todos los niños a pasar alternativamente por cada uno de dichos talleres para que realicen una iniciación que se considera indispensable. Es raro que un individuo se interese en la misma medida por las diversas actividades manuales, y que alcance un nivel de maestría semejante. Por otra parte, este interés varía con la edad: cambia fundamentalmente con la estación del año, con el tiempo, con ciertas modas imprevisibles en su origen "que están en el aire". Por ejemplo, aunque el trabajo en el campo se abandona casi totalmente en invierno, sin embargo, llega un momento, en primavera, en que todos los niños se entregan bruscamente, con un furor característico, a arar, limpiar, sembrar... Después, una vez el grano se ha confiado al suelo, ese interés se desvanece durante un tiempo en provecho de otras actividades.

La escuela debe sentir y respetar ese interés y ese ritmo, aunque éstos no coincidan con las normas pedagógicas que habíamos previsto; dejaremos que el niño elija su actividad dentro del marco de las necesidades de la comunidad contentándonos con ayudarle a conseguir el objetivo, a avanzar con éxito hacia la maestría y la perfección.

Estas recomendaciones tienen más importancia de lo que se cree: si no las respetáis, conseguiréis sólo un preaprendizaje más o menos prematuro que puede tener sus ventajas. Pero no lograréis la *educación del trabajo.*

Estas mismas consideraciones esenciales son las que justifican una última puntualización: sobre la propia riqueza de la instalación.

Que nadie malinterprete nuestra intención: no se trata de ningún modo de excusar e idealizar la pobreza y la desnudez como se ha intentado a veces en determinados ambientes. Lejos de eso, afirmamos, por el contrario, a lo largo de todo nuestro trabajo que, para ser eficaz, la escuela, en la mayoría de los casos, tiene una necesidad absoluta de un mínimo de material, de instalación y de organización y este mínimo es el que queremos precisar en primer lugar, para luego hacerlo técnica y financieramente posible en nuestras escuelas.

En una vivienda hay un equipamiento mínimo por debajo del cual la vida del individuo no puede organizarse con normalidad. Este mínimo es el que debemos tratar de conseguir.

Pero también sucede que más allá de un término medio, el individuo corre el riesgo de dejarse dominar por la instalación; pierde su libertad de movimientos, ya no hay lugar en su vida para la fantasía, lo imprevisto y ese placer inapreciable que se experimenta al mejorar, enriquecer, perfeccionar, adaptando el material y la técnica al juego primordial de nuestra personalidad.

En este sentido, una organización demasiado influida por estos talleres de base corre el riesgo de perjudicar la iniciativa, la adaptación del trabajo al medio, de subordinar la creación al orden y a la disciplina fría de un material que impondría su ley como la cadena de producción la impone a los obreros que se incorporan a ella. Temo hasta tal punto esta obsesionante riqueza que si me ofrecieran para esos talleres un material absolutamente completo y perfeccionado, me apresuraría para enviar al desván todas las piezas que no fueran totalmente indispensables para el trabajo que me propongo.

Ahora vamos a determinar este material mínimo de base. A continuación dejaremos que los alumnos, ayudados por su instructor, sus padres y amigos de la escuela, perfeccionen ese material mediante la aportación interesada de cada uno, el trabajo de los más hábiles y la ayuda más o menos benévola de los artesanos de la localidad.

Entonces el taller nos pertenecerá plenamente, nos será familiar y lo utilizaremos en consecuencia.

En la lista del equipamiento de cada uno de nuestros talleres anotamos, por tanto: en la primera columna las piezas de material que a nuestro entender son indispensables, que habrá que adquirir o fabricar urgentemente, y en

© Ediciones Morata, S. L.

la segunda columna apuntaremos los artículos accesorios con los que la escuela se enriquecerá en la medida de sus posibilidades.

Antes de proceder a esta enumeración, incluimos ahora la lista de los talleres que hemos previsto:

- *Cuatro talleres para el trabajo manual de base.*

1. Labores del campo. Cría.
2. Herrería y carpintería.
3. Hilatura, tejido, costura, cocina, hogar.
4. Construcciones, mecánica, comercio.

- *Cuatro talleres de actividad evolucionada, socializada e intelectualizada.*

5. Prospección, conocimientos, documentación.
6. Experimentación.
7. Creación, expresión y comunicación gráficas.
8. Creación, expresión y comunicación artísticas.

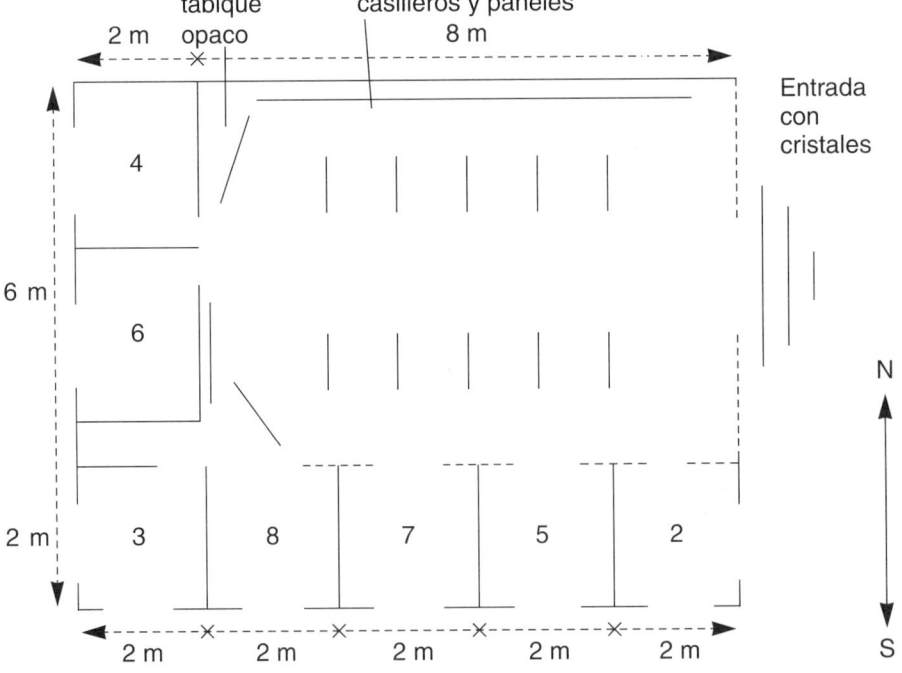

Taller 1: Labores del campo. Cría

Material indispensable	Precio	Material accesorio
3 azadas de dientes 2 azadas 1 pico 1 rastrillo 1 pala 1 carretilla pequeña 1 carretilla mediana		— cajas o caseta para la cría de conejos, de una cabra, etc. — herramientas accesorias según la región — canastos o cestas — conejos — conejillos de indias — cabra — árboles frutales

Taller 2: Herrería y carpintería

Material indispensable	Precio	Material accesorio
1 torno de herrero 1 lima para hierro 1 tenaza grande 1 pinza universal 1 martillo grande 1 martillo pequeño — mesa rústica que sirva como banco — torno de carpintero — cepillo — sierra recta — sierra de contornear 1 escofina 1 berbiquí con un juego de brocas 1 escoplo — segueta para contrachapado		— placa de hierro, para reemplazar provisionalmente el yunque — mazo de herrero — cortafrío — hierros y planchas viejas para los trabajos — banco de carpintero, de segunda mano o construido con ayuda de artesanos locales — garlopa — barrilete — escuadra — gramil — compás — instalación mecánica para cortar contrachapado

Taller 3: Hilado, tejido, costura, cocina, hogar

Material indispensable	Precio	Material accesorio
— hornillo de petróleo, gas o electricidad — cacerolas — cazo — colador		— buena instalación de cocina con horno — juegos de cacerolas — tazón para tisanas — espátulas

© Ediciones Morata, S. L.

- mesita de costura con una plancha corriente, cajas con hilos, lote de agujas
- rafia, cordel y juncos para trenzado y tejido a mano
- rueca y huso
- aguja y ganchillos para tejer

- cucharas y tenedores
- tazas, platos
- surtido para cocina, tisanas, pastelería
- instalación de agua
- plancha eléctrica
- máquina de coser, manual, a pedal o eléctrica
- maniquí
- muestras de telas
- modelos y patrones
- aparato para tejer a mano
- telar
- surtido de hilos
- torno para hilar

Taller 4: Construcción, mecánica, comercio

Material indispensable	Precio	*Material accesorio*
— pinza universal — desatornilladores — mesa escritorio de la cooperativa con libros de contabilidad — balanza con su juego de pesas — lata o botella de un litro — metro plegable		— material eléctrico de ocasión — aparatos para desmontar: despertadores, motorcitos... — colección de diversas balanzas construidas en la escuela — pesas construidas — cinta métrica — cadena de agrimensor

Taller 5: Prospección, conocimientos, documentación

Material indispensable	Precio	*Material accesorio*
— fichero escolar cooperativo — biblioteca de trabajo (folletos de documentación para el trabajo libre de los niños) — libros obtenidos de las colecciones existentes — mapas geográficos (existentes) — globo terrestre (existente) — tocadiscos y discos — proyector y películas — diccionario índice, cuidadosamente actualizado, permitiendo clasificar y encontrar instantáneamente: fichas, libros, discos, películas, lectura, etc.		— ficheros y cuadernos autocorrectivos — compra de libros para la Biblioteca de trabajo, a medida de las posibilidades — suscripción a diversas revistas ilustradas que pueden ser especialmente útiles para el fichero — cámara tomavistas — máquina fotográfica y material de revelado — aparato de diapositivas

© Ediciones Morata, S. L.

Taller 6: Experimentación

Material indispensable	Precio	Material accesorio
— equipo experimental mínimo que comprenda aparatos y útiles para experimentación: a) en la naturaleza, b) en física, c) en química — folletos, junto con el equipo, indicando el modo de empleo — flora y fauna — microscopio y lupas — aparatos eléctricos sencillos — aparatos de observación meteorológica: a) termómetro ordinario b) termómetro de mínimas y máximas		— construcción o compra de material accesorio según la ocasión — museo escolar, colección de productos diversos — material para coleccionar animales o plantas, disecado, herbario, etc. — pluviómetro — barómetro — veleta

Taller 7: Creación, expresión y comunicación gráficas

Material indispensable	Precio	Material accesorio
— material para multicopista o limógrafo — material de imprenta escolar con los accesorios indispensables		— máquina de escribir sencilla — completar este material a medida de las posibilidades

Taller 8: Creación, expresión y comunicación artísticas

Material indispensable	Precio	Material accesorio
— material para grabar el linóleo — empleo de tocadiscos instalado en el Taller 5 — discos especiales para el aprendizaje del canto — discos de danza y rítmica — lote de colores ordinarios y de colores en polvo para trabajos colectivos — arcilla para modelado — teatro, guiñol, marionetas (construirlo según indicaciones)		— altavoz — aparato de radio — piano o armonio — flautas — magnetófono — horno eléctrico

© Ediciones Morata, S. L.

Técnica escolar para una educación del trabajo

Comprendemos que los educadores se sientan frente a la escuela cuya instalación acabamos de analizar como ante las puertas de una fábrica recién construida, donde han visto penetrar planchas, estanterías, muebles, piezas sueltas e imponentes máquinas.

— ¿Cómo se conseguirá lograr una armonía eficaz —se preguntarán— a partir de esta diversidad?
— ¿Cómo funcionará esta escuela?
— ¿Bajo qué principios se conjugarán estos dos elementos: trabajo manual y trabajo intelectual? ¿No se sacrificará, en la práctica, uno a otro, y cuál será?
— ¿Actuarán los alumnos según su fantasía? ¿Qué pasará con la disciplina? ¿Qué ocurrirá con la necesaria autoridad del instructor?
— ¿Cuándo daréis las lecciones? ¿Y si las suprimís, qué sucederá con los programas? ¿Y con los exámenes? Si, de todas formas, aunque no siempre sea posible, hacemos lo que queremos unas y otros, ¿aprenderán nuestros alumnos, al menos, a leer, escribir y redactar? ¿Se iniciarán lo bastante al cálculo, las ciencias, la historia, la geografía... para enfrentarse con la vida sin una peligrosa deficiencia?
— Los alumnos formados de este modo ¿serán al menos mejores, más inteligentes, si no más instruidos, y más sociables? ¿Debido a qué milagros?
— ¿Tendréis alguna vez un momento de silencio en esa escuela?
— ¿Qué dirán los padres? ¿Y el inspector?
— No, yo jamás me sentiré con suficientes aptitudes para semejante adaptación... ¡Eso sería el desorden y la impotencia! ¿No vale más, en definitiva, asegurar la disciplina, dar las lecciones regularmente, apoyándome paso a paso en los manuales escolares que, en definitiva, no están nada mal hechos?

Éstas son las diversas preguntas naturales y lógicas que se imponen al espíritu de los educadores que se encuentran, inquietos e indecisos, en el umbral de las nuevas realizaciones.

Estos educadores tienen razón. Si no tuviéramos la certeza, basada en una amplia y prolongada experiencia, de poder responder hoy positivamente a sus preocupaciones; si la escuela moderna no pudiera aportarles un rendimiento intelectual, moral, físico y social mejor que los métodos que pretende reemplazar, no defenderíamos en absoluto la necesidad de agitar de este modo todo el edificio pedagógico.

Lo hemos dicho antes: no somos teóricos en absoluto, sino prácticos. Unos prácticos que, como los artesanos en su taller, con conocimientos teóricos a veces reducidos, inventan o perfeccionan las herramientas, imaginan habilidades manuales, mañas del oficio, que en seguida logran sistematizar y codificar, para ofrecerlos a sus colegas menos ingeniosos o menos dotados.

También hemos dicho: si estos mismos maestros, convencidos a medias, pero humanamente descorazonados por la complejidad de la reforma material, pedagógica y psicológica que deben acometer, pudieran penetrar hoy en la fábrica ya en funcionamiento; si pudieran asistir, aunque no fuera más que unas horas, a la vida de una clase así regenerada, o al menos ver su imagen en la pantalla; si pudieran asistir a unos cursillos semejantes a los que organizábamos en Vence, antes de la guerra, y que celebramos ahora en diversos centros regionales, se convencerían sin duda y estarían dispuestos a unirse a nuestro grupo dinámico, según las indicaciones precisas y progresivas que damos al final de este trabajo.

Siempre que podemos, remediamos la imposibilidad momentánea de llevar a cabo cualquiera de estas iniciativas, haciéndoos asistir en espíritu a la vida de nuestra escuela organizada según las técnicas cuyas bases hemos indicado, en una instalación y con un material que está lejos todavía de la perfección que hemos analizado completamente.

No protestéis. Es una experiencia que existe, que ha existido y que proseguirá y se desarrollará. Una experiencia repetida varios miles de veces, en formas adaptadas a las circunstancias locales y a las posibilidades del medio, y que no sólo precisa que la imitéis según las modalidades esencialmente prácticas que os indicaremos después de este rápido y demasiado abstracto cuadro de la vida nueva de una escuela moderna del siglo xx.

Ojeada inicial a la vida comunitaria de la escuela

Nos encontramos —para empezar como lo haría un locutor de radio— en una escuela de pueblo con sólo una clase compuesta por una treintena de niños y niñas, de 6 a 14 años. Todos están de acuerdo en reconocer que este tipo de escuela, tan común en Francia, es el más difícil, lo que no quiere decir que sea el menos interesante, sino todo lo contrario.

Nuestra historia comienza el sábado por la tarde, durante la última hora de clase, consagrada a la reunión semanal de la cooperativa escolar.

El presidente se instala en la mesa del maestro (la tarima ha desaparecido: se ha transformado en una mesa rústica para la imprenta). El secretario está a su lado. Todos los alumnos están sentados donde les apetece, por toda la clase, que se ha convertido en lugar de reunión.

El maestro se ha situado discretamente al fondo de la clase y uno de los más pequeños ha ido a apoyarse en sus rodillas, como para disfrutar de una seguridad más completa y familiar.

El secretario lee el informe de la reunión anterior:

"Preparamos la fiesta de Navidad. Los mayores organizan una comedia. Christiane ha hecho ensayar a los pequeños una bonita escena con cantos.

© Ediciones Morata, S. L.

Lulu y Jean irán a unos grandes almacenes a comprar juguetes para el árbol de Navidad."

"Hay niños que cantan en clase mientras trabajamos. Hacen que nos equivoquemos. Coco y Louis, los peores, serán los vigilantes de ruidos durante la semana."

"Roger, no se ocupa de ordenar los componedores y es el responsable de esto. Jeanne, la vigilante de la imprenta, no pone suficiente atención. Los dos, que reconocen que la crítica está bien fundada, se comprometen a hacerlo mejor y conservan el cargo durante quince días más."

"Colette, responsable del fichero, dice que hay muchos documentos por pegar. Se decide que se ponga a hacerlo sin tardanza."

"René desearía tener un corresponsal en Italia. La junta escribirá a la Cruz Roja juvenil para conseguirlo."

A continuación se examina la situación financiera.

Discutimos luego asuntos del orden del día: ¿Hay que comprar una coneja? ¿Cambiar el ritmo de recepción de las películas? ¿Pedir ciertos discos que han solicitado numerosos alumnos?

El tesorero nos da el saldo de caja, que es como un barómetro para los proyectos. El maestro expone su punto de vista sobre la urgencia de ciertos gastos.

Luego se pasa a la lectura del periódico mural que sirve de ocasión para una especie de examen profundo de la vida comunitaria de la escuela durante la semana transcurrida. Este periódico es una hoja grande de 40 × 50 que el lunes por la mañana se fija en un rincón especial de la clase. La cabecera la han ilustrado dos alumnos que se eligen cada sábado. La propia hoja está dividida en tres columnas que tienen por título: *Criticamos... Felicitamos... Pedimos...*

En este periódico, durante la semana, los alumnos escriben libremente sus quejas, los errores o faltas que detectan, denuncian las insuficiencias de unos servicios o de una organización. En la tercera columna anotan las propuestas o deseos relacionados con la vida de la clase. Todas estas sugerencias van firmadas; el anonimato, por otra parte, no sería eficaz, puesto que la propia escritura indicaría quién era el autor. Este periódico debe sintetizar el conjunto de las reacciones infantiles ante el funcionamiento siempre imperfecto del organismo escuela.

El secretario lee, frase a frase, este periódico. Inmediatamente sigue la discusión:

"Jeanne no cuida bien la reclasificación de los tipos de imprenta. Así no se puede componer deprisa."

Jeanne se defiende. Acusa que hay mala voluntad, pide que la reemplacen y preferiría ayudar en el fichero. ¿Quién la reemplazará? Jean-Pierre acepta. En seguida queda decidido que, durante el recreo del lunes por la mañana, se procederá a reclasificar íntegramente toda la caja. ¡Cuidado entonces con los que coloquen mal los tipos!

"Pierre entra por la ventana." ¿Quién le acusa? Es Félix. Ataque de cólera de Pierre. *"¡Y él tira barro contra la pared!"* Pierre limpiará todas las ventanas y Félix quitará las manchas de barro de la pared.

© Ediciones Morata, S. L.

A veces se critica al propio maestro: *"Yo quisiera disponer de más tiempo para realizar mis experimentos de ciencias..." "¡La historia no debiera estudiarse así!"* Se discute. El maestro reconoce de buen grado ciertos errores, a menudo impuestos por los programas, ciertas debilidades... Todos podemos equivocarnos... trataremos de hacerlo mejor...

Se comprende ahora cuál es el espíritu de este periódico mural. Cuando ha terminado su lectura crítica, el presidente pregunta si hay alumnos que tengan todavía alguna cosa por decir. Los más tímidos, animados por esta atmósfera familiar de autocrítica, dan su opinión. Se deben limitar las interpelaciones, pidiendo que se formulen las críticas o sugerencias en el próximo periódico.

No hay nada tan moral y tan provechoso como este examen en común, a la vez crítico y constructivo, de la vida de la clase. Las propias condiciones de este examen colectivo excluyen toda tendencia a la maledicencia, a la calumnia, a la travesura mezquina. La mala intención muy pronto quedaría desenmascarada y ridiculizada. Después de una corta práctica —el tiempo necesario naturalmente para hacer desaparecer de la clase los hábitos de pasividad, obediencia estricta y camaradería hipócrita que eran hasta entonces la norma— los niños manifiestan, en esta autocrítica, una lealtad y sobre todo un valor sorprendentes. La misma camaradería juega tan sólo un débil papel. Es posible que los niños se critiquen y sigan siendo excelentes compañeros si son leales, sinceros y sin maldad.

En ciertos casos graves, puede considerarse la aplicación de una sanción. La oficina de la cooperativa recientemente había propuesto establecer un verdadero código que previera, para cada clase de delitos, el castigo correspondiente. Este ensayo demostró ser inaplicable.

En la práctica, como en la familia, no se puede contar demasiado con las sanciones para mejorar una situación cualquiera. La crítica colectiva, el reconocimiento de las faltas, el sentimiento comunitario, el deseo de hacerlo mejor, en general parecen suficientemente eficaces. La única sanción regular consiste con frecuencia en reparar el daño, rehacer lo que se deshizo, limpiar lo que se ensució, ayudar en una tarea para compensar el perjuicio ocasionado a la clase... Sin embargo, hemos previsto pequeñas multas para algunos delitos: la cantidad se ingresa en la caja de la cooperativa... ¡Y los beneficios no son pequeños!

Para terminar positivamente esta autocrítica constructiva, reajustamos en lo posible el funcionamiento de nuestra máquina. Charles, responsable de la limpieza general de la clase, querría cambiar de servicio. Se le recuerda que fue elegido por un mes y que todavía le queda una semana. Es muy bueno, en efecto, habituarse temprano a reprimir los cambios bruscos de humor y a obedecer las reglas aceptadas, a cumplir las funciones para las que nos han elegido.

—¿Quién ilustrará el periódico mural?

—Hay que preparar una excursión al molino. ¿Quién se encarga de visitar al molinero y organizar la salida hasta en los mínimos detalles?

—Preparemos rápidamente la lista de las conferencias cotidianas de la quincena que empieza, lista que fijaremos en el tablón de anuncios... Antes de nada ¿quiénes son los que tienen una conferencia preparada?

© Ediciones Morata, S. L.

La hora de salida a veces ha sonado hace mucho rato y todavía estamos allí, en apasionada camaradería, para poner a punto la vida de la clase que así se convierte, en una amplia medida, en asunto propio de cada niño. La escuela se convierte en *su* escuela.

Y esto es ya una primera y definitiva conquista.

La entrada en clase un lunes por la mañana

El espíritu nuevo de nuestra escuela se revela en la actitud de los niños incluso antes de entrar en clase.

Nosotros no somos partidarios ni de ese silencio mortal que debe seguir, según algunos, a la señal de la campana, ni de esa alineación militar en la que unos fanfarronean orgullosamente mientras otros se esconden para hacerse olvidar o perdonar. Uno se calla así, latiéndole el corazón, cuando llama a la puerta de alguien desconocido que nos intimida. Pero cuando se regresa a casa, se entra con alegría, el espíritu y la boca llenos de confidencias que nos apresuramos a hacer o de preguntas que no tardamos en plantear. Queremos que nuestra escuela sea la casa familiar donde el corazón se abra y se exterioricen los pensamientos. No impediremos el acceso a la escuela con un formulismo agotador que tan sólo es una parodia de disciplina.

Esto no quiere decir que seamos indiferentes a la limpieza y a los buenos modales de los que se preocupan también los padres inteligentes y dignos.

El equipo de limpieza ya está trabajando, quitando el polvo, limpiando la pizarra y encendiendo la estufa cuando es necesario. El responsable del tocadiscos hace sonar una canción o una pieza musical... si le parece bien. No lo imponemos como una norma, que podría provocar que disminuyera el valor de exaltación y de comunión de la música. No hacemos entrar a los alumnos cantando, como tampoco les damos una lección de moral para comenzar el día. Por poco que la clase responda a su objetivo verdadero, siempre hay suficiente ánimo por las mañanas en la naturaleza infantil. Nos basta con sentir este espíritu, captarlo, utilizarlo y explotarlo pedagógicamente. Más bien reservaremos la música, como en general todas las actividades artísticas, para los momentos de fatiga psíquica, cuando se experimenta la necesidad de descender al fondo de los individuos para potenciar que surjan virtualidades sintéticas.

El alumno responsable pasa revista de aseo. Los niños sucios o mal peinados pasan al lavabo de donde regresan deslumbrantes. (No se trata de un castigo.)

La entrada a clase puede ser más o menos animada y ruidosa. Depende de los días. Nos resulta más fecunda si es animada; es un signo de vitalidad, del que sacaremos provecho.

No somos rigurosos con las formas de la cortesía. Aquel niño se nos acerca, con prisas para hacernos partícipes de lo que ha descubierto cuando venía a la escuela, o de una novedad que quiere anunciarnos. Con su prisa, se olvida de darnos los buenos días; pero su confianza afectuosa ¿no es el más delicado de los saludos? Otro aporta un objeto para nuestro museo

© Ediciones Morata, S. L.

—una piedra, una planta, un objeto antiguo— o una revista ilustrada de la que sacaremos documentos para nuestro fichero. Una niña nos ofrece un espléndido ramo de flores, o el primer —el segundo será, pues el primero no pudo resistir el placer de saborearlo— par de cerezas.

A esta vida tan confiada, impaciente por exteriorizarse, nos guardaremos de rechazarla doctoralmente o con una muestra de desdén. Por el contrario, dejamos que llame con fuerza a las puertas de nuestra escuela, nos impregnamos de ella, para mejor empapar de ella a nuestra jornada, para que nuestro trabajo responda mejor a esas necesidades íntimas cuyo secreto nos confiesan los niños.

Si entre los que llegan hay algunos que permanecen mudos, serios y tristes, lejos de alegrarnos por ello nos preocuparemos y trataremos de conocer las razones profundas de tal anomalía. Muchos dramas obsesionantes se nos revelan de este modo. Su simple confesión puede decidir a veces la orientación de toda una vida.

Si alcanzamos esa camaradería, que puede elevarse a la dignidad de comunión, el niño que hasta ahora dejaba a la puerta de la escuela sus intereses dominantes, su afectividad y lo mejor de su vitalidad, permitiendo que tan sólo penetrara en ella la sombra vergonzosa y temerosa de sí mismo, ese niño entra ahora con pie firme en "su" escuela. Y la vida ambiente, compleja y sutil, también penetra con él.

Nos bastará entonces con responder a esas necesidades, satisfacer ese apetito, organizar y enriquecer esa vida que está ahí con todas sus inmensas virtualidades.

Nuestro programa pedagógico está trazado completamente de este modo.

Con frecuencia, sacamos partido inmediatamente de esta riqueza difusa para el primer trabajo colectivo que inicia nuestra jornada. El lunes hacemos excepción de esta regla pues hay entonces una tarea más urgente: organizar el trabajo y la vida para toda la semana.

En contra de algunos teóricos de la educación nueva, no pensamos que debamos dejar que los niños actúen exclusivamente según sus gustos y sus fantasías individuales. Sería engañarlos sobre la vida y suscitar un desequilibrio que les opondría antes o después a las exigencias del medio natural o social.

Desde su nacimiento, el niño está inmerso en un conjunto complejo y a menudo, por desgracia, tiránico, de obligaciones familiares y sociales que incluso dominan nuestra acción formativa. Nos equivocaríamos si dejáramos al azar estas relaciones necesarias con el medio, ya que sería fracasar ante una exigencia elemental de nuestra función. Nuestro papel es el de adaptar al máximo la innegable relevancia de la personalidad humana a las necesidades de la vida en común, incluso cuando estas necesidades nos parecen faltas de lógica e irracionales. Estas necesidades *existen* y esa realidad no será indiferente para nuestro comportamiento pedagógico.

No nos contentaremos dejando que los niños se abran paso a codazos al azar de las circunstancias, de su fuerza o de su habilidad. Organizaremos

© Ediciones Morata, S. L.

minuciosamente la vida de la escuela, para que de esta organización surjan con naturalidad el equilibrio y la armonía que resuelvan beneficiosamente los problemas de disciplina.

Esta organización está condicionada por la posición previa de lo que hemos denominado los *recursos-barreras:* familia, naturaleza, sociedad, individualidades, que colocan sus barreras más o menos molestas, que no siempre podemos evitar retrocediendo ni saltarlas, y que al mismo tiempo pueden servir como apoyos, o ayudas que recojan más o menos favorablemente las peticiones que les dirija el individuo en dificultades.

Hasta hoy, no se dejaba de lado la función barrera que, por otra parte, sabe imponerse. Pero no se utilizaba la función compensatoria de recurso de ayuda. La escuela, encerrada en el seno de un mundo en movimiento cuyo dinamismo temía, no sabía sacar ningún provecho para su propia vida ni de la familia, ni de la sociedad, ni de otras individualidades, que no fueran el maestro. Los propios recursos a la naturaleza continuaban siendo tímidos e insuficientes. Nosotros trataremos de restablecer la armonía de esta doble función.

En la organización de nuestro trabajo prestaremos la máxima atención a las barreras: la escuela es como es; la clase no es bastante grande; la iluminación no siempre es perfecta. Estamos obligados a construir partiendo de estas realidades, y a oponer a ciertas emotivas veleidades un decisivo "¡Imposible!", esperando por lo menos obtener, por medio de nuestros recursos, una mejora material que permita la realización de nuestros sueños.

La sociedad ha levantado igualmente sus barreras. Unas son de carácter general: los programas y los horarios a los que estamos obligados a amoldarnos. Otras son contingentes y locales: son las costumbres, las tradiciones, las opiniones, las exigencias de los padres o de los concejales. Continuaremos partiendo igualmente de estas realidades que, por lo demás, se compensan por las posibilidades de recurrir a ellas, las cuales intentaremos explotar.

Debemos facilitar la organización, dentro de este marco de recursos-barreras, rehusando al máximo las barreras, intensificando y sistematizando los recursos. La escuela tradicional había encontrado la solución al primer punto, gracias a las lecciones formales y al rígido empleo de los manuales. En cuanto a los recursos, ya lo hemos dicho, se reducían al mínimo para simplificar las cosas, pues la escuela tenía miedo esencialmente de lo múltiple y de lo complejo.

Necesitamos encontrar otra cosa para suplir esta forma y esta insuficiencia. Nuestro sistema de *planes de trabajo* nos va a aportar la solución práctica.

Hemos previsto:

1. *Planes generales anuales* que, bajo una forma nueva, están más o menos de acuerdo con las exigencias de los programas de nuestros cuatro cursos: preparatorio, elemental, medio y superior.

2. *Planes generales mensuales* para cada uno de los cursos.

Los maestros establecen estas dos categorías de planes.

© Ediciones Morata, S. L.

3. *Planes individuales semanales* establecidos en el marco de las dos primeras series de planes.

Cada alumno recibe el lunes por la mañana una fórmula de plan de trabajo.

Veamos cómo los niños —con la colaboración del maestro— proceden a establecer estos *planes de trabajo*.

a) Gramática. Aparte de ciertos trabajos colectivos que explicaremos, los niños pueden perfeccionarse en el conocimiento formal de la gramática (necesidad impuesta por los programas más que pedagógicamente justificada) haciendo un cierto número de fichas de nuestros *ficheros de gramática*. Louis había llegado hasta la ficha 15. Anotará, por ejemplo, diez fichas, de la 15 a la 25.

b) Cálculo. Como explicaremos más adelante, reduciremos casi por completo la teoría. Ésta surgirá de la práctica: práctica del trabajo vivo, manual y social, y ejercicios formales realizados mediante los *ficheros de cálculo*.

Cada alumno apunta en su plan el número de fichas que se propone hacer, del fichero correspondiente a su clase. Ya que una de las ventajas del empleo de estos ficheros es que permite que los niños avancen a su paso y, en caso necesario, que quemen ligeramente etapas para adelantar.

c) Redacción. Para establecer una norma, hemos fijado en una media de tres los textos libres que deben hacerse en la semana. Pero en la práctica este número puede cambiar según la inspiración y la variedad de actividades posibles. Cuando se trata de los mayores, un texto cuidado y perfectamente realizado puede considerarse suficiente para la semana. Los textos efectuados en trabajo de equipo, a consecuencia de las observaciones o las experiencias susceptibles de interesar a los corresponsales, cuentan como textos libres.

d) Para la historia, la geografía y las ciencias físicas y naturales el profesor anota en la pizarra las diversas cuestiones que deben estudiarse.

Estas cuestiones se han anotado durante la semana precedente, a medida que surgían o se imponían ciertas curiosidades, cuestiones suscitadas por la actualidad y la correspondencia interescolar.

Además de estos temas accesorios, el docente prevé, en el marco de los planes de trabajo anual y mensual, el tema cuyo estudio se emprenderá de un modo más destacado.

De esta forma se sugieren cinco, seis, ocho temas de trabajo. Los niños, individualmente o por grupos, eligen su trabajo y lo escriben en su plan.

Todavía nos quedará por hacer —y no es lo más fácil— que este trabajo sea posible en la práctica mediante la preparación de los instrumentos, las técnicas, las fichas-guía, etc...

Durante la semana, y el sábado en el momento de corregir los planes, se efectúa un trabajo de síntesis con la participación directa del profesor.

e) El niño indica el título de la *conferencia* que prepara.

f) Trabajo manual de base. Indica en las casillas correspondientes los proyectos que se propone realizar, ya sea por iniciativa personal, o porque

© Ediciones Morata, S. L.

los haya elegido entre las numerosas posibilidades sugeridas en el curso de los trabajos precedentes e indicados en la agenda. (Véase pág. 84.)

El establecimiento de este plan de trabajo es, sin duda, bastante delicado. Sin embargo, lo es mucho menos de lo que se cree a primera vista, pues durante la semana anterior cada alumno ha medido sus fuerzas por así decirlo; han aparecido centros de interés entre los cuales algunos niños han elegido de antemano, y el resto basta distribuirlo para que todos se pongan manos a la obra.

Lo esencial, por una parte, es haber preparado seriamente los planes de trabajo generales; por otra parte, poseer los instrumentos nuevos adecuados a esta forma de trabajo. Estos instrumentos son esencialmente:

— los ficheros autocorrectivos de cálculo y de gramática;
— el fichero documental:
— el diccionario-índice;
— la biblioteca de trabajo.

De esta manera, los planes de trabajo se establecen casi de forma automática. Basta con cuidar, no que el alumno reduzca maliciosamente su amplitud, como alguien podría suponer, sino por el contrario que no sobreestime sus capacidades y su fuerza. Nos beneficiamos, en efecto, de una tendencia que, por otra parte, no es peculiar de los niños. Cuando volvemos de vacaciones, nosotros también hacemos proyectos para el año que comienza que, en la práctica, siempre resultan ser exagerados. Si salimos de vacaciones por una semana, nos llevamos el triple de libros y de carpetas de lo que podremos examinar. El niño procede igual: es amplio y generoso en la estimación de sus posibilidades, y nosotros nos beneficiamos de esta disposición favorable, aunque convendrá evitar los excesos, pues el niño o bien se agotaría o bien tendría la sensación desastrosa de impotencia y fracaso, ambas cosas esencialmente perjudiciales para la obra educativa.

Hemos mencionado antes, a propósito de las escuelas maternales, las ventajas irrebatibles de esta técnica de planes de trabajo que, mucho antes de penetrar en la escuela, ha demostrado su superioridad en el ámbito industrial o agrícola, hasta regir toda actividad económica de los grandes estados contemporáneos.

Resumamos estas consideraciones:

— El niño —y el hombre se le parece sorprendentemente desde este punto de vista— se encuentra ante el problema escolar como ante un jardín uniforme, excesivamente grande y monótono que debe cultivar. La inmensidad le desanima de antemano. Dividir el campo en parcelas, a la medida de las posibilidades diarias, es simplificar y familiarizar la tarea. Lo mismo pasa en la escuela: la delimitación precisa del trabajo que hay que realizar reafirma y anima al niño.

— A condición de que haya establecido él mismo su plan de trabajo (con ayuda del educador o de sus compañeros) en el marco de ciertas nece-

© Ediciones Morata, S. L.

sidades cuya urgencia comprende o admite, el niño pondrá su empeño en terminarlo. No conseguirlo sería un grave fracaso en el que no quiere incurrir.

— El plan de trabajo da al niño una cierta autonomía en el empleo de su jornada. Con el plan de trabajo, el escolar quiere ir rápido, siempre más deprisa, lo cual no es forzosamente contrario a la calidad. Quiere superarse, porque está en su naturaleza. Uno de los errores más graves de la escuela actual es quizá no haberlo tenido en cuenta. Los niños de nuestras escuelas trabajan con rapidez. Es una conquista que tiene su valor.

Pero la técnica sólo da resultado si el maestro, por su lado, entra en juego y respeta íntegramente el contrato regular que representa el plan. Si el niño que ha terminado su plan el viernes quiere pasar el sábado leyendo, o jugando, no debemos contradecirle. Sería injusto y torpe.

En una clase ideal, que funcionara entre un conjunto de recursos-barrera claramente favorables, esta técnica de planes de trabajo individuales en el marco de los planes generales podría y debería regir toda la actividad escolar. Pero serían necesarias condiciones de trabajo a las que todavía no podemos aspirar: dimensiones y ordenación de los locales, número óptimo de alumnos y, sobre todo, la perfección del material utilizado.

Para remediar esta imperfección, de la que somos plenamente conscientes, hemos adoptado una especie de solución mixta: durante la jornada, reservamos a uno o varios cursos algunas horas de trabajo en común y más o menos formalista, que tratamos de ligar lo más posible a la actividad general de la clase. La parte que se dedique a este trabajo común será tanto mayor cuanto más imperfecta o insuficiente sea la revolución pedagógica que preconizamos.

No olvidemos, por último, que el individuo trabaja en función de la comunidad, y que esta comunidad tiene que conocer las realizaciones individuales, de los equipos y de los grupos.

El texto impreso y el complejo de intereses

Nuestro trabajo está pues delimitado para la semana. Fijamos los planes sobre una larga tira de contrachapado colocada en la pared norte, bajo los casilleros para libros, y lo bastante baja como para que todos puedan, a medida que avanza el trabajo, colorear la casilla correspondiente a la tarea efectuada. Durante la semana, una ojeada del maestro al conjunto de estos planes le permite darse cuenta, casi instantáneamente, del progreso de las tareas para así estimular a los que, como la liebre de la fábula, esperan que sea demasiado tarde para tomar la salida.

Esta preparación nos ha requerido una media hora que hoy descontará del tiempo libre de los alumnos. Son las 8:30. La clase empieza ahora, del mismo modo en que comienza a las 8:00 los días siguientes.

Pasamos inmediatamente a uno de los trabajos comunes que constituyen, por así decirlo, el centro de la vida de nuestra escuela: *el texto impreso.*

Hoy se conocen los principios de esta técnica: los alumnos leen los textos que han escrito libremente, individualmente o por grupos, en la escuela o en casa. Se vota a continuación para decidir cuál es el que disfrutará de los honores de la imprenta.

Si la escuela fuera perfecta, iría triunfalmente hacia la vida y se realizaría en el propio seno de esta vida. Se extendería también al trabajo y la vida del pastor, del labrador, del artesano, del obrero, junto a las condiciones cambiantes de la naturaleza, reduciendo la actividad en los talleres de la escuela a la parte de trabajo que no podría realizarse prácticamente dentro de la misma vida.

Estamos obligados, de buen o mal grado, a medir nuestras pretensiones. La vida de la escuela tendrá unas fuentes triples: primeramente, las sesiones de trabajo en el huerto, excepcionales a pesar de todo, de participación eficaz en la vida exterior mediante alguna actividad social, con los paseos y las visitas organizadas. Por otro lado la realización en los talleres de la escuela, con la colaboración de obreros y artesanos, con una atmósfera de trabajo, al menos muy próxima a la realidad exterior.

Pero como estos dos medios no agotarían todavía la riqueza de esta participación de la escuela en la vida del medio, recurriremos a un artificio: el conocimiento sensible, experimental o formal de este medio a través de los ecos que los propios niños nos aporten, bien a consecuencia de encuestas sistemáticas, o simplemente por los relatos vivos y diversos que serán expresión de esa vida.

Vamos a tratar esta complejidad, concebida bajo estas tres formas esenciales. La imprenta en la escuela, al permitirnos suscitar, fijar, ampliar, explotar y difundir esta impregnación total de la escuela mediante estas tres formas de trabajo, justificará el lugar central que ha conquistado rápidamente entre las técnicas escolares más vivificantes.

¿Cómo se realizará esta conjunción?

Ciertamente podría presentarse a los niños, en los diversos talleres, un plan de actividad preparado de antemano sobre bases racionales y científicamente establecidas. Una semana se construirían ciertos objetos en un taller determinado, se imprimirían los textos relativos a temas definidos que se completarían mediante ciertas investigaciones precisas en los ficheros o mediante tales encuestas fuera de la escuela. Éste sería un progreso indiscutible sobre la antigua escuela dogmática y pasiva, en una atmósfera de orden y lógica formales capaces de satisfacer a ciertos espíritus a quienes la vida espanta y deja atrás. Pero no alcanzaríamos todavía esa conjunción psíquica que eleva la cultura de la armonía del trabajo, que liga orgánica y sistemáticamente la adquisición y la construcción escolar a la realización vigorosa de las personalidades.

Podrá considerarse que esta distinción es sólo aparente: casi nada la justifica; pero este casi nada lo es todo: es la sutileza y el esplendor de la vida. Quien logre alcanzar esa conjunción con plenitud dispondrá del método pedagógico más capaz para responder a los fines verdaderos de la educación.

Se dirá que, en suma, se trata del método de los *centros de interés.*

Sí, en el fondo es eso. Y podríamos decir que nosotros somos los que tenemos técnicamente capacidad para realizar el verdadero método de los centros de interés. Por este motivo, además, nos separamos totalmente de la forma escolástica que la pedagogía ha dado a este método desde DECROLY. Sin medios técnicos suficientes para responder a la complejidad original de los intereses infantiles, nos limitamos a una concentración más o menos arbitraria en torno a ciertas tendencias dominantes. Como esos almacenes que limitan su actividad a un número reducido de artículos, puesto que no tienen espacio suficiente, ni en las secciones especiales, para responder a las necesidades exageradamente fantasiosas de su clientela. Pero, por lo menos, el comprador tiene el recurso de marcharse para ir a buscar en otra parte el objeto que siente necesidad de poseer. Mientras que el niño en la escuela se ve forzado a contentarse con el artículo parecido que le ofrecen. "Esto es mejor que nada", le dirán a modo de consuelo. Pero el niño no se conforma con estas soluciones a medias que a veces traicionan la vida en vez de servirla.

Más que de *centros de intereses,* hablaremos de *complejos de intereses.* Nuestra escuela del trabajo se encuentra en el centro de la vida, y está condicionada por los móviles, múltiples y diversos, de esta vida. A los niños les toca escoger, de entre nuestros departamentos, los artículos que más les convienen.

Que este *complejo de intereses* sea superior a los *centros* más o menos lógicos, nadie lo dudará. Lo que hasta hoy ha impedido pasar del formalismo del uno a la realidad viviente del otro es sólo una cuestión de técnica, como ocurre con el almacén. Si nosotros resolviéramos esta cuestión —y creemos haberlo logrado— habríamos dado pedagógicamente un paso importante en la vía de la educación funcional.

Vamos a intentar familiarizar a nuestros lectores con este nuevo *complejo de intereses.*

Mediante la práctica de la imprenta estamos a la escucha de los verdaderos intereses dominantes. Sin embargo, nos abstendremos muy bien de otorgar una especie de investidura escolástica a los únicos intereses que ha revelado el texto diario, que reduciría en seguida, más o menos arbitrariamente, al complejo. Durante los trabajos de investigación que acompañarán a este texto, no dejaremos de exteriorizar y expresar las demás necesidades más o menos relacionadas con el interés inicial.

Detectaremos, por así decir, la dirección compleja según la cual se orienta la verdadera vida de los niños. Nuestra tarea pedagógica consistirá en ayudarles al máximo para la realización manual, artística y psíquica de sus potencialidades dominantes.

Así pues, los niños han leído sus textos. Han escrito los títulos en la pizarra. Luego han realizado una votación. Y han elegido el texto que incluimos a continuación.

© Ediciones Morata, S. L.

EL REMOJÓN

Anteayer, René, Pedro y yo, regábamos el huerto.
Después de haber regado, dijimos:
—¿Y si jugáramos un poco con las mangueras? René hablaba por dos mangueras a la vez. Las mangueras estaban llenas de agua. Pedro escuchaba por el otro extremo. René sopló y Pedro se quedó con la cara mojada.
Yo escucho a mi vez: un chorro de agua me inunda la cara.
René pone la manguera en el grifo. Me dice:
—¡Tapa el otro extremo!
Casi no podía taparlo con la mano. De repente el agua me empapa. Estaba completamente mojado y enfadado. Yo quería también mojar a René. Soplo por la goma pero, por desgracia, sale el agua otra vez por mi lado y me empapa por segunda vez.
¡Qué risa!

ANDRÉ

Hemos señalado en diversas publicaciones nuestras las ventajas pedagógicas de la redacción libre y espontánea, motivada por la imprenta, el periódico escolar y los intercambios escolares; las virtudes de la elección hecha por los propios niños, de la preparación en común de las cosas, de esta especie de exaltación y liberación psíquica que suscitan la toma en consideración de un pensamiento infantil, su transcripción en caracteres impresos, su ilustración y su difusión.

No insistiremos más en estos puntos, remitiendo al lector a las publicaciones especiales, que le proporcionarán todas las indicaciones psicológicas, pedagógicas y técnicas.

Podemos considerar el texto elegido bajo su forma, digamos, "literaria" y hacerlo seguir de un estudio más o menos formal de la sintaxis y de la gramática. Podemos considerarlo bajo su forma "artística", cuidando especialmente su presentación e ilustración.

No descuidaremos ninguna de estas posibilidades. Pero queremos llegar más lejos y más al fondo, ver lo que este texto nos aporta de vida, estudiar las revelaciones que nos haga de las necesidades, tendencias, intereses dominantes de los niños, en este momento dado, a fin de orientar, en consecuencia, toda la actividad de la clase.

Si la clase ha preferido este texto a otros que quizá tenían virtudes literarias y artísticas superiores, es que éste contiene elementos particulares que han hecho que se impusiera. Son estos elementos indefinibles los que debemos detectar y explotar.

Sin ninguna idea preconcebida nos ponemos a buscar con los alumnos. Nuestro tema puede relacionarse con dos necesidades dominantes:

1. Actividad de cultivador.
2. Dominar la naturaleza.

© Ediciones Morata, S. L.

Frente a cada uno de estos temas hallamos:

a) los *trabajos-juego posibles:* vasos comunicantes, bombas, jeringa;
b) los *juegos-trabajo* complementarios que puedan proponerse, principalmente a los cursos más bajos: bombarda, jeringa, cantos, adivinanzas y refranes;
c) los *conocimientos:* las hortalizas, el riego, la historia de la irrigación, la bomba de agua, la bomba contra incendios;
d) la *lista de los resúmenes correspondientes,* cuya utilización veremos más adelante.

A la luz de esta guía y de las indicaciones que nos proporcione, examinamos nuestro complejo.

— ¿Por qué quería René hablar por las mangueras? Reminiscencias, sin duda, del famoso teléfono por hilo. ¿Y si construyéramos uno para examinarlo? Estudiaremos así las diferencias de transmisión del sonido en el aire, a través de tubos y por hilo. Pueden ser experimentos de transmisión del sonido. Anotemos en la pizarra estas posibilidades.
— ¿Por qué al soplar René ha mojado a Pedro? Presión del aire, presión del agua, principio de la bomba... ¿Y si fabricáramos una bombarda de saúco y una verdadera bomba? Tomad nota.
— ¿Por qué el agua tiene presión cuando la manguera está conectada al grifo? Vasos comunicantes. Distribución del agua en las casas.
— Los niños habían regado las hortalizas... ¿Por qué se riega? Aquí regáis con una manguera, ¿hace mucho que se riega así? Encuesta sobre la irrigación a través de los tiempos...

Estamos ahora en posesión de un cierto número de posibilidades interesantes. No nos amedrentamos ni por su cuantía ni por su diversidad. Pero elegimos. Elegimos en función de las necesidades de los programas, concretados en nuestros planes de trabajo mensual, y de los intereses dominantes de los niños. No es precisa una gran habilidad técnica para lograr esta conjunción en condiciones satisfactorias.

Nuestros proyectos se escriben en la pizarra:

Trabajos de taller	*Actividades intelectuales*
Fabricación de bombardas (traer saúco).	Búsqueda en el fichero de los documentos sobre el riego a través de los tiempos.
Bomba (buscar cilindros).	
Teléfono de hilo y experimento de la velocidad del sonido.	Descubrimiento de la presión del agua y del aire.
Experimento de vasos comunicantes y sus aplicaciones.	El teléfono y el telégrafo a través de los tiempos.

© Ediciones Morata, S. L.

Aquí tenemos siete series de trabajos que los niños deben repartirse. Procedamos rápidamente a este reparto. Si alguno de los temas no agrada a nadie, en vez de imponerlo lo dejaremos por hoy. Seguro que se presentarán ocasiones más favorables.

Estos trabajos se deben ejecutar durante la jornada escolar, para poder informar de ellos al final de la tarde. Pueden hacerse individualmente o por grupos. Todo depende de los individuos, del tema de estudio y de ciertas condiciones de trabajo que sería un error violentar para imponer cualquiera de estas técnicas. Este trabajo se completará con un breve informe en el *cuaderno de observaciones y experiencias* (los trabajos manuales podrán distribuirse y realizarse en varios días si es necesario).

El hecho de profundizar en los temas que se ofrecen a nuestra curiosidad no impedirá naturalmente que algunos alumnos se apasionen por el estudio más completo de uno de estos capítulos, que se convertirá en el tema de una conferencia.

Ya se ve como ampliamos, lo mismo que la vida, nuestro complejo de intereses.

Pero además de los elementos suscitados por el texto diario, otras olas han venido a romperse en las paredes de nuestra clase: como los textos que no se han elegido para imprimir, y sin embargo algunos de ellos presentan partes interesantes dignas de tenerse en cuenta. Un acontecimiento que merecería anotarse... una observación histórica que haríamos mal si no la considerásemos... una pregunta que convendría plantear a nuestros corresponsales... Y tantas otras posibilidades de trabajo que se ofrecen. Si no es urgente, nos contentaremos con apuntar estas posibilidades en nuestra agenda. Nos basta con nuestra riqueza actual. Si, por el contrario, nuestro tema hubiera despertado menos ecos, suscitado menos ocasiones de trabajo, entonces hubiésemos recurrido a este interés complementario. Y si, incluso a pesar de esta abundancia, vemos que un alumno o un grupo de alumnos se interesa particularmente por uno de estos temas complementarios, lo agregamos a nuestra lista. Si no es así, dejaremos estos temas en reserva.

Hagamos de paso algunos comentarios sobre esta agenda. Según nosotros, es una pieza esencial de nuestra escuela actual, tan indispensable como podría serlo sobre el escritorio del director de una fábrica.

Se trata de una de estas bonitas agendas con una página entera para cada día del año. Pero también puede confeccionarse con hojas de tamaño cuartilla (13,5 × 21 cm) dentro de un cuaderno de anillas, siguiendo el principio de nuestros libros de vida escolar (si no se dispone de esto, puede bastar con un cuaderno).

En esta página diaria anotamos:

— los temas que merecen ser estudiados, especialmente en grupo;
— las sugerencias de ciertos trabajos de taller;
— los proyectos que han parecido interesantes;

- deberíamos visitar a tal artesano;
- los mayores deberían construir tal objeto en contrachapado;
- podríamos pedir al señor X que venga a explicarnos determinada manera de hacer algo que conoce muy bien.

Estas anotaciones, estos proyectos, se examinan el sábado por la tarde o el lunes por la mañana y podrán tener su lugar junto con los demás intereses, en los planes de trabajo.

Pero nosotros también utilizamos esta agenda de otra forma, de la que hablaremos con más detalle. Los alumnos anotan libremente en la página diaria las preguntas que se plantean interiormente, cuya explicación les gustaría mucho conocer. Ya veremos lo que podemos hacer con estos interrogantes. Tengamos en cuenta también que esta práctica nos permite satisfacer la curiosidad instintiva de los niños sin que, sin embargo, sus ¿por qué? y sus ¿cómo? perturben la vida de la clase. "¡Anótalo en la agenda!"...

En todos los terrenos, como podéis ver, hay prospecciones, proyectos, posibilidades de trabajo, bastándonos escoger entre ellos.

Esta prospección metódica es uno de los elementos esenciales de la nueva vida de la clase. No es sólo una garantía de adaptación máxima, sino también un estimulante permanente de la curiosidad infantil, curiosidad que es el primer peldaño del conocimiento y de la ciencia, sin el cual los conocimientos y las ciencias no serían más que un formalismo superficial.

Nuestro complejo de intereses está fundamentado sólidamente, y se puede reconocer su validez psicológica y pedagógica.

Sin duda, lo más delicado que queda por hacer es desarrollar ahora este complejo. Hemos planteado el enunciado del problema. Nos falta resolverlo.

La escuela tradicional afirmaba la imposibilidad de una solución práctica. También, recomendaba evitar y esquivar este complejo. Y lo hacía cerrando prudentemente las puertas de la escuela a la vida ambiente, reprimiendo la necesidad de expresión del niño, limitando la actividad —ya fuera manual o intelectual— a los únicos problemas, más o menos arbitrariamente esquematizados, cuya solución tenía por anticipado.

De este modo, no existía ni el tanteo ni el azar.

La autoridad y la disciplina estaban a salvo... aunque la vida se viera afectada irremediablemente.

Si nosotros podemos abordar estos complejos es que hemos preparado, previamente, los medios para desarrollarlos y vivirlos.

Contrariamente a los mercaderes que, por impotencia técnica, habían limitado la diversidad de artículos, los almacenes modernos han ensanchado las puertas y los escaparates, aumentado las salas, dispuesto las zonas de pasos, instalado departamentos y montacargas, previsto las clasificaciones, el aprovisionamiento y el control. Ofrecen a los clientes toda la gama de posibilidades entre las que cada uno elige lo que le interesa. Basta con que el cliente no se deje deslumbrar por esta complejidad y que evite quedar atrapado en la superficialidad y el mariposeo.

© Ediciones Morata, S. L.

Nosotros también hemos procedido a una nueva disposición material de nuestra clase; hemos creado los instrumentos nuevos, hemos previsto el aprovisionamiento, la clasificación y el control. Seguro que tendremos éxito.

¿Cómo se sigue en nuestra clase la explotación pedagógica de este complejo de intereses?

Este trabajo de lecturas de textos, de preparación en la pizarra, de estudio previo de intereses y de reparto de tareas, ha requerido de treinta a cuarenta minutos: son las 9:00 o las 9:10. Los demás días de la semana este trabajo habrá terminado a las 8:30 u 8:40. (Depende de la abundancia de textos, de la riqueza que nos aporten, de la diversidad de la prospección.) Sacamos del texto que se elige el mayor provecho pedagógico: análisis sintáctico, lenguaje, caza de palabras, conjugaciones, etcétera.

Ahora ya nos encontramos realmente en faena. Son las 9:15. Los demás días serán las 8:45.

Siguiendo unos turnos que se apuntan en una pizarra especial, se designan los cajistas que deben componer el texto, señalando a cada uno el trozo exacto que le corresponde. En un rincón de la pizarra hemos apuntado las tareas diarias especiales, con los encargados de realizarlas, que han resultado de nuestro estudio consecutivo del texto. Por el momento, el trabajo común ha terminado. Individualmente o por grupos se van a sus quehaceres particulares, no precisamente, como vemos, según la fantasía de cada uno, sino según unas indicaciones determinadas que han recibido o que implican sus respectivos planes de trabajo.

En la exposición de nuestra técnica, recomendamos que se copie el texto diario en el cuaderno, ilustrándolo. Es ésta una práctica excelente desde el punto de vista escolar propiamente dicho: el niño se acostumbra a reflexionar y a revivir, en cierta medida, el texto diario, a cuidar su caligrafía, a ilustrarlo con dibujos sugerentes. La copia de las frases y palabras cuya creación y puesta a punto ha presenciado, que ha aprendido a descortezar gramatical y lógicamente, no deja de tener sus ventajas. Sin embargo, a partir de un cierto grado, cuando el dominio de la lengua está lo bastante desarrollado, esta copia no es más que un deber escolar, que se liquida lo más apresuradamente posible, siendo inútil, por tanto, mantener dicha práctica.

Los cursos preparatorio, elemental y medio copian e ilustran el texto. Este trabajo es facultativo para los demás alumnos que, en nuestra opinión, tienen mejores cosas que hacer.

Hasta el momento, no hemos marcado divisiones. Este trabajo de expresión vital y de prospección es válido para todos, pequeños y grandes. En la distribución de las tareas, es suficiente con designar a cada uno lo que corresponde a sus aptitudes; además, los principiantes pueden agruparse con los alumnos mayores en ciertos trabajos e investigaciones. La práctica nos ha mostrado que los alumnos de los cursos preparatorio y elemental se interesan por la selección y la redacción de textos que forman parte de su vida común.

En ciertos casos excepcionales, en que los textos son demasiado difíciles para ellos, los alumnos de estos dos cursos hacen un dibujo libre en el cua-

© Ediciones Morata, S. L.

derno para empezar el día. Cuando el trabajo se ha distribuido a los demás cursos, me consagro a ellos: lectura de textos libres, redacción de un texto en común, caza de palabras, gramática, prospección como en los demás cursos, composición en la imprenta, alternativamente con el cuerpo 24 de los más pequeños y el cuerpo 12 del curso elemental, copia e ilustración del texto, impresión de la tirada por la tarde, para ir preparando un periódico especial para estos dos cursos: *Edición de los más pequeños.*

Durante este tiempo, dos secciones de mayores han comenzado su trabajo. Estamos totalmente libres para ocuparnos de los pequeños, según las técnicas previstas para las escuelas maternas. (En ciertos casos puede considerarse la ayuda de un monitor.)

El trabajo colectivo con los cursos elemental y preparatorio ha terminado ya: unos copian, otros ilustran, otros componen unas líneas. Unos se han ido en seguida a comenzar su trabajo de fichas, reservándose la posibilidad de volver al trabajo escrito en la pizarra después de distraerse un rato; otros copian la lista de palabras establecidas en común o conjugan un verbo cuyo empleo ha surgido en el texto. Cada uno sabe lo que tiene que hacer y el tiempo de que dispone: con esto es suficiente.

La escuela en funcionamiento

Ya tenemos ahora nuestra fábrica funcionando: orden, profundidad, aplicación natural, concentración, disciplina dentro de la complejidad al servicio del interés y del trabajo funcional.

Pero esta prospección, esta organización muy avanzada del trabajo de cada uno en el seno de la actividad colectiva, no son más que un aspecto primordial de la nueva técnica escolar. Todavía falta ahora que estos niños puedan realizar su tarea sin demasiados errores, sin tanteos excesivos y con una posibilidad de éxito suficiente que justifique su ánimo y mantenga su entusiasmo.

Este primer aspecto de nuestra técnica estaría sin duda al alcance de todas las escuelas, por tradicionales que fueran. Podéis mostrar a un sencillo artesano de pueblo el proyecto de un trabajo que le interese y que comprenda, y para el que se sienta con suficientes aptitudes. Pero si no dispone luego de la instalación y las herramientas necesarias, estará tanteando inútilmente, e intentará suplir con su buena voluntad y habilidad la indigencia técnica. A pesar de todo, fracasará lamentablemente, y nunca recobrará confianza en sí mismo y el entusiasmo.

Si para realizar las tareas que hemos previsto, la escuela dispusiese sólo de los útiles tradicionales, es decir, el cuaderno y la pluma, los deberes y los manuales, sería tan incapaz como el carpintero demasiado idealista. Nuestra preocupación esencial, sin la cual nuestros complejos sólo existirían sobre el papel, es que *nosotros nos hemos dedicado anticipadamente a hacer posible el trabajo efectivo de los niños. Todo nuestro sistema educativo se apoya en esta base material y técnica.*

© Ediciones Morata, S. L.

Si no tenéis un material de imprenta que responda con suficiente perfección a los fines requeridos, no se puede pensar en redactar un libro de vida y difundir un periódico escolar (si bien el limógrafo puede suplir la imprenta hasta cierto punto). Os guste o no, tendréis que continuar en la Edad Media de la escuela, siendo el único progreso que la pluma de ave ha sido sustituida por la de acero o el bolígrafo.

Si no disponéis de una biblioteca de trabajo, ni tenéis un fichero lo bastante rico como para que permita a los alumnos encontrar rápidamente los documentos relativos a los temas de estudio, es superfluo lanzarse a desarrollar nuestro complejo. Los alumnos se desanimarían ante su impotencia técnica; vosotros os pondríais nerviosos con ellos; en definitiva, desarrollaríais una muy mala labor.

Más os vale manteneros en la práctica del manual escolar; o probar los centros de interés, aunque para su ralización esta impotencia técnica también será un obstáculo que los iniciadores del método han subestimado demasiado.

Si no disponéis de buenos útiles especiales, no tratéis de hacer grabar el linóleo; no intentéis tampoco cortar el contrachapado si no disponéis de las herramientas indispensables. Si no tenéis un mínimo de instrumentos para la carpintería, la herrería o la mecánica, es peligroso lanzar a los niños a empresas en las que normalmente no podrán triunfar. Es como señalar a unos voluntarios la tarea de cavar el huerto sin disponer siquiera de azada ni de azadón; o como si esperáis que los mayores, sin material suficiente y lo bastante adaptado, hagan experimentos químicos o físicos, demostrativos o instructivos. Valdría más volver, sin pensarlo dos veces, a la explicación estrictamente verbal del manual, que al menos, mientras esperáis mejores tiempos, os dará la ilusión de la ciencia, servida por un método tranquilizador aunque falaz.

Expresamente insistimos en estas realidades cuya trascendencia comprenderán quienes las practican. Se trata de un cambio total de todo nuestro sistema educativo, basado en la realidad material. Al finalizar este libro os descubriremos el secreto. No os diremos jamás: "Poned en práctica el método del libro de texto", sino: "Procuraos el material de imprenta en la escuela, o en su defecto un limógrafo, con los accesorios indispensables. Entonces orientaréis la educación hacia las actividades que posibilitan estos instrumentos, para las cuales os daremos todas las instrucciones".

Tampoco diremos: "Practicad la prospección vivaz mediante el método de *complejos de intereses*", sino: "Constituid una *biblioteca de trabajo* nutrida; formad y desarrollad vuestro fichero; organizad paseos y visitas; mantened al día vuestro *diccionario-índice.* Entonces romperéis naturalmente el marco formal y sin vida de las técnicas escolásticas y anticuadas".

Tampoco diremos: "Haced las ciencias interesantes a base exclusivamente de documentación y experimentos", sino: "Organizad vuestros talleres de investigación y documentación, procuraos el material indispensable, que pueda ser manejado por los niños. La nueva técnica, la única técnica científica racional destronará para siempre vuestros manuales llenos de palabrería y abstractos".

© Ediciones Morata, S. L.

Tampoco diremos: "Haced trabajos manuales", sino: "Organizad metódicamente vuestros talleres. Entonces veréis con qué ingenio vuestros alumnos manejarán los útiles que les hayáis preparado para la realización eficaz de sus deseos creadores, para la materialización de sus tendencias funcionales".

La eficacia intelectual, moral, social, de vuestra educación no está condicionada exclusivamente, como se ha querido hacernos creer durante demasiado tiempo, por la personalidad del educador o el valor mágico de un método. Está en función del material empleado, de la perfección de este material y de la organización técnica del trabajo.

Si vuestra imprenta funciona mal o de modo mediocre, el resultado será insuficiente y no satisfará a los niños, que se fatigarán y estarán nerviosos. Os veréis obligados a intervenir, sin éxito algunas veces. Durante ese tiempo dejaréis abandonadas otras labores indispensables. Nerviosismo, desorden, deficiencia.

Si vuestro fichero es demasiado rudimentario todavía, o está mal clasificado, los alumnos no logran encontrar las informaciones que necesitan para que los trabajos previstos no sean una labor de eruditos, más allá de sus posibilidades. Más fatiga, nerviosismo, disputas, desorden, pérdida de tiempo de los alumnos y maestros.

Nosotros, que hemos vivido el penoso período de los tanteos, sabemos por ejemplo toda la importancia que tiene para nuestra práctica del *libro de vida impreso* este detalle aparentemente trivial: el sistema de encuadernación, y todo el alivio que hemos experimentado cuando hemos tenido al fin a nuestra disposición una encuadernación práctica y sencilla.

Lo mismo ocurre con todos nuestros trabajos. Sin olvidar que va a un fracaso irremediable el almacén que pretende lanzarse a una complejidad de artículos, si no ha previsto las bases materiales para triunfar: está mal surtido con artículos de calidad dudosa, los vendedores buscan en vano en el desorden de las estanterías insuficientes, se pierde dinero en exceso por falta de cajas registradoras. También hay desorden, irritación de los dependientes, rabietas inútiles de los jefes de departamento, descontento de los clientes, deficiencia general catastrófica.

Además, por este aspecto de la organización material y técnica de la clase, nosotros resolvemos el problema de la disciplina. Un hecho es hoy psicológicamente cierto: si el niño puede entregarse a lo que hemos denominado los *"trabajos-juegos funcionales";* si su actividad satisface su curiosidad, su necesidad de poder, de dominación y equilibrio, todos los engranajes de nuestra máquina funcionarán con suavidad, sin graves tropiezos. Si se detiene, es que algo no ha funcionado o ha funcionado mal. Reduzcamos al mínimo estos posibles inconvenientes y ya sólo tendremos que lamentar algunos malentendidos fruto del desequilibrio enfermizo de los niños que, normalmente, tendrían necesidad de más aire puro, alimentación sana y cuidados fisiológicos, en vez de obligaciones escolares.

En todas estas consideraciones, la parte de competencia técnica y de habilidad pedagógica del profesor —sin ser despreciable— es considerablemente reducida. La escuela tradicional exige demasiado al maestro, excep-

© Ediciones Morata, S. L.

tuando —y esto es lo más grave— el campo de la técnica, que desde el punto de vista de las cualidades personales y psíquicas no depende siempre de que él las posea o las adquiera; calma, rectitud, autoridad personal, intuición, paciencia, dominio de sí mismo, abnegación, abnegación... y amor. Como los maestros son hombres, que por tanto no poseen sino muy excepcionalmente todas estas cualidades que se juzgan esenciales, todo el sistema pedagógico se derrumba. Los maestros, impotentes, se cansan, contentándose al final con instalarse en la práctica de una rutina corriente, como un mal menor.

Como nosotros queremos construir efectiva y sólidamente a partir de la realidad, buscamos los instrumentos y las técnicas, una organización que permita los máximos resultados educativos con maestros que no sean seres humanos excepcionales: es decir, que puedan perder su calma en muchas circunstancias, que no siempre tengan bastante paciencia, ni sean de una habilidad notable, que ciertamente sepan consagrarse a la enseñanza, aunque sean incapaces, la mayoría de las veces, de alcanzar la compenetración y el afecto. No estamos trazando un cuadro peyorativo de los educadores actuales, sino que tratamos de colocarnos frente a la realidad. Los seres excepcionales, cuya brillantez no subestimamos, obtendrán todavía mejores resultados. Pero habremos cesado de hacer cálculos a base de lo excepcional y de lo hipotético, para situar la técnica pedagógica en la verdadera medida del hombre.

Con este objetivo frente al que la gran masa de maestros no puede quedar indiferente, nosotros hemos cambiado los términos del problema; preparamos el marco, un material, una técnica de empleo, una organización de trabajo, que permitan que los niños se realicen lo más posible por poco que les ayude el maestro, siempre que él no les moleste mientras están ocupados en sus ensayos por tanteo y en sus investigaciones.

La medicina contemporánea se identifica cada día más con la importancia determinante del ambiente en la vida, la evolución y los accidentes de los individuos. A la preparación de este medio pedagógico funcional nos hemos dedicado. Por encima de los verbalismos teóricos, el éxito de nuestras realizaciones nos asegura el alcance decisivo de la nueva orientación que hemos establecido.

En tiempo normal —excepto el lunes— la preparación del texto, seguida de la prospección para la preparación y distribución del complejo, nos ha llevado hasta las 8:40 más o menos. Mientras las dos secciones de los mayores empezaban su trabajo libre, yo me he ocupado más directamente de los cursos preparatorio y elemental. La preparación y la explotación del texto han requerido otra media hora, llevándonos hasta las 9:10.

¿Cuál es en este momento la fisonomía de nuestra escuela?:

— Cinco alumnos mayores componen con la caja de tipos del cuerpo 10.
— Cuatro alumnos de los cursos preparatorio y elemental componen el texto de los pequeños con la caja de tipos del cuerpo 12 o del 24; o a veces, con los dos combinados.

© Ediciones Morata, S. L.

- La mayoría de los alumnos de los cursos preparatorio y elemental copian el texto o ejecutan las tareas complementarias que hemos extraído de él.
- Dos alumnos del curso medio preparan un proyecto para hacer un grabado en linóleo susceptible de ilustrar el texto del día.
- El responsable del fichero extrae de los clasificadores, con el visto bueno de los alumnos que han sido encargados de este trabajo, los documentos para estudiar los temas del complejo.
- Joseph tiene que dar una conferencia esta tarde: *La calefacción a través de los tiempos.* En un rincón de la mesa, tras un montón de libros y de fichas, serio como un académico, está a punto de dar la última mano a la redacción definitiva de su conferencia. Se está dando prisa, pues todavía quiere pasar el texto a máquina y exponer, antes del mediodía, en unos tableros especiales, los documentos que los alumnos consultarán para conocer, anticipadamente, los elementos objetivos de la conferencia.
- Dos alumnos han ido al pueblo. Van a sacar información de las fachadas de las casas antiguas sobre los escudos, fechas e inscripciones que necesitan para un trabajo que preparan.
- Otros se afanan alrededor de las fichas autocorrectivas.

El trabajo manual propiamente dicho se deja con preferencia para la tarde. Sin embargo, nada se opone a que, los alumnos que lo deseen, vayan a su taller para comenzar o continuar el trabajo que les interesa o que han anotado en su plan de trabajo.

¿Qué hace el maestro en todo eso? Por el momento hace leer el texto de la pizarra a los alunmnos de los dos primeros cursos que no dominan suficientemente aún el mecanismo de la lectura. A continuación ayuda a los equipos o a los individuos en su trabajo. Hemos dicho: *ayuda,* y no controla, amenaza, sermonea, castiga. Vigila y comprueba el trabajo en la imprenta, ayuda un instante a componer a un principiante que pasa muchos aprietos en una actividad con la que no está lo bastante familiarizado; ayuda a escoger documentos del fichero y da algunos consejos preliminares para su empleo; se sienta durante un momento al lado del conferenciante para hacer una puntualización delicada; critica un poema que acaba de traerle un alumno; da unas explicaciones a algunos grupos del curso medio o del segundo ciclo sobre cuestiones de matemáticas o de ciencias que están estudiando.

Desde luego no le falta trabajo y, al contrario de lo que ocurría con el maestro de la escuela antigua, permanece sentado muy raras veces. Pero tampoco conoce el aburrimiento. Las horas pasan. Llega a las 11:00 sin haberse dado cuenta; el molde de imprenta de los mayores está listo en la prensa y han tirado la primera prueba, la han admirado y la han corregido. El molde de imprenta de los pequeños está preparado también y sólo espera que la imprenta esté libre. Algunos alumnos satisfechos ya marcan con el lápiz de color en su plan de trabajo las tareas realizadas. Todo el mundo ha trabajado a gusto y cada cual se marcha satisfecho. No ocurre como antes, los alumnos

© Ediciones Morata, S. L.

no salen de la escuela con un suspiro de alivio y una reacción nerviosa de peleas y de gritos. No pretendemos, ciertamente, que el niño se quede triste por abandonar la escuela: tiene apetito, tiene necesidad de sol y de ejercicio, pero ya no asistimos a la liberación explosiva de un organismo que ha estado comprimido demasiado tiempo. Por el espectáculo de la salida de una clase se puede juzgar su grado de organización funcional.

Ocurre, incluso en nuestras escuelas, que unos niños siguen trabajando en una tarea que quieren terminar: grabar el linóleo, acabar una conferencia, trabajar esmeradamente en un objeto, y hasta quizá hacer rápido algunas fichas más para adelantar el plan de trabajo... Todo esto es perfectamente normal.

Incluso el niño que sale de la escuela en cuanto dan las 11:00, no rompe bruscamente un ritmo de vida racional y formal para sumergirse de nuevo en la realidad ambiente. Nuestra concepción compleja de la escuela le acompaña y le rodea. Y sin embargo, no tiene deberes ni lecciones, ni textos que tenga que aprender de memoria. Pero el trabajo de la escuela se ha incorporado a su vida; lo que le choca o le intriga en la familia, en la naturaleza, en los trabajos de los hombres, en el funcionamiento de las máquinas, de todo ello recoge su eco la escuela. Todo lo que encuentra y que considera que puede servir de algún modo, para el trabajo escolar, él lo lleva: documentos o ilustraciones para el fichero; piedras u objetos para el museo; herramientas viejas que podrán arreglarse para el taller; madera para la carpintería. La escuela está verdaderamente en el centro de la vida de los niños. Ésta es la más bella y más radical de nuestras conquistas.

Por la tarde

La clase comienza de nuevo a las 13:00.

Inmediatamente nos ponemos manos a la obra, porque cada uno sabe lo que tiene que hacer.

De las 13:00 a las 14:15, los alumnos se entregan con preferencia a las actividades manuales, sin que, sin embargo, esto sea una obligación. El equipo que ha de imprimir el texto de los mayores realiza su labor en unos veinte o treinta minutos (para tirar ochenta ejemplares). El equipo de los pequeños imprime después cincuenta ejemplares, tardando unos treinta minutos. (Estos equipos se han designado por la mañana, siguiendo un turno que cambia automáticamente.) Unos alumnos trabajan en el huerto si la época lo requiere; el responsable cuida los animales de la cooperativa. Los talleres se encuentran particularmente vivos, lo que no impide que haya algunos "intelectuales" obstinados en hacer fichas. Un grupo de pequeños, instalado en torno a una mesa baja, con colores y pinceles en el centro, dibujan o ilustran el texto del día anterior.

Gracias a la perfección —todavía relativa a pesar de todo— de nuestro material la presencia del maestro no es necesaria continuamente en ningún lugar. Ayuda a quien lo solicita. A menos que algunas veces se detenga, por propio gusto, a cuidar una tirada de lujo en la imprenta, a completar un cliché de linóleo o una ilustración en el limógrafo, a retocar un objeto construido como trabajo manual, a tocar música... Ello depende, ciertamente, de sus aptitudes y de sus gustos personales.

Desde las 14:15 a las 14:45 reservo media hora que denomino "de relleno", que empleo en diversas cosas según las necesidades.

Ya hemos dicho que si nuestro mecanismo estuviera suficientemente bien montado, si el medio familiar y social fuera lo bastante comprensivo de las necesidades normales de nuestra pedagogía, concederíamos a nuestros alumnos la misma confianza que la mamá da a su pequeño. Lo que el niño no adquiera hoy, o esta semana, o este año, lo aprenderá más tarde. Lo esencial es que el individuo crezca, se enriquezca, se fortalezca fisiológica, intelectual, moral y psíquicamente, que asiente lógica y firmemente su personalidad. Todo lo demás, vendrá por añadidura.

Pero, desgraciadamente, todavía estamos lejos de nuestro ideal. En la práctica, pueden manifestarse ciertos retrasos, ciertas ausencias en la adquisición de las técnicas esenciales, o en los conocimientos considerados indispensables: en lectura, escritura, cálculo, ciencias, historia, geografía. Estos retrasos, estas ausencias, no son reales más que en relación con ciertas normas externas que, propiamente hablando, no afectan a nuestras técnicas pedagógicas. Pero son sólo fallos que subsanaremos a nuestro provecho. Tanto más cuanto que pueden tener su origen ciertas imperfecciones de nuestro material y de nuestra organización: si solamente poseemos un material científico sumamente reducido habrá que tratar de remediar nuestra impotencia técnica, para realizar una enseñanza científica verdadera, volviendo, aunque nos pese, a los viejos métodos teóricos y explicativos. Si nos faltan los documentos para una historia viva, si los programas exigen de nosotros todavía una enseñanza formal antipedagógica, nos veremos obligados a utilizar un paliativo verbal, que no engañará a nadie, y menos a los niños.

Pues nosotros colocamos lealmente a los propios niños frente a realidades que nos hacen volver de modo accidental a prácticas ya superadas. No tratamos de disfrazar con colores aparentemente inofensivos las prácticas que no responden a nuestros métodos de trabajo; tampoco tratamos de justificarlas, con el peligro de producir una confusión que sería mortal para el conjunto de actividades. Sino que les decimos: "Por tales y tales razones que están por encima de nosotros —y que se les explican— tendréis que estudiar tales textos, practicar tal disciplina..." Los niños harán con mejor voluntad el esfuerzo anormal así solicitado. Y el espíritu de nuestra enseñanza no quedará afectado en absoluto.

La utilización de esta media hora de relleno variará según las circunstancias: explicación a un grupo, o a varios reunidos, de una noción matemática o científica que figura en el programa, y por tanto contenida en nuestro plan general, que nuestra actividad normal no ha permitido estudiar de una manera más especial; indicaciones metodológicas para determinadas disciplinas del segundo ciclo; historia o geografía formales.

© Ediciones Morata, S. L.

Podemos designar un empleo del tiempo preciso para esta media hora de relleno, o bien ocuparla según las necesidades. Ello depende de la perfección de nuestra organización, de las exigencias del medio, también de la habilidad del maestro y de la inteligencia y las aptitudes de los alumnos.

El trabajo libre continúa para los alumnos que no están comprendidos entre los grupos a los que va dirigida nuestra enseñanza de relleno.

A las 15:00 —después del recreo— finaliza el trabajo libre, digamos más bien la actividad compleja prevista y preparada por la organización metódica de la vida escolar.

La última hora de clase es normalmente la más penosa y la más difícil de llenar, debido a la fatiga mutua que multiplica las ocasiones de distracción, de desobediencia y de errores por una parte y de castigos e injusticias por la otra.

Nosotros la convertiremos, por el contrario, en una de las horas más atractivas de la jornada. Será un poco como la velada en familia, el momento en que tras acabar la tarea cotidiana se encuentran todos en el cuarto de estar antes de irse a dormir. En ese rato se comenta lo que se ha hecho durante el día; se cuentan los acontecimientos importantes; se pasa revista a los trabajos efectuados; se piensa en los que faltan; se pregunta a los padres y a los abuelos o bien se escucha la narración de algún cuento emocionante.

Esto es exactamente lo que hacemos nosotros.

Nos reunimos todos en la sala común: la primera media hora, de 15:00 a 15:30 aproximadamente, se dedica a un breve informe sobre los trabajos de la jornada.

En primer lugar, los equipos que las han impreso distribuyen las hojas tiradas por la tarde, que se incluirán en el libro de cada alumno. Si la hoja tiene que imprimirse al día siguiente por la otra cara, los impresores se limitan a mostrar su obra y leer el texto.

Vamos ahora a nuestra pizarra de la mañana donde están escritos los detalles del complejo:

a) *¿Cómo va la construcción de la bombarda?* Hemos traído el saúco esta tarde, pero la bombarda no estará preparada hasta mañana.

b) *Teléfono de hilo y velocidad del sonido.* Está todo preparado. Nos veremos mañana a la hora de relleno para experimentarlo en público.

c) *El riego a través de los tiempos.* El responsable ha elaborado un breve resumen que nos lee. Miramos juntos los documentos comentados. El maestro lee dos fichas interesantes.

d) *Presión del agua.* Todavía no está terminado. Tenemos que trabajar mañana en ello y preparamos un experimento público que anunciaremos.

e) *Desarrollo del teléfono a través de los tiempos.* El responsable lee un breve informe, pero anuncia que quiere dar su próxima conferencia sobre este tema.

Yo mismo he buscado, para completar todo eso, un texto interesante o un poema que les leo. Esta revisión de los trabajos finaliza con un disco de canciones, relacionado con nuestros intereses principales, e indicado en nuestro *plan general* de complejos asociados.

Estas exposiciones y, esta revisión pueden ser más o menos largas. Si no hay tiempo para tratarlo todo se deja para el día siguiente. O bien, si se sabe que la conferencia del final será corta, se puede tomar un poco de tiempo de la media hora siguiente, que otro día se compensará. Ésta es una cuestión de equilibrio que todo maestro puede ajustar. Igual que la madre que anuncia: "Ya es tarde... seguiremos mañana".

Se sabe que la técnica de la imprenta en la escuela tiene como ventaja principal el permitir, simplificando y haciendo práctico, permanente y barato el intercambio entre escuelas francesas y extranjeras. Hay una escuela de composición y nivel semejante a la nuestra, con la que mantenemos una correspondencia regular, y nos envía tres veces por semana un paquete de hojas impresas, una por alumno. Estas hojas constituyen, día a día, el libro de vida de la clase corresponsal, que duplica maravillosamente el libro de vida de la nuestra. Además, cada uno de nuestros alumnos se intercambia con un niño de la otra escuela: cartas, cromos, juguetes, fotos y a veces hasta visitas. También tenemos escuelas corresponsales —francesas o extranjeras— que cada mes nos envían su *Periódico escolar* a cambio del nuestro.

Entonces, naturalmente, se leen los impresos, al principio en silencio y luego en voz alta, del mismo modo que, a veces, leemos en voz alta nuestros propios textos. Se discute; se apuntan en la agenda las sugerencias que suscita esta lectura y los trabajos que potencia. Habrá preguntas que plantear, envíos que realizar. Todo ello constituye trabajos, trabajos interesantes y vitales que basta con que los incluyamos metódicamente en el ciclo de nuestro complejo.

Quizá se piense que esta media hora estará demasiado recargada. Depende de los días y del trabajo. La abundancia de intereses y la variedad de los proyectos realizables nunca son algo negativo. Vale más tener mucho que hacer —con el riesgo de tener que seleccionar con entero conocimiento— que no saber a qué dedicarse durante unas lecciones o ejercicios aburridos y sin reacciones de ningún tipo.

Sin embargo, en la práctica esto funciona. Dos veces por semana, acortamos nuestros informes de trabajo para dedicar más tiempo a la lectura de nuestras hojas y las de los corresponsales, así como de los periódicos escolares recibidos. Un miércoles cada quince días escribimos a los corresponsales: cada cual es libre de escribir su carta como mejor le parezca y cuando quiera.

Nos queda la última media hora, de las 15:30 a las 16:00.

Primero se contestan las preguntas de los niños que se han escrito en la agenda de la que ya hemos hablado. Éste es un momento apasionante para todos, en especial para aquellos, pequeños y grandes, que han planteado las preguntas. Pero todavía necesitamos estar en condiciones de poder responder.

En primer lugar, hay que evitar en esta práctica la costumbre, que sería natural en las escuelas tradicionales, de poner pegas al maestro por el malig-

© Ediciones Morata, S. L.

no placer de ridiculizarle. Corregiréis inmediatamente esta tendencia haciendo confesión de vuestra humildad, de lo relativo que es vuestro saber, aunque no sin equilibrar esta confesión humana con la afirmación de la posibilidad que tenéis de informaros sobre los puntos que no respondáis de inmediato. El juego entonces será limpio: una vez más haréis como la madre que dice sinceramente lo que sabe y se muestra reservada en lo que ella ignora del todo o en parte. Solamente que vosotros no permanecéis en esa ignorancia. "Buscaremos en el fichero —anunciáis—, en nuestro diccionario, en un libro que creo que tengo y mañana sabremos la respuesta... Quizá el señor tal nos informaría. Podríamos pedirle que viniera a la escuela para darnos una charla sobre sus viajes... ¿Y si fuésemos a preguntar a tal artesano del pueblo que seguro que está al corriente...? ¿Es posible que nuestros corresponsales puedan informarnos sobre esta cuestión? Les escribiremos... ¿Si preguntáramos al servicio de informaciones de un periódico sobre tal tema, que es particularmente delicado?".

Podemos ver la multiplicidad de soluciones que se ofrecen, que constituyen otros tantos trabajos interesantes en perspectiva que también anotaremos en el ciclo de nuestro complejo. No se trata de esquivar las preguntas, en absoluto, sino de utilizarlas lo mejor posible para nuestro común enriquecimiento.

A veces hay preguntas molestas. Siempre se responderán con la mayor sinceridad. Si, por casualidad, veis que es imposible, moral y políticamente, contestarlas, no tratéis de quitaros el tema de encima, pues la sutileza de los niños descubriría rápidamente vuestro fraude, afectando a toda la labor educativa. Decid simplemente: "No puedo contestar esta pregunta, pues me podría ocasionar problemas. Ya sabéis que no siempre podemos decir o hacer todo lo que quisiéramos..."

Pero esto es sólo una excepción muy poco frecuente.

Sin embargo hay que evitar que esta sesión de respuesta a las preguntas degenere en vana palabrería al encadenar los alumnos más y más preguntas a medida que les dais explicaciones. Para ello, haced como el presidente de una reunión pública: ateneos estrictamente a las preguntas anotadas en la agenda, y que los curiosos formulen sus preguntas el día siguiente.

Esta sesión es más o menos larga según los días y también según la naturaleza de las preguntas. De acuerdo con las circunstancias, podremos conceder un poco más de tiempo a las actividades que preceden o siguen. Siempre compensándolo en otro momento, por supuesto.

Y ahora, la conferencia.

El conferenciante se colocará en la mesa del maestro con su texto y sus documentos. Si es necesario —ayudado por el profesor o por algún alumno— habrá dibujado antes en la pizarra las ilustraciones o los mapas que ayudarán a comprender el texto. El niño lee su conferencia, muestra los documentos. Se plantean preguntas a las que responde el autor, ¡si puede! En caso contrario, ello dará oportunidad a investigaciones complementarias que se apuntan en la agenda.

© Ediciones Morata, S. L.

No insistiremos más en esta técnica, que será objeto de una publicación especial mencionando sus incuestionables ventajas pedagógicas. A veces hay dos conferenciantes, uno mayor y uno pequeño. Algunas conferencias son largas, otras reducidas casi exclusivamente al examen de documentos. A veces el conferenciante no se atreve a leer su conferencia o no sabe leerla con suficiente desenvoltura. En ese caso pide ayuda, naturalmente. Como puede imaginarse, hay una gran diversidad que conviene saber respetar, con una organización flexible y elástica.

Para terminar, si es posible, música y canto, ayudándose con discos. La jornada ha terminado, y bien aprovechada, os lo aseguro.

Detalles complementarios de la vida escolar

- *Cine*. Ahora nos queda penetrar en ciertos detalles complementarios de nuestra vida escolar, sin que para ello tengamos que pasar revista, como lo hemos hecho en el caso del lunes, al complejo horario de cada día de clase.

La última hora de la tarde del miércoles se dedica a una sesión de cine con música y canto, si hay oportunidad. Disponemos de un proyector y la cinemateca cooperativa nos envía películas regularmente; de un tomavistas con el que hacemos películas, bien sea en el pueblo o durante nuestras salidas, que son la expresión viva y animada de nuestra propia vida y que poseen, por ello, al igual que nuestros textos, un poder sugestivo incomparable. Intercambiamos estas películas, como ocurre con los impresos, con películas parecidas de nuestros corresponsales. La proyección de estos documentos da a nuestras sesiones de cine un valor moral y psíquico que duplica y completa, de una forma demasiado desconocida hasta hoy, las virtudes instructivas o recreativas del cine.

Quizá sea difícil, que podamos hacer triunfar nuestro punto de vista pedagógico en este campo. El perfeccionamiento del cine escolar es, en efecto, un ejemplo patente de una falsa concepción del instrumento escolar.

En el tiempo en que trabajábamos para perfeccionar nuestras técnicas de imprenta en la escuela, hicimos mucho en Francia para difundir un proyector sencillo como el *Pathé-Baby* que nos parecía el aparato casi ideal para nuestras escuelas: sencillez de fabricación y de manejo al alcance de los niños, relativamente barato, películas también bastante baratas, así como el tomavistas y el revelado de las películas. Este proyector estaba a punto de convertirse en uno de nuestros mejores útiles escolares para la utilización que acabamos de describir.

Pero luego se ha visto que las imágenes no eran siempre muy nítidas, que la pantalla no era bastante grande, que las películas eran demasiado cortas, fragmentando la representación. Estas críticas las hacían, sobre todo, maestros para quienes el cine era un aparato de utilización más postescolar que escolar. Desgraciadamente, el mercado se ha adaptado a estas demandas. Los costes de los aparatos y de las películas no pueden amortizarse más que

© Ediciones Morata, S. L.

mediante el uso extraescolar. No hablemos ya del tomavistas, también por causa del precio.

Prácticamente, hoy no disponemos de aparatos escolares de proyección y de tomavistas. En este campo, todo está por hacer y nosotros nos dedicaremos a ello.

- *Discos.* Utilizamos también, y en gran medida, el tocadiscos que los esfuerzos de nuestra cooperativa han elevado al rango de útil escolar, gracias también a nuestras ediciones especiales de discos para la enseñanza del canto y la organización de fiestas escolares, con rítmica, evoluciones, bailes.

Desde hace algunos años, una nueva posibilidad ha venido a completar la utilización de los discos y las películas en la escuela: el magnetófono que, además de múltiples utilizaciones maravillosas, nos permite registrar la voz de los alumnos o de los obreros y artesanos, y también oír la voz de nuestros corresponsales.

- *Radio.* Prácticamente todavía no utilizamos la radio.

Lo mismo que ocurre con el cine perfeccionado, la radio actual no está totalmente adaptada a nuestro complejo trabajo. Tal como está concebida, incluso bajo su forma pretenciosa de radio escolar, es más que inútil en nuestra escuela, corriendo el peligro de ser perjudicial por lo que aporta de superficialidad y falta de armonía en la realización de nuestra escuela del trabajo.

Sin embargo, estamos muy lejos de condenar definitivamente la radio. Por el contrario, estamos convencidos de que, para adaptarse verdaderamente a la cambiante riqueza del mundo moderno, la escuela deberá hacer de la radio, como del cine, uno de los útiles escolares más ricos en posibilidades [1].

- *Máquina de escribir.* La máquina de escribir ha sido hasta la fecha un lujo que las escuelas populares no podían alcanzar. Los constantes progresos de la técnica industrial deberían permitirnos adquirir actualmente, a un precio asequible, un instrumento sólido, que no hay que estar ajustando y que, sin embargo, permite un trabajo limpio y satisfactorio.

Si conseguimos esta adaptación, la máquina de escribir se convertirá en una de las herramientas mejores y más apreciadas por maestros y alumnos. Complemento de la imprenta en la escuela y la multicopista, está llamada a revolucionar nuestra técnica escolar, como lo hizo la invención del papel o la sustitución de la pluma de oca por la metálica.

La máquina de escribir posee algunas de las ventajas de la imprenta: a los alumnos todavía inexpertos en el manejo de la pluma les permite escribir líneas perfectas. Letra por letra, la página resulta impecable. Pero la máquina de escribir no permite imprimir más de tres o cuatro ejemplares y, por ello, su empleo no puede generalizarse como el de la imprenta. Sin embargo, perforando clichés de multicopista, que pueden reproducirse con el limógrafo, se

---

[1] Estas observaciones también son válidas hoy para la televisión.

logran resultados que asemejan los de la imprenta. La máquina tiene, para los niños, la inmensa ventaja de que los resultados son inmediatos: se presiona la tecla y la letra queda marcada.

La máquina de escribir, como la imprenta, encontraría una aplicación beneficiosa desde el curso preparatorio, con niños que comienzan tan sólo su iniciación a la lectura y escritura. Como en nuestra escuela sólo hay una máquina, la reservamos para determinados trabajos especiales, de los que vamos a hablar.

- El alumno que ha escrito una conferencia puede pasarla a máquina. Saca cuatro ejemplares: uno para él, otro para sus padres, el tercero para los archivos de la clase y el cuarto para los corresponsales habituales.
- Entre los textos libres, leídos en clase por la mañana, hay alguno que, aunque no ha sido seleccionado para la imprenta, tiene un cierto valor documental o estético. En ese caso, se autoriza a los autores para que pasen a máquina el texto por triplicado: un ejemplar se pone en su *libro de vida,* el segundo es para el *libro de vida* testimonio de la clase, el tercero lo reserva para su corresponsal particular.
- Los alumnos que han redactado un texto interesante y cuidado, como resumen de sus trabajos documentales o de taller, también lo pasan a máquina en tres ejemplares que se distribuyen como en el caso anterior.
- Pero sobre todo utilizamos prácticamente la máquina de escribir para perforar clichés de multicopista que a continuación poligrafiamos con el limógrafo.

Los textos así obtenidos nunca tienen la categoría definitiva de los textos impresos, y por eso no podría sustituirlos totalmente. Sin embargo, hay páginas más especialmente documentales que pueden acomodarse a esa semiperfección. Pues hay en ello una ventaja nada despreciable. En pocos minutos se perfora una página de texto que habría precisado en total una hora por lo menos para su composición en la imprenta; y se puede pasar inmediatamente a tirar veinte, treinta, ochenta o cien ejemplares.

Utilizamos mucho esta posibilidad:

- cuando el texto diario es exclusivamente documental, porque está consagrado por ejemplo al informe de la cooperativa;
- cuando se trata de reproducir un informe de trabajo, de experimento, de paseo o de visita, que resultaría un texto muy largo para imprimir;
- cuando el texto por reproducir sólo interesa a un grupo; por ejemplo, al segundo ciclo.

En los dos primeros casos, utilizamos la página multicopiada exactamente como si hubiese sido impresa: la misma tirada, inclusión en el libro de vida y en el periódico mensual, envío a los corresponsales.

© Ediciones Morata, S. L.

El empleo de la máquina de escribir, completado con el limógrafo, es particularmente valioso con alumnos mayores; multicopia de ciertos resúmenes, notas generales, informes del trabajo individual o de grupos, que se incluyen automáticamente en una recopilación especial que se convierte en una especie de libro documental de ciencias, historia o geografía.

La máquina de escribir, útil perfeccionado para una escritura rápida y de gran calidad, y la multicopia de documentos, serán como el testimonio de nuestra adaptación técnica a las posibilidades que nos ofrece el progreso para responder, con una eficacia cada vez mayor, a las exigencias de nuestros complejos de interés.

- *Colaboración de los adultos en la obra educativa.* La escuela tradicional, como hemos dicho, funciona en un medio cerrado y sólo en fecha muy reciente se ha autorizado al maestro para aventurarse accidentalmente a salir al huerto, a la orilla del río o al campo para ir a buscar un pedazo de vida, y regresar rápidamente, más para engullirlo que para asimilarlo, entre las cuatro paredes de la escuela. Este aislamiento celoso es consecuencia ineludible de todo el sistema educativo que condenamos.

Con nuestras técnicas, sin embargo, la vida entra libremente en nuestra escuela la cual se dirige de lleno al encuentro de la vida. Los trabajos en el huerto, los paseos escolares, las salidas para hacer un estudio o para visitar algo, individuales o colectivas, forman parte normal de nuestro proceso de trabajo.

Tenemos que ir más allá todavía.

Ya hemos dicho, sobre todo al hablar de las respuestas a las preguntas de los niños, que lejos de pretender presuntuosamente que conoce todo, el maestro debe admitir la necesidad permanente de documentarse e instruirse, recurriendo para ello a todas las fuentes posibles, escolares y extraescolares. Pero también es preciso que los adultos, y los padres de los alumnos sobre todo, se habitúen a considerar como natural su colaboración en la obra educativa. Sabemos que para ello tenemos que ir contra una fuerte corriente, la de todo un pasado de la escuela encerrada en sí misma, misteriosamente celosa de su aislamiento, donde el artesano no se atrevía a entrar porque se sentía desadaptado, dominado como estaba por un intelectualismo que se atribuía el monopolio de la inteligencia y de la capacidad.

Si hemos echado abajo esta máscara escolástica, si hemos sabido encontrar de nuevo las normas de trabajo al servicio de la vida, verdadera y compleja, la escuela ya no será una iglesia donde entramos con el sombrero quitado y con las manos juntas, evitando hacer ruido sobre el pavimento con los clavos de los viejos zapatos, sino un taller, una obra, donde todo trabajador se encuentra en su elemento, seguro como está de aportar su piedra, por modesta que sea, para el edificio en el que la intelectualidad sólo será el coronamiento majestuoso.

Así pues, no tenemos miedo de recurrir a los adultos ajenos a la escuela. Cuando tengamos un trabajo delicado en el huerto: semilleros especiales, cuidado de los árboles, poda o injerto, pediremos a un campesino hábil que venga a ayudarnos, enseñarnos y guiarnos. No esperaremos que nos dé todo un curso, sino sólo a que nos enseñe cómo lo hace. Lo que no impide que completemos en seguida su aportación técnica con las explicaciones teóricas o las reservas científicas que se impongan.

Un trabajo difícil de carpintería: el carpintero vendrá a primera hora de la tarde para iniciarnos. Otros días serán el canastero, el herrero, el albañil o la planchadora.

Compitiendo con esta corriente de vida hacia la escuela, tendremos la de la escuela hacia la vida. Dependiendo de nuestras necesidades, los alumnos irán a interrogar: al cocinero en su hotel, a la anciana en su hogar, al funcionario colonial en su retiro.

Es fácil adivinar todo lo que la escuela ganará con una interpenetración como ésta: la posibilidad de suplir prácticamente la incompetencia del maestro en ciertas técnicas (ya que el maestro no puede pretender la universalidad); el arraigo cada vez más profundo de la escuela en su medio; hacer resaltar cada día más el trabajo social verdadero que la instrucción escolástica ha tratado siempre de dominar y suplantar; la armonía sintética de la vida nueva realizada de este modo.

Pero esta actividad resultaría ser un inútil y peligroso mariposeo si no estuviera ordenada por nuestros complejos en vistas a una concepción educativa integral basada en la virtud fundamental del trabajo.

• *El control.* A instrumentos nuevos les corresponde una técnica nueva, que implica la adaptación de los medios de control.

No es preciso decir que este control no podría ser el mismo, ni en su forma ni en sus objetivos, en un comercio pequeño, que tiene sólo una actividad muy limitada y estrictamente especializada, que en el gran almacén con departamentos múltiples y diversos.

Las normas de control de la escuela tradicional no son válidas para nuestra escuela del trabajo. Las calificaciones se basaban en la recitación de lecciones aprendidas de memoria, en las correcciones de los deberes, en el control de la explicación verbal y de la lectura en voz alta. Nosotros hemos suprimido la recitación y la memorización; ya no corregimos deberes con tinta roja y la lectura en voz alta no es más que una parte de nuestro aprendizaje sintético de la lengua.

La clasificación de alumnos estaba simplificada, por la reducción de todo el proceso escolar a una función intelectualizada. Nuestro complejo de intereses es un mundo al servicio de todos, uno puede fracasar lamentablemente en una materia y en cambio ser un obrero genial en otra especialidad.

Necesitamos, pues, encontrar otro medio de control.

Efectivamente somos partidarios de un control; pero que no sea receloso y desconfiado para lograr una clasificación inicial más o menos arbitraria. Ese control sólo lo desean los que conocen el tema a fondo, los primeros de la clase que se enorgullecen de sus éxitos, mientras que los alumnos medianos y los débiles se sienten dominados cada vez más por la tiranía de las calificaciones, que les empujan hacia un peligroso sentimiento de inferioridad.

© Ediciones Morata, S. L.

Por el contrario, el niño —como el hombre también— busca medir y controlar su esfuerzo y la calificación más precisa posible de sus progresos. Interviene aquí la misma preocupación que ya hemos señalado a propósito del interés por los planes de trabajo: cuanto más compleja e importante sea la tarea, más largo es el camino y más necesidad tiene el niño de establecer jalones entre las etapas. Estos jalones y estas etapas son los que nuestro control debe definir y medir.

De este control no debe encargarse únicamente el maestro, a causa del riesgo humano de la parcialidad, arbitrariedad y errores. Los mismos alumnos colaboran en su propio control, dentro de la comunidad escolar.

Por último, este control no se ejercerá exclusivamente sobre el resultado formal obtenido, sino también sobre la calidad del esfuerzo realizado. Sólo en caso excepcional supone competición, al menos en calificaciones cifradas: dos conferencias en las cuales el autor ha puesto lo mejor de sí mismo, son dos formas de obra maestra y cometeríamos un error si las apreciáramos objetivamente comparándolas sobre esta base exclusiva. Cada vez que el alumno hace todo lo que puede merece la máxima calificación, cualquiera que sea el resultado.

Para responder a estas diversas consideraciones, hemos establecido la siguiente forma de control:

1. *El autocontrol por el plan de trabajo.* El plan de trabajo debe cumplirse. Todos los alumnos, incluso los más jóvenes y los más atrasados, ponen todo su interés por hacer las tareas previstas. Basta con estar atento durante la semana para estimular a los retrasados que, como la liebre de la fábula, piensan que siempre les queda mucho tiempo por delante. Llega la mañana del sábado y entonces se dan cuenta del peligro: se animan, tratan de apresurarse, trabajan durante el recreo, y a veces se ven obligados a terminar el domingo, con todas las consecuencias desastrosas que conlleva este retraso.

A las 14:00 horas del sábado comenzamos a hacer examen de los planes de trabajo, controlando primero a los alumnos que han terminado, con el fin de despertar el amor propio y la susceptibilidad del resto: fichas de cálculo y de gramática (durante la semana hemos cuidado de que este trabajo se haga con regularidad, sin trampas, y hemos dado los consejos necesarios en cada caso). Como las fichas son de autocorrección, no se trata de repasar todos los ejercicios, sino de controlar la forma y los resultados, lo cual es muy rápido.

El alumno ha colocado sobre la mesa todos los demás trabajos: los textos redactados, trabajos de historia, de geografía, investigaciones, conferencias, etcétera. Damos una calificación global para cada uno de estos apartados, nota que apuntamos en la gráfica prevista en la parte baja del plan. Agregamos la nota prevista por disciplina, aseo, vida comunitaria.

El niño ve, entonces, sintetizada en esta gráfica, la apreciación de su trabajo de la semana: hay deficiencia en cálculo, semideficiencia en compañerismo; o bien la gráfica es regular con unas notas medias. En los mejores casos, para los mejores alumnos, la gráfica es regular en la zona superior. Comparándola con la gráfica anterior, el niño ya puede tomar resoluciones

© Ediciones Morata, S. L.

para el trabajo futuro: puede adelantar más en tal materia, rellenar un vacío, elevar el nivel general.

Los niños comparan las gráficas espontáneamente. El maestro puede señalar el modelo de las gráficas que deben imitarse, y nada más.

El niño se lleva el plan de trabajo a casa, donde los padres lo firmarán. Después se recorta la gráfica y se pega en el carnet escolar.

2. *El carné escolar.* Cada niño posee un carné escolar con su nombre y apellidos, fecha de nacimiento, su fotografía, la de sus padres y hermanos, y unas páginas en blanco para pegar las gráficas.

El maestro posee además, para su uso privado, un *perfil vital,* según un modelo que hemos establecido. Este perfil duplica y completa el carné escolar. No se da a conocer al niño, pero puede enseñarse a los padres.

3. *Los certificados.* La finalidad del alumno —y también de la escuela— debe ser lograr el dominio máximo en las ramas vitales de actividad. Este dominio es el que controlamos mediante nuestro sistema de certificados.

Hemos establecido, para los diversos grados de primaria, normas de realización que suponen la concesión de certificados especiales.

Estos certificados se conceden después de unas pruebas prácticas controladas y juzgadas por el maestro, la mayoría de las veces con la colaboración de los propios alumnos o de los responsables de la cooperativa. Los trabajos realizados para demostrar este dominio se conservan en la escuela en una exposición permanente, como testimonios que los inspectores y los padres pueden controlar; se entregan a sus autores cuando terminan la escuela. La insignia especial correspondiente al certificado ganado se pega en el carné escolar. La posesión de estos certificados podrá servir de base para los diplomas posteriores y, sobre todo, para la orientación profesional.

Este sistema de certificados reemplaza muy ventajosamente al sistema de emulación por clasificación actualmente utilizado. No hay primeros ni últimos. Cada uno puede y debe adquirir el dominio de las actividades manuales o intelectuales de su elección. Cada uno triunfa así a su manera y según sus aptitudes, lo cual está perfectamente de acuerdo con la psicología del niño y las complejas posibilidades sociales actuales.

© Ediciones Morata, S. L.

Complejo de intereses y programas escolares

Y ahora, con la clase cerrada, hagamos un rápido examen de conciencia y veamos si verdaderamente estamos en el camino adecuado y si hemos cumplido con lo esencial de nuestra tarea, tanto desde el punto de vista de los alumnos como desde el correspondiente a la familia, a los reglamentos y al Estado.

Este examen debe hacerse en función de la nueva concepción de nuestra tarea. Si no, confesémoslo, estaríamos desesperados con bastante frecuencia.

La vieja escuela tenía la indiscutible ventaja de que el desarrollo del trabajo estaba minuciosamente reglamentado, al menos en su forma, hora por hora, disciplina por disciplina: cada sección ha hecho tantos problemas, se han leído las páginas previstas en los manuales, se han recitado las lecciones de historia o de gramática. Nosotros establecemos ahora las partes que se estudiarán y serán la tarea de mañana. Los padres están satisfechos de ver cómo aumenta de este modo, metódicamente, el saber de sus hijos; el inspector está satisfecho; se ha "visto" el programa... ¿Qué más se puede pedir?

Con nuestros métodos, sea cual fuere la perfección del nuevo control, ya no hay nada de todo aquello: por el contrario, con frecuencia queda en nuestro espíritu como una vaga conciencia de insuficiencia. Removemos una riqueza de vida tal que siempre tememos que responda imperfectamente a las llamadas de una construcción dinámica y caprichosa jamás terminada. Ciertos días nos satisfacen a medias porque hemos hecho un impreso que era una obra de arte, hemos iniciado un trabajo cuya originalidad y fecundidad hemos adivinado, hemos escuchado una conferencia bien realizada, o hemos recibido impresos, cartas, un paquete, que han despertado gran entusiasmo. Tenemos la sensación de haber trabajado bien. Luego la manía del escrúpulo formal nos inquieta otra vez.

Es absolutamente imprescindible que nos hagamos a estas normas de vida y nos despojemos de este espíritu burocrático que queda satisfecho con pasar una página del manual, aunque la lectura no haya sido de ningún provecho para nadie, con una copia metódica o con una memorización fiel.

Tampoco el bebé hace ningún progreso si comparamos sólo su comportamiento de la mañana con el de la noche. No podemos decir que ha dado tres pasos más que ayer, ni que ha pronunciado una docena de palabras nuevas... ¡Ha vivido!..., pero si se recuerdan de cuando en cuando sus conquistas, si nos remontamos a una semana o a un mes para observar el camino recorrido, entonces sí, podemos sentirnos satisfechos o inquietos.

Como la madre, confiemos en primer lugar en la vida. Entonces cuando haya riesgo de que la duda nos atormente, hojearemos el diario escolar realizado desde el comienzo del año, línea por línea, página por página, expresión de una vida cuya riqueza, posibilidades y grandeza han revelado nuestras técnicas. Admiraremos la exposición de los objetos realizados en nuestros talleres, la lista de experimentos efectuados, el panel de conferencias. Nos dejaremos atrapar por esta vida compleja que queda aún rezagada, difusa, en torno a la prensa cerrada, que surge de los ficheros entreabiertos, que se agarra a las paredes con sus pizarras, sus fotos, sus diagramas. Pensaremos en el destacado lugar, que desde ahora ocupa la escuela en la vida del niño. Sin querer, compararemos toda esta riqueza con la pasividad de la escolástica y nos sentiremos más confiandos que nunca.

* * *

Sin embargo, si nos queremos asegurar más positivamente, pasaremos revista a las diversas disciplinas en el propio marco de los programas oficiales.

- *Educación moral.* Una hora por semana; doce minutos al día. Nosotros no damos realmente ninguna lección de moral formal, no hacemos copiar ninguna fórmula, ni recitar ningún resumen; pero toda nuestra actividad presenta una base comunitaria, con el trabajo como eje; que es una perpetua lección de moral, y de las mejores, la que se graba indeleble en los procesos, las costumbres y las reglas de vida.
- *Lectura y lengua.* Diez a once horas —limitándose al curso superior—, es decir, dos horas diarias aproximadamente.

Cuando se considera este total en las escuelas tradicionales, comprende el conjunto de lecciones de estas disciplinas. La cuenta no sería la misma si se considerara el provecho individual de estas lecciones colectivas.

Nosotros, hablando con propiedad, no damos ninguna lección colectiva; pero, tenemos: el esfuerzo de redacción en la expresión libre que bien podría cifrarse, sin exageración, en treinta o cuarenta minutos por semana; la preparación del texto diario que el niño lee espontánea y silenciosamente. Esta lectura silenciosa se ve duplicada, ya lo hemos visto, con la lectura individual en voz alta, en los cursos preparatorio y elemental. Tenemos la composición en la imprenta, que es la reconstrucción letra por letra, palabra por palabra, del texto que se difundirá, y no sería exagerado tener en cuenta la importan-

© Ediciones Morata, S. L.

cia pedagógica de este esfuerzo de análisis-síntesis. La lectura de los textos impresos, silenciosa al principio, duplicada con la lectura expresiva en los cursos inferiores, lectura de los impresos y de las cartas recibidas de nuestros corresponsales, la selección y la lectura de las fichas durante los trabajos diarios y la preparación de la conferencia constituyen un conjunto de ejercicios funcionales, frente al cual la lectura tradicional tendría muy poco valor. Añadamos a estas actividades la gramática viviente, analítica, sintética, que practicamos diariamente y que completan las fichas autocorrectivas.

- *La escritura.* Escritura espontánea para la redacción de textos, copia de textos para imprimir, redacción de informes, conferencias, cartas...

No, la enseñanza del idioma no sufrirá en nuestras escuelas. Por el contrario, más bien hay una tendencia a creer que nuestras técnicas han sido concebidas muy especialmente para enseñar el idioma, en detrimento de las restantes disciplinas.

Nosotros hemos restablecido la realidad de las cosas.

- *Historia-Geografía-Ciencias.* Hemos señalado cómo, con ocasión de cada texto diario, durante las respuestas a las preguntas y como continuación de las conferencias, pasamos a estudiar una extrema variedad de temas, relacionados con cada una de estas disciplinas.

Mediante nuestros planes de trabajo adaptamos nuestros complejos a las necesidades formales y, en caso necesario, nuestras medias horas de relleno nos permiten recuperar los retrasos flagrantes.

- *Cálculo.* Además de la iniciación activa y práctica por medio del trabajo manual vivo —iniciación cuyo alcance fundamental muestra toda la pedagogía contemporánea— tenemos nuestros ficheros autocorrectivos que permiten que cada niño realice un máximo de ejercicios que no creemos pueda ser apenas sobrepasado en las escuelas tradicionales más severas.

- *Dibujo. Trabajo manual en el interior y al aire libre. Educación física. Canto. Higiene práctica.* En todos estos campos hemos superado al fin la etapa de la teoría para acceder a la realización práctica que nos permite satisfacer, mejor que nadie, las exigencias del programa.

* * *

Hemos terminado con el funcionamiento de nuestra clase según nuestra técnica del *complejo de intereses.*

No nos hemos detenido en la descripción detallada del material nuevo ni en las prescripciones necesarias para su uso, indicaciones todas que se pueden encontrar en los folletos especializados que hemos publicado.

Sólo hemos querido mostrar una escuela en plena actividad según nuestro principio de los complejos, desentrañar su mecanismo y haceros asistir a un momento de la vida de la escuela.

© Ediciones Morata, S. L.

No pretendemos ni que nuestro ejemplo sea perfecto, ni que pueda imitarse tal cual es, en diferentes condiciones en cuanto a local, medio, o posibilidades educativas.

Nos hemos dedicado, sobre todo, a establecer una especie de jerarquía de los valores pedagógicos: locales y material, en la base; preocupación por integrar el complejo escolar en el complejo social; organización del trabajo escolar en el marco de las obligaciones suscitadas por el medio; colaboración y control que permitan garantizar el ineludible ascenso del ser, esta floración espléndida que prepara la fructificación del mañana.

© Ediciones Morata, S. L.

En la práctica

¿Cómo se hará en la práctica el paso desde la forma escolástica, anticuada, hasta la educación del trabajo?

Para esta adaptación ofreceremos aquí algunos consejos finales.

Sabemos que nuestra exposición puede plantear un gran número de preguntas y de críticas. Vemos sin dificultad cómo protestan los maestros: "¡Nosotros nunca podremos alcanzar esta perfección en la diversidad... No tenemos suficiente versatilidad ni bastantes aptitudes... Eso nos exigirá demasiado trabajo... Tenemos miedo de fracasar...!"

Estos maestros tienen razón: no es posible lanzarse de golpe a una técnica nueva para la que no se está entrenado en absoluto... No se trata de abandonar de repente todo un pasado, de cuyas debilidades nos resentimos, para probar una novedad que únicamente algunos privilegiados pueden dominar espontáneamente.

Por tanto, no esperamos —ni deseamos— que después de la lectura de nuestra exposición, los maestros se digan: "¡Voy a hacer yo lo mismo el próximo curso!" Porque, si las cosas no marchan a su gusto, volverán a caer, desengañados, en la rutina.

Nosotros proponemos otro método, mucho más seguro, para crear lo nuevo en el seno de la realidad presente.

* * *

Hubo un tiempo en que, para intentar mejorar la forma de cultivo, se creyó útil recurrir a las conferencias, lecciones más o menos sugerentes, diagramas y cifras. Las palabras se las llevaba el viento, el campesino sacudía la cabeza y volvía a la tradición ampliamente comprobada.

Las cosas cambiaron el día en que se fabricaron y se pusieron en marcha los nuevos instrumentos: arados, tractores, segadoras y sistemas de riego, que respondían mejor que los antiguos a las nuevas necesidades económicas. La parte teórica era insignificante, si no nula: el campesino sentía una necesidad no satisfecha por las antiguas técnicas; le mostraban un instrumento que parecía responder a esa necesidad; lo veía funcionar, lo experimentaba, lo adoptaba... El cambio se había hecho de forma material, experimentalmente, por así decirlo.

Sean cuales fueren sus títulos de nobleza escolástica, la palabrería no debería ya tener peso en la evolución de nuestro proceso pedagógico. Sin palabras inútiles, presentaremos los instrumentos que pretenden responder a las nuevas necesidades, para cuya satisfacción los métodos tradicionales se han mostrado impotentes; ofreceremos las formas de empleo; haremos funcionar estas herramientas, explicaremos su utilización óptima... Sabemos que el progreso impondrá a los más timoratos.

El campesino que está al frente de una finca no trastoca nunca su técnica de cultivo. Compara su rendimiento con el de las fincas vecinas. Si los resultados de al lado son mejores, naturalmente se preocupa por saber cómo podría hacer lo mismo; se informa, pide precios, lee libros, asiste a conferencias. Después, actúa según sus necesidades y posibilidades.

Está convencido de que un arado moderno, el empleo de abonos, la reorganización metódica de su establo, la electrificación de sus servicios, un tractor, aumentarían su rendimiento, con un mínimo de gastos, además rentables, y una disminución de sus esfuerzos. Sólo duda por las mismas razones que vosotros: no hay suficiente dinero... Además, estas novedades siempre le espantan un poco; está tan habituado a las antiguas técnicas que nunca le han dejado sin alimento. ¿Sería capaz de salir adelante con este trabajo tan distinto del otro para el que está preparado?

Entonces, como es prudente, aunque práctico, se dice: "¡Probemos, de todas maneras, uno de estos instrumentos! Si me da resultado, el año próximo iré un poco más adelante... ¿Cuál es, dentro de todas las novedades, el instrumento que puede ofrecerme inmediatamente más servicios con un mínimo de trastorno en mis costumbres?"

Después de una detenida reflexión, compra un arado moderno, que abre unos surcos profundos, labrando su tierra limpiamente. Al principio lo usa con reparo, echando mano todavía a veces del viejo arado que tenía sus virtudes... Pero luego, cuando ya se ha acostumbrado al nuevo, el arado antiguo quedará abandonado entre los trastos inútiles.

Al año siguiente, o quizá ya en la primavera, modernizará el establo. De momento, no irá más allá, aunque la vida de la finca ya habrá sufrido una profunda transformación, y también la vida y el espíritu del labrador y de su familia. La adaptación está en marcha: luego le llegará el turno a otras innovaciones, dependiendo de las necesidades y de las ofertas que la técnica agrícola presente para satisfacerlas.

Así, sin choques violentos, sin trastornos en el ritmo del trabajo, sin riesgos graves de fracaso que podrían comprometer o incluso detener toda evolución, una técnica agrícola adaptada a las posibilidades modernas ha salido de la técnica tradicional, sin teoría previa, sin discursos exclusivamente verbales, por la sola virtud de los instrumentos nuevos al servicio de la vida y del trabajo.

© Ediciones Morata, S. L.

En el campo educativo queríamos recomendar y facilitar un proceso de evolución idéntico.

* * *

Si podéis, haced como el campesino: no os fiéis totalmente de lo escrito, por mucho que simpaticéis con ello y por convencidos que estéis. Id a visitar una escuela que haya llevado a cabo las transformaciones con que soñáis; tomaos la molestia de acudir a cursos técnicos organizados, a conferencias de especialistas que vayan a elogiar las virtudes de los instrumentos nuevos; informaos de los precios, del rendimiento...

Ved cuál de estos instrumentos puede ofreceros más servicios sin trastornar vuestro trabajo. Comprobad vuestro presupuesto, vuestras fuerzas, vuestra audacia. Pedid la opinión a vuestros alumnos, luego decidíos por una primera compra, con las correspondientes instrucciones de uso. A los tres meses, a los seis, al año, añadiréis nuevas piezas a la organización racional de vuestra empresa.

Vamos a guiaros en esta elección, presentándoos el posible orden de las transformaciones técnicas o de la adquisición de instrumentos. Las técnicas y los instrumentos que recomendamos han sido comprobados por nosotros, alguna vez los hemos creado en su totalidad, o en todo caso los hemos puesto a punto, y nosotros publicamos las instrucciones de uso correspondientes. Siguiendo nuestros consejos, a un ritmo que esperamos sea acelerado, accederéis, superando por etapas, pero con seguridad, a la nueva práctica de la escuela viva por el trabajo complejo al servicio del hombre nuevo, en el seno de la sociedad popular.

1. *Supresión de la tarima*

Primer gesto que indica vuestra disposición de orientaros hacia una concepción nueva de la educación: hacer desaparecer la tarima sobre la cual se entroniza vuestro sitial; de este modo se convertirá simplemente en una mesa como las demás, al nivel y a la medida de las demás. Entonces veréis la clase con otros ojos: y también vuestros alumnos os verán con otros ojos, más en la línea de vuestra calidad humana. Vuestro comportamiento mutuo se verá radicalmente influido por ello. Y ganaréis un espacio que será precioso para la nueva organización material de vuestra clase.

—Gasto: ninguno. Se obtiene, por el contrario, un beneficio: la tarima puede recuperarse utilizándola como banco de trabajo, mesa de exposición o incluso como mesa para la imprenta.

2. *Creación de una cooperativa escolar*

Pero atención: no se trata de fundar, como a veces se ha hecho, una agrupación formal para comprar material mediante la aportación de una cuota mensual; sino de una verdadera sociedad de niños, capaz de administrar la práctica totalidad de la vida escolar. —Ventajas: cuotas, formación, recaudaciones para fiestas, exposición, etc.

3. *El texto libre*

Después de la aparición de las primeras ediciones de este libro, la práctica del texto libre se ha hecho oficial. —Gasto: ninguno.

4. *El huerto escolar*

Si la escuela posee un huerto, cededlo a los niños para que lo trabajen ellos mismos, con vuestra ayuda y vuestros consejos, bajo los auspicios de la cooperativa y en beneficio exclusivo de la misma. Si no es así, tratad de conseguir uno, lo más cerca posible de la escuela para cultivar o criar: verduras, flores, frutales, semilleros, colmenas, conejos, aves, gallinas, cabras (según la región, las preferencias y las posibilidades). —Gasto: ninguno, o en todo caso quedará compensado por los ingresos de las explotaciones.

5. *Estudio del medio local*

Debe hacerse de acuerdo con las instrucciones ministeriales. —Gasto: ninguno.

6. *La agenda escolar*

La preferimos al "Buzón de sugerencias", cuyo destino es similar. Los niños anotan en ella las preguntas que deberéis responder de acuerdo con nuestras indicaciones. —Modo de empleo: preguntas, informes, conferencias.

7. *Ficheros autocorrectivos, cuadernos autocorrectivos, bandas programadas*

Suma-resta, multiplicación-división, problemas, geometría, conjugación, ortografía, gramática, para los distintos cursos.

8. *Intercambios escolares*

Bien entre clases para las escuelas que practican el texto libre, pero que no publican aún periódico escolar; o bien en el seno de equipos constituidos por nuestros servicios para las escuelas que editan periódico. —Gasto: coste del correo.

9. *El dibujo libre*

Ilustración, creación artística, decoración, dibujo a gran escala. —Gasto: muy reducido, habitualmente en gran parte cubierto por los propios niños.

10. *Organización del trabajo libre*

Previsto en el horario de la clase: redacción, dibujo, experimentos, trabajo de taller, etc. —Gasto: ninguno.

11. *Planes de trabajo*

Gasto: ninguno. (La compra de los impresos modelo no es obligatoria.)

12. *Periódico mural*

Gasto: ninguno.

13. *El fichero escolar cooperativo*

Comprende documentos de todo tipo impresos o pegados sobre fichas de cartulina de 13,5 × 21 o de 21 × 27 cm.

14. *Organización de la biblioteca de trabajo*

Primero con los libros que tengáis, los manuales escolares, las colecciones documentales, los diccionarios, etc. Luego con la compra de la colección "Bibliothèque de travail": "BT, BTJ, BT2, SBT, BT sonores". (PEMF, 06376 Mouans-Sartoux). —Gasto: ninguno al empezar.

15. *La clasificación de fichas y el diccionario-índice*

Para numerar, clasificar y encontrar rápidamente todos los documentos del fichero.

© Ediciones Morata, S. L.

16. *Conferencias de alumnos*

Varias veces por semana. —Gasto: ninguno.

17. *Primera reorganización material y técnica del aula*

Instalación de pequeños talleres improvisados: contrachapado, tejido, modelado, forja, carpintería, según las posibilidades.

18. *Realización de un periódico escolar manuscrito o poligrafiado con el limógrafo*

19. *Grabado en linóleo*

20. *La imprenta en la escuela*

Libro de vida, periódico escolar impreso, intensificación de los intercambios.

21. *Los talleres de trabajo*

Montados especialmente, siguiendo nuestras indicaciones, en una sala contigua o, en su defecto, en el pasillo. —Modo de empleo: véase el epígrafe 17.

22. *Carné escolar y control*

Con el perfil vital. Control mediante certificados y obras maestras.

23. *Taller de experimentación científica*

24. *Compra de un proyector de diapositivas*

Diapositivas. BT sonoras.

25. *Tocadiscos y discos*

26. *Radio, magnetófono y televisión*

27. *Teatro y títeres*

28. *Cine*

© Ediciones Morata, S. L.

Una pedagogía moderna de sentido común

Los dichos de Mateo

Esta obra se publicó en castellano con el título: *Parábolas para un pedagogía popular (Los dichos de Mateo),* Barcelona, Estela, 1970.

Les Dits de Mathieu ("Los dichos de Mateo") es el título general con el que FREINET publicó, desde el primero de octubre de 1946 hasta el 15 de marzo de 1954 en su revista *L'Educateur* ("El educador"), unas crónicas periódicas.

Si las colocó bajo la autoridad del pastor-filósofo, héroe de *L'education du travail,* fue porque en cada una de ellas se esforzó por exponer o analizar un aspecto de la educación, unas veces grave, otras agradable, en función de la actualidad, de sus lecturas o de sus recuerdos.

El tono adoptado justifica el subtítulo elegido por FREINET cuando reunió esos artículos en un volumen: *Une pédagogie moderne de bon sens* ("Una pedagogía moderna de sentido común"). Pero no hay que dejarse engañar por la simplicidad de estas palabras familiares. Con su peculiar forma de abrir la pedagogía a la vida, FREINET utiliza las anécdotas para aclarar de una manera variada, viva y, a menudo, inesperada, una meditación pedagógica en la que sería injusto y ridículo considerar únicamente "el sentido común".

Introducción

Durante cinco años he publicado en la revista L'Educateur, órgano pedagógico de nuestro Instituto cooperativo de la Escuela moderna, un artículo de fondo que he titulado Dits de Mathieu ("Dichos de Mateo"), como recuerdo de la rica personalidad del campesino-poeta-filósofo, héroe de mi libro L'Éducation du travail*.

La inspiración de estos Dichos se resume en el subtítulo que he dado al primer capítulo del presente libro: "Una pedagogía moderna de sentido común".

Mi larga experiencia con los hombres sencillos, con los niños y con los animales me ha persuadido de que las leyes de la vida son generales, naturales y válidas para todos los seres. La escolástica ha complicado peligrosamente el conocimiento de estas leyes, haciéndonos creer que la conducta de los individuos no obedece más que a datos misteriosos cuya paternidad se atribuye una ciencia pretenciosa, una especie de territorio vedado donde las gentes del pueblo, incluidos los maestros, no tienen en absoluto acceso.

Para confirmar esta experiencia tenemos el ejemplo relevante de los sabios de todos los tiempos y de todas las razas que van siempre más lejos en la comprensión dinámica de los hombres que los autores más eruditos de los sistemas y manuales contemporáneos. Se les ve caminar con seguridad y certeza por allí donde la falsa ciencia sólo nos presenta dédalos y atajos. Diríase que una luz ideal les guía e ilumina profundamente los aspectos variables de la vida. Descubren y movilizan fuerzas que el ingenio del hombre debería explotar y, por esta razón, entrar en contacto con ellos a través de los siglos, es siempre, para los que buscan la verdad, un enriquecimiento que sosiega.

Algunas de esas vías y de esas fuerzas, son las claridades esenciales que he tratado de detectar. En la complejidad de los temperamentos, en el

---

* Trad. cast.: *La educación por el trabajo,* México, Fondo de Cultura Económica, 1974. *(N. del R.)*

© Ediciones Morata, S. L.

embrollo de un medio en el que se cruzan y se superponen las pistas más caprichosas, he tratado de hallar algunas de las reglas sencillas y eternas de la vida.

Al hacer esto, sin perjuicio de la aportación posible y deseable de una verdadera ciencia de la educación, he intentado menos explicar que orientar y orientarme. He puesto a tientas mis luces rojas y mis luces verdes. He experimentado su uso para estar seguro de su buen funcionamiento. He probado sus virtudes metiéndome prudente y experimentalmente por pistas recién señalizadas.

Muchos de nuestros refranes ya son familiares a los educadores: "No se hace beber al caballo que no tiene sed.—Es en la fragua donde se forja el herrero.—Hacer brillar el sol.—Ponerse en cabeza del pelotón.—Dar tiro. —No hacer trabajo de soldado.—No soltéis las manos antes de tocar con los pies"; y otros tantos que hallaréis como títulos a lo largo de las páginas de esta modesta compilación.

Las palabras demasiado eruditas de una ciencia que nos supera o que dejamos atrás, las fórmulas que no eran para nosotros más que obsesivos encabezamientos de capítulos que había que aprender de memoria, las sustituimos por la sencillez elemental de una actuación, que puesto que es la *vida,* suele siempre adelantarse hacia un infinito del cual la conciencia que nosotros tenemos es a la vez nuestro drama y nuestra grandeza. Devolvemos a la pedagogía esta figura familiar, mezcla de titubeos y de audacias, de temores y de relámpagos, de arco iris, de risas y de lágrimas también. Volvemos a colocar la educación en el mismo seno del devenir del hombre.

Por otro lado, nuestro mérito está menos en haber repetido, después de tantos otros, estas verdades de siempre, que en haber impregnado y vivificado con ellas la práctica de nuestras aulas. Deseamos que con esta lectura nazca en vosotros la duda, que titubeéis como nosotros en las encrucijadas y que, en compañía de millares de padres y de educadores, os adentréis osadamente en una reconsideración progresiva de los fundamentos mismos de nuestra educación.

© Ediciones Morata, S. L.

Una pedagogía de sentido común

Pedagogía del sentido común

Vais a buscar muy lejos los elementos básicos de vuestra pedagogía. Son necesarias consideraciones intelectuales y vocablos herméticos cuyo secreto poseen solamente los universitarios. Es tradicional referirse a RABELAIS, MONTAIGNE y J. J. ROUSSEAU para hablar sólo de los pensadores cuya reputación es, desde hace tiempo, inatacable.

Pero, ¿estáis seguros de que la mayoría de estas ideas que los intelectuales creen haber descubierto no corren ya por el pueblo desde siempre y de que el error escolástico no es el que las ha minimizado y deformado en su esencia para monopolizarlas y esclavizarlas?

Mirad pues cómo, entre el pueblo, se cuida y se educa a los pequeños animales: hallaréis en esto el origen de los grandes principios educativos a los que se vuelve lentamente, y como a disgusto...

No al aprendizaje prematuro, os dirá el cazador. El perro demasiado joven se cansa y se desalienta. Sus reacciones y su olfato corren el riesgo de perturbarse para siempre.

Ciertamente, el perro debe cazar para formarse, pero no demasiado a merced de su capricho. La caza es una cosa seria en la que el joven se entrenará en compañía de excelentes perros cuyo ejemplo no tendrá más que seguir.

Apetito y motivación: si atiborráis al perro con platos que no le son específicos, si está gordo y cebado, ¿para qué queréis que cace?

Y cuando la liebre está presa, no es suficiente meterla en seguida en el morral. Existe todo un arte del cazador para satisfacer al perro dejándole mordisquear al animal muerto, pero limitando su satisfacción para hacerle comprender que no debe ser el único en aprovecharse de la suerte.

No peguéis nunca a los animales jóvenes. Dejadlos: con el temor no conseguiréis jamás vuestros fines.

© Ediciones Morata, S. L.

Y los apicultores os dirán: nada de gestos bruscos que provocan reacciones de defensa; confianza, bondad, ayuda y decisión.

Yo os digo que si fuéramos así a buscar en la tradición popular las prácticas milenarias del comportamiento de los hombres en la educación de los animales, estaríamos en condiciones de escribir el más sencillo y seguro de los tratados de pedagogía.

Los caminos de la verdad

¡Los deliciosos finales de marzo de nuestra infancia, cuando los amentos se aterciopelan en las ramas rojas de los mimbres y cuando primaveras y violetas nacían en la tierra húmeda que la nieve acababa de abandonar!

¡Y qué ruido hacíamos, nosotros, nuestras ovejas y perros, cuando llevábamos a brincar a través de los prados nuevos a nuestros animales, ebrios de sol y libertad!

Un buen pastor, creíamos, se mide por la resonancia de sus gritos, por los ladridos de sus perros y por la decisión con la que impone un orden y una disciplina de los que es el gran organizador. Experimentábamos, es cierto, un placer malsano al hacer sentir esta autoridad; una especie de celos inconscientes nos llevaban a contrariar el apetito natural de las ovejas... ¡Ah!, te gustaría comer tallos tiernos... toma, un bastonazo, ¡esto te enseñará a emanciparte!

Hacía una excepción, sin embargo, con mi querida Mourette y sus dos cabritillos con aros en las orejas, a los que yo amaba y que me correspondían. Con ellos no tenía necesidad de mandar; me seguían o bailaban su alegría de vivir en una deliciosa danza. Y si el perro los hubiera tocado, ¡con qué emoción los hubiera defendido! ¡Con qué atención bajaba para ellos los tiernos tallos que roían y cogía entre los matorrales los brotes jóvenes que venían a comer en mi mano!

Me sentía orgulloso cuando estaban saciados y me vanagloriaba de no haber tenido que levantar jamás la voz, atentos como estaban a mis gestos y a mis preocupaciones.

¡Dos actitudes! ¡Dos pedagogías!

¡Pero la escuela se ríe de la humilde experiencia de los pastores! Tiene sus imponentes caminos seculares que escritores, sabios, administradores eminentes han considerado los caminos de verdad: ¡No a la debilidad afectiva! ¡Mantened la ley! Acostumbrad a vuestros alumnos a obedecer, incluso y sobre todo si la orden dada contraría sus tendencias y sus deseos. Es así como se forman —si es necesario con bastones y perros— las personalidades fuertes y las almas bien templadas.

¿Y si fueran caminos de ilusión y de error? ¡Si algún viejo pastor nos probara, por su experiencia decisiva, que nos agotamos en vano en una lucha desigual contra la naturaleza y contra la vida; si nos persuadiéramos un día de la orgullosa vanidad de esta autoridad formal —material, intelectual y moral— otorgada por la maniobra hábil y despiadada del látigo! ¡Si aprendiéramos de nuevo a acariciar, amar y servir a los niños de rizos dorados, llevarlos un momento de la mano en los pasos difíciles, bajar para ellos las ramitas que no pueden alcanzar; regocijarnos al verlos saciados por la noche con un alimento libremente elegido en las fuentes generosas que nosotros habremos hecho brotar; si supiéramos responder a las llamadas inquietas de los alumnos en dificultades y sosegarnos nosotros mismos, contemplando los brincos satisfechos de seres que suben hacia las cimas de la cultura por vías que no son obligatoriamente calvarios sino que son siempre caminos de vida!

¡Si supiéramos ayudar a nuestros niños a hacerse hombres!

El peligro de los que hacen nudos

—¿Me preguntáis —dice el pastor— si es un oficio difícil conducir el rebaño desde Saint-Jean a Saint-Michel, sin pérdidas ni daños y asegurando que los animales tengan una buena capa de grasa y un hermoso pelaje?

No más difícil que manejar la hoz en un prado de fina hierba o cargar los sacos de espliego en la albarda del plácido asno. Sólo que los viejos pastores guardan para sí los verdaderos secretos de su éxito y nos desvían por caminos accesorios, nos convencen de que hay que saber oraciones y magia allí donde su sentido común les ha bastado. Los cargadores de asnos añaden maliciosamente nudos superfluos a las cuerdas de la albarda para hacernos creer que hay una ciencia de los nudos y que ellos son sus grandes maestros.

Ciertamente, en todo oficio hay una técnica que dominar. Se la domina no a base de trucos o de sortilegios, sino según unas leyes simples y sentido común, pues no hay nunca contradicción entre ciencia y técnica por un lado, sentido común y simplicidad por otro. El investigador con talento es aquel que siempre va hacia la simplicidad y la vida.

Y estas leyes todo el mundo las comprendería si se consiguiera, a pesar de los que trazan pistas falsas y de los que hacen nudos, redescubrirlas y colgarlas como insignias luminosas en las encrucijadas de los grandes caminos del conocimiento.

¡Lo que nos estorba y nos retrasa en esta investigación científica de la verdad, no es la dificultad de los problemas que hay que abordar, sino la obstinación diabólica con la cual, desde nuestra juventud, se nos desvía del sentido común, se nos alimenta con sucedáneos, se nos desgasta la mente con definiciones o invocaciones, se nos deforma el entendimiento y la inteligencia metiéndonos por falsos caminos y enseñándonos a hacer y deshacer nudos!...

La verdad es que nuestros maestros y sus servidores jamás han tenido interés en que descubramos las claras leyes de la vida. Viven de la oscuridad y el error... y siempre realizamos nuestra cultura a pesar de ellos y contra ellos.

No soy yo quien debe deciros cómo podéis descubrir y enseñar esas leyes naturales y universales que os abrirán muy deprisa y definitivamente las leyes del conocimiento y de la humanidad. Lo que yo sé es que existen y que los que las poseen tienen siempre ese mismo aire de sabiduría y de seguridad, de sosiego y de sencillez, también de generosidad, que podéis leer en la

© Ediciones Morata, S. L.

frente de los viejos pastores, en las manos intuitivas de los curanderos, en los profundos ojos del sabio, en las decisiones y acciones de los militantes abnegados, en las palabras de los sabios... y en la confianza asombrosa de los niños en el lindero de la vida.

El buen campesino o el ciclo de la educación

La educación no es una fórmula de escuela sino una obra de vida.

Existen campesinos, que se llaman modernos y científicos, empeñados en obtener una buena cosecha sean cuales fueren las condiciones del suelo, de clima, de luz o de abono. ¡Pero qué generosidad de azufre y de arseniatos, de insecticidas y de trabajo en balde! Si esto no es suficiente, esconderán la uva en un saco protector y cogerán la pera todavía verde para ponerla a resguardo en una capa de guata donde madurará a su gusto.

El fruto se ha salvado y es de buena calidad para el mercado. Pero está impregnado hasta tal punto de tóxicos que se convierte en un veneno para quien lo consume. Y el árbol que lo ha producido, agotado y dañado demasiado pronto, se seca antes de haber elevado al cielo sus audaces brazos.

En el grano o en la planta que nace es donde el campesino sagaz empieza ya a cuidar y preparar el fruto que ha de venir. Si este fruto está enfermo, es porque el árbol que lo ha producido estaba a su vez enfermo y degradado. No es el fruto lo que hay que tratar, sino la vida que lo ha producido. El fruto será lo que el suelo, la raíz, el aire y la hoja le hayan hecho. Es a ellos a quienes se debe mejorar si se quiere enriquecer y asegurar la cosecha.

Si un día los hombres supieran razonar sobre la formación de sus hijos como hace el buen campesino sobre la riqueza de su huerto, dejarían de seguir a los escoliastas* que producen en sus antros frutos envenenados, a causa de los cuales mueren inmediatamente los que los han producido anormalmente y los obligados a morderlos. Restablecerían con intrepidez el ciclo verdadero de la educación que es: elección del grano, cuidado particular del medio en que el individuo hundirá para siempre sus poderosas raíces, asimilación por el arbusto de la riqueza de este medio.

El cultivo humano sería entonces una flor espléndida, promesa segura del fruto poderoso que madurará mañana.

El maestro y el obrero a destajo

Durante todo el verano el rebaño de ovejas había permanecido en la montaña, confiado al cuidado del pastor que no parecía estar desbordado en absoluto por la responsabilidad de sus mil animales.

---

* Escoliastas o escoliadores. Literalmente: "personas que ponen escolios (notas explicativas) a un texto"; por extensión "anotadores, comentadores eruditos". *(N. del R.)*

Por San Miguel los llevaba de nuevo al pueblo. Cada uno de nosotros escogía su pequeño rebaño y treinta pastores jóvenes salían a continuación, a través de las rastrojeras todavía ricas en hierba reverdeciente, para hacer su aprendizaje de conductores de ovejas.

Nos habían enseñado las leyes y reglamentos que aplicábamos al pie de la letra como el policía que en la carretera impone un castigo:

—¡Cuidado no se os vayan a escapar las ovejas y estropeen las judías!

—¡No dejéis que los corderos se aparten del rebaño pues corréis el riesgo de perderlos!

—¡Tened cuidado de los zarzales que esconden serpientes y de la alfalfa que hincha!

—¡No los tengáis del lado de las rocas donde se pueden "enriscar"!

Otras tantas preocupaciones obsesivas que no nos dejaban en paz y que tampoco la concedían a nuestros animales: "¡Labri, por aquí...! ¡Labri, por allí...!" A poco que hubiéramos podido, habríamos encerrado ovejas y corderos para no perderlos de vista, prefiriendo traerles la hierba y el forraje... si lo hubiesen aceptado.

Ésa es la tarea del obrero a destajo que no comprende nada aún del carácter y del comportamiento de sus animales.

El pastor salía sosegadamente detrás de su rebaño. Una palabra, un grito proferido en el momento oportuno y los animales tomaban una dirección cuya meta era conocida de antemano por el pastor. ¡Pasarán por allá abajo...! ¡Las encontraremos en seguida sobre las crestas. Al anochecer descenderán por las cañadas...!

El pastor dormía, el perro dormía; los animales comían hasta saciarse con la máxima libertad. Trabajo de maestro que conduce su rebaño con una ciencia y una filosofía cuyas líneas eficaces nos haría falta encontrar para dar a nuestra pedagogía el sosiego y la humanidad que son la marca de las obras sensatas.

Las águilas no suben por la escalera

El pedagogo había preparado sus métodos con minuciosidad; había establecido científicamente, decía, la escalera que debía permitir el acceso a los diversos estadios del conocimiento; había medido experimentalmente la altura de los peldaños para adaptarla a las posibilidades normales de las piernas infantiles; había colocado, aquí y allá, un descansillo cómodo para tomar alimento y la barandilla solícita sujetaba a los principiantes.

El pedagogo se irritaba no con la escalera, concebida y construida científicamente, sino con los niños que parecían insensibles a su solicitud.

Se irritaba porque todo sucedía normalmente cuando él estaba presente vigilando el ascenso metódico de la escalera, peldado a peldaño, respirando en los descansillos y agarrados a la barandilla. Pero, si se ausentaba un momento, ¡qué desastre y qué desorden! Sólo seguían subiendo metódicamente, peldaño a peldaño, agarrándose a la barandilla y respirando en los descansillos, los individuos a los que la escuela había marcado suficientemente con su autoridad, como aquellos perros de pastor a los que la vida ha educado para seguir pasivamente a su dueño y que se han resignado a no obedecer ya más a su naturaleza de perros franqueando senderos y malezas.

La pandilla de niños se entregaba a sus instintos y hallaba de nuevo sus necesidades; uno subía la escalera a gatas; otro tomaba impulso y trepaba por los peldaños de dos en dos, saltándose los descansillos; incluso había quienes intentaban subir andando hacia atrás y, a fe mía, adquirían en ello cierta maestría. Pero, sobre todo, increíble paradoja, estaban aquellos —y eran la mayoría— para los que la escalera estaba demasiado falta de atractivos y aventuras y que, rodeando la casa, agarrándose a los canalones, franqueando las balaustradas, llegaban arriba en un tiempo récord, mucho mejor y más rápido que por la escalera llamada metódica y, una vez arriba, bajaban por la barandilla como por un tobogán... para volver a empezar esta ascensión apasionante.

El pedagogo persigue a los que se obstinan en no subir por las vías que él considera normales. ¿Se ha preguntado si, por azar, su ciencia de la escalera no será una falsa ciencia y si no habrá otras vías más rápidas y más saludables, que procedan por saltos y por zancadas; si no habrá, según la imagen de Victor Hugo, una pedagogía de las águilas que no suben por la escalera?

© Ediciones Morata, S. L.

Hacer brillar el sol

Las aventuras de la "Kon-Tiki"

El tiempo pasa; la vida os trae sus enseñanzas y os quedáis aquí, inmóviles y rígidos como si vuestra suerte estuviera fuera de los destinos que pretendéis preparar.

Os parecéis hoy al campesino que se esforzaba en levantar de nuevo el muro de sus olivares, abandonados bajo el pretexto de que, en otra época, la rectitud de las piedras era signo de opulencia. O a aquel que continuaba cargando su asno todas las mañanas para ir a la lejana granja que, desde mucho tiempo atrás, había dejado de ser productiva. Como aquellas almas en pena que merodean desamparadas alrededor de los dominios familiares, cargadas con la nostalgia de un pasado que jamás volverá.

Continuáis con vuestras lecciones, enseñáis vuestras mecánicas, contemporáneas del arado y la carretilla, cuando vuestros niños tendrán que servirse de la motocicleta, del aparato de radio, del telégrafo y del teléfono, porque saben muy bien, por experiencia, dónde les llama la vida.

Vuestros alumnos estudian la tabla de multiplicar en un mundo que mañana será el de la máquina de calcular. Pierden la paciencia con la caligrafía y mañana la máquina de escribir dará al más torpe un éxito ejemplar.

Vosotros les decís sensatamente: "Aprended las lecciones y haced los deberes; os haréis unos hombres."

Pero ellos tienen el ejemplo obsesivo del boxeador que gana cinco millones en una noche triunfal, de la *vedette* contratada por quince millones semanales y del cantante de moda cuyas retribuciones ascienden a 500.000 francos.

No es la escuela la que les ha formado, como tampoco ha preparado el éxito del comerciante que no aprendió las lecciones —de lo cual se vanagloria— pero que ha triunfado por otras virtudes que la escuela no había sabido detectar ni cultivar. Es torpe, tal vez, al escribir y redactar, pero puede pagar

© Ediciones Morata, S. L.

a un secretario; no conoce en absoluto los secretos de la contabilidad, pero tiene a su servicio máquinas y contables.

¡Entonces!...

No os contentéis con excusar a la escuela argumentando que estos hechos, reales, no son más que un aspecto de un desequilibrio social que no es característico de nuestra época. Sin embargo, no habéis sabido reconocer ni explotar las aptitudes y el talento de los hombres de negocios, del boxeador, del ciclista y del cantante. Incluso habéis estado a punto de "desviarlos", lo cual es grave. Y esto, sin duda, gracias a que, preocupados con demasiada fidelidad por la tradición, os retrasáis, también vosotros, al levantar muros ya inútiles, os obstináis en seguir caminos que no llevan a ninguna parte y no sabéis exaltar las fuerzas nuevas que, más allá de las máquinas y las mecánicas, dan una medida suprema al hombre.

Tal vez, una de las conquistas más alentadoras de nuestra época sea el haber sabido revalorizar los elementos sensibles y los dones que una falsa ciencia quería hacernos creer que se había superado: el profundo sentido del trabajo, la espontaneidad y el arte, la tenacidad y el coraje, la audacia, a veces temeraria, florecen de nuevo y se imponen.

Los aventureros de la *Kon-Tiki* que, en la era de las pesadas embarcaciones mecánicas, han aparejado su carabela con sus manos de obrero y que se han lanzado, solos, al Pacífico misterioso para rehacer una experiencia, verificar una hipótesis y probar al mundo que el hombre no ha degenerado, son como un símbolo de esta virada.

La escuela tiene también sus aventureros de la *Kon-Tiki*.

¡La vida se eleva siempre!

La jornada empezaba, las ovejas habían abandonado el campo en donde habían pasado la noche y yo, con las alforjas al hombro, me iba detrás del pastor, plácido y sereno.

Iba por senderos cuyo secreto sólo él conocía. Ningún animal a nuestro alrededor, apenas un lejano murmullo y el sonar de los cencerros que situaban al rebaño en movimiento entre los caminos y los pinos.

Me sentía inquieto al no ver a mis animales: ¿los encontraríamos antes de franquear las crestas, o tendríamos que volver atrás para buscar durante todo un día?

El viejo pastor me explicó las verdaderas razones de su serenidad:

—Pequeño, los animales siempre suben por la mañana. Se van hacia las cimas. No es que allí el pasto sea más abundante ni más fácil, pero es un instinto del ser el levantar los brazos hacia el azul del cielo y lanzarse al asalto de las cumbres. La hierba que se ha conquistado a fuerza de músculos y de tenacidad tiene un realzado sabor, tal vez solamente porque se la ha deseado mucho...

¡Puedes estar tranquilo: las encontraremos todas de nuevo en la cita, allá arriba!

© Ediciones Morata, S. L.

Únicamente me preocupa —añadió— el pequeño rebaño de Léon, demasiado domesticado, demasiado acostumbrado a comer en los pesebres y en los pastizales y que muestra algo así como nostalgia de las vallas y del establo. Se diría que no tiene ya fuerzas para subir; su ideal ya no está arriba sino abajo... Prefiere el ronzal al azul del cielo... No son ya ovejas dignas y orgullosas; ¡son perros!

¡Escucha los cencerros allá arriba, frente a nosotros! Nuestros animales no bajarán hasta el anochecer, cuando el sol se esconda detrás de Rocheroux, hacia la paz y la seguridad del llano, para volver a subir, mañana, todavía más arriba.

Vuestros niños, os diría el pastor, son como ovejas: siempre quieren subir; sólo tendréis paz y certidumbre si sabéis ayudarles, precederles a veces hacia las cimas, o seguirles... ¡Desgraciados los seres que, domesticados demasiado pronto, han perdido el sentido de la ascensión y que, como viejos fatigados, prefieren el collar de la esclavitud y el cebo de la renuncia al aire libre y al azul del cielo.

Todos los caminos son buenos cuando conducen a las alturas.

La historia del caballo que no tiene sed

El joven de ciudad quería ser útil en la granja donde se albergaba:

—Antes de llevar el caballo a los campos —se dijo— voy a darle de beber. Será ganar tiempo. Estaremos tranquilos durante todo el día.

Pero, ¿qué pasa? ¿Es el caballo quien manda, ahora? ¿Cómo? ¡Se niega a ir por el lado del abrevadero y no tiene ojos ni deseos más que para el campo de alfalfa cercano! ¿Desde cuándo mandan los animales?

—¡Vendrás a beber, te digo!...

Y el campesino novato tira de la brida, después va por detrás y golpea a brazo partido. ¡Al fin! El animal avanza... Está junto al abrevadero...

—Tal vez tiene miedo... ¿Y si le acariciara?... Ves, el agua está clara. Mójate la nariz. ¡Cómo! ¿No bebes? ¡Toma!

Y el hombre hunde bruscamente la nariz del caballo en el agua del abrevadero.

—¡Vas a beber esta vez!

El animal resopla y resuella, pero no bebe.

El campesino llega, irónico.

—¡Ah! ¿Crees que así se trata a un caballo? Es menos tonto que un hombre, ¿sabes? No tiene sed... Lo matarías pero no le harías beber. Tal vez finja hacerlo; pero el agua que haya tragado te la vomitará. ¡Trabajo perdido, chico!...

—¿Qué hacer, entonces?

—Bien se ve que no eres campesino. No has comprendido que el caballo no tiene sed a estas horas de la mañana, sino que necesita alfalfa fresca en abundancia. Deja que se sacie de alfalfa. Después tendrá sed y lo verás galopar hacia el abrevadero. No esperará a que le des permiso. Te aconsejo,

© Ediciones Morata, S. L.

incluso, que no te pongas demasiado en medio... ¡Y cuando haya bebido podrás tirar del ronzal!

Uno se equivoca siempre cuando pretende cambiar el orden de las cosas y hacer beber a quien no tiene sed...

Educadores, estáis en una encrucijada. No os obstinéis en el error de una "pedagogía del caballo que no tiene sed". Dirigíos intrépida y prudentemente hacia la "pedagogía del caballo que galopa hacia la alfalfa y el abrevadero".

El caballo no tiene sed: ¡pues cambiad el agua del estanque!

Hemos olvidado un capítulo en la historia del caballo que no tiene sed.

En el mismo momento en que el joven granjero hundía en el agua del estanque el hocico del caballo-que-no-tiene-sed y el resoplido obstinado del animal, ¡brrr!, salpicaba el agua como una cascada alrededor de la fuente, aparece un hombre que declara sentenciosamente:

—¡Pues cambiad el contenido del estanque!

Lo cual se hace inmediatamente, pues era necesario —orden de las autoridades— hacer beber a aquel caballo-que-no-tiene-sed.

Tiempo perdido. El caballo no tiene sed ni de agua turbia ni de agua clara. ¡No... tenía... sed! Y lo demostró arrancando el ronzal de las manos del joven granjero y saliendo al trote hacia el campo de alfalfa.

De lo cual se deduce que el problema esencial de nuestra educación sigue siendo no, como querían hacernos creer hoy, el "contenido" de la enseñanza, sino la preocupación esencial que debemos sentir, esto es, provocar la sed en el niño.

¿La calidad del contenido es entonces indiferente?

Sólo es indiferente para los alumnos educados en la antigua escuela para beber sin sed cualquier brebaje. Hemos acostumbrado a los nuestros a considerar sospechosa, al principio, toda bebida, a probarla y a comprobarla, a construir por ellos mismos su propio criterio y a exigir por todas partes una verdad que no está en las palabras, sino en la conciencia de las justas relaciones entre los hechos, los individuos y los acontecimientos.

No preparamos a hombres que aceptarán pasivamente un contenido —ortodoxo o no— sino a ciudadanos que, el día de mañana, sabrán afrontar la vida con eficacia y heroicamente y que podrán exigir que corra en el estanque el agua clara y pura de la verdad.

Provocar la sed en el niño

¿Habéis visto a las madrazas que tratan de hacer comer a sus hijos? Esperan, con la cuchara en la mano, a que entreabra la boca todavía llena para meterle a la fuerza la ración de papilla... ¡Otra más por papá! ¡Otra por el gato!...

© Ediciones Morata, S. L.

Al final todo se desborda. El niño escupe su comida o se le produce una indigestión.

Poned a este niño en un ambiente vivo, si es posible comunitario, con la posibilidad de entregarse a las actividades propias de su naturaleza. Se presenta entonces a la hora de las comidas, o antes de las comidas, hambriento. El problema de la alimentación cambia de sentido y de carácter. Ya no tenéis necesidad de hacer tragar precipitadamente una papilla rehusada de antemano, sino proporcionar solamente los ingredientes suficientes y válidos. Los procesos de deglución y de digestión ya no os incumben.

¿Verdad que no se hace beber al caballo que no tiene sed?

Pero cuando haya comido hasta saciarse, o arrastrado el pesado arado, volverá por sí mismo al estanque familiar y, entonces, podréis tirar del ronzal, gritar o pegar... el caballo beberá hasta no tener ya sed, después se marchará calmado.

A menos que la obligación a que le habéis sometido de beber en esta fuente y que los golpes que le habéis dado no hayan creado una especie de asco fisiológico hacia la fuente y el caballo rehúse, a partir de entonces, beber el agua que le ofrecéis y prefiera buscar en otras partes, libremente, el charco que le sacie.

Si vuestro hijo no tiene sed de conocimientos, si no le apetece en absoluto el trabajo que le presentáis, será también una pérdida de tiempo "entonarle" al oído las demostraciones más elocuentes. Es como si le hablárais a un sordo. Podéis adular, acariciar, prometer o golpear, ¡el caballo no tiene sed! Desconfiad: con vuestra insistencia o vuestra autoridad brutal corréis el riesgo de suscitar en vuestros alumnos una especie de asco fisiológico hacia el alimento intelectual y, tal vez, taponéis para siempre los caminos reales que conducen a las profundidades fecundas del ser.

Provocad la sed por cualquier cauce. Restableced los circuitos. Suscitad una llamada desde el interior hacia el alimento deseado. Entonces, los ojos se animarán, las bocas se abrirán, los músculos se agitarán. Hay aspiración y no atonía o repulsión. Las adquisiciones se hacen, a partir de entonces, sin intervención anormal por vuestra parte, a un ritmo que no tiene una medida común con las normas clásicas de la escuela.

Todo método que pretenda hacer beber al caballo que no tiene sed es lamentable. Todo método que abra el apetito de saber y agudice la poderosa necesidad de trabajo es bueno.

Primero hay que hacer brotar la fuente

Los pedagogos son como aquellos niños que se divierten en construir un estanque en el lugar que les parece más fácil, porque allí no hay ni rocas ni raíces enmarañadas y duras y pueden, incluso con herramientas primitivas, cavar y remover la tierra amigable.

Sólo se preocupan de conducir el agua hasta él cuando el estanque está ya construido. Tal vez hallarán tan poca, llegará tan difícilmente por una pen-

© Ediciones Morata, S. L.

diente tan ligera y correrá en hilillos tan tenues, que la más pequeña brizna de hierba la podrá desviar de su incierto cauce.

Durante este tiempo, el estanque, lento en llenarse, se secará, se agrietará, perderá el agua tan parcamente conducida. Por más que tapéis y calafateéis, nunca llenaréis el estanque más que con un agua encenagada y sucia que no podréis usar jamás.

Entonces tendréis que destapar el desagüe y aclarar los depósitos, a menos que, a fuerza de traer cubos de agua del manantial cercano, llenéis artificialmente el estanque —lo que creará una ilusión momentánea, ya que ésta permanecerá limpia y clara mientras sigáis acarreando cubos de agua.

Los campesinos de nuestras montañas saben empezar desde el principio. Proyectan la fuente. No solamente el hilo de agua que chorrea en el fondo del valle, sino el origen mismo donde el agua sale a borbotones desde las profundidades, fresca y clara, entre las piedras.

Cuando se ha encontrado el manantial, cuando el agua surge intrépida y potente, es fácil conducirla hasta el estanque rústico que se desbordará evacuando las impurezas que la corriente habrá agitado y expulsado.

No nos dejemos hipnotizar ya más por esos estanques caprichosos de la observación, de la memoria, de las teorías formales fundadas en los páramos desolados de la vieja escolástica. No nos cansemos más taponando los agujeros sospechosos, acarreando cubos de agua, agitando esta masa informe, muerta, corrompida. Hagamos una prospección en nuestras fuentes; busquemos en las profundidades el flujo que sale a borbotones entre las piedras; acompañemos la corriente y dejémosla correr generosamente por los estanques rústicos.

Construiremos entonces nuestros estanques metódicos para corregir y domesticar las riquezas con las que la vida nos haya regado generosamente.

Demos tiro

Mateo me esperaba en la estación. Su gasógeno estaba allí, apagado.

—¡Va a arrancar en seguida!

Coge un trozo de periódico, lo enciende con su mechero, lo acerca al minúsculo agujero.

—¡Debe ser difícil encender este trasto!

—Es cuestión de tiro. Si es potente, la mínima llama es suficiente. Y el material importa poco.

Como en una chimenea. El mejor papel, incluso la madera grasa se ahogan si el tiro no les trae la corriente vivificadora.

Preguntad a una vieja ama de casa. Os dirá:

—Si vuestro horno no tira, es inútil insistir. Os llenaréis de humo, os ahogaréis y no conseguiréis hacer hervir la olla... Deshollinad la chimenea, separad la rejilla, abrid los respiraderos y ya veréis...

Lo mismo ocurre con vuestros niños.

© Ediciones Morata, S. L.

Poco importa la calidad de los materiales que colocáis en el umbral de su entendimiento, vuestro sabio ingenio en disponer ramitas y carbones, vuestra obstinación en sacudir la apatía de un alma inerte, vuestro ahogo al intentar hacer progresar esta llama que se obstina en apagarse.

¡Dadles tiro! Descubrid y utilizad la llamada soberana de las necesidades vitales, individuales y sociales...

Entonces os bastará acercar una pequeña llama que la vida ampliará y alimentará hasta abrasar al individuo entero. Esa llama devorará todos los materiales que se presenten, sea cual sea su textura o el orden de aparición.

¡Demos tiro!

Llevar buena marcha

Los pedagogos manejan la noción y la palabra "esfuerzo", como el conductor de asnos maneja el látigo para empujar a los animales hacia donde no quieren ir y para poner barreras en la entrada de los caminos que llevan a la prometedora alfalfa.

Hay, ciertamente, en cualquier vida normal y activa, el juego ágil de los músculos que es como el golpeteo de un motor que lleva buena marcha, la concentración de espíritu que es como el pequeño chorro de gasolina que pasa a través de los chiclés y, sobre todo, este impulso vital, esta necesidad de crecer y de subir, que son como la chispa sin la cual la gasolina más rica y el pistón más ágil estarían para siempre sin vida.

Si apagáis la chispa, si cortáis la corriente, no os quedará más recurso que colocar vuestro vehículo a un lado en una pendiente por donde bajará por su propio peso —pero, ¿podréis pararlo?— o bien empujarlo penosamente por la parte llana de la carretera y pronto estaréis jadeando por este esfuezo antinatural y además sin esperanza.

¡Haced un esfuerzo!

Con toda vuestra ciencia al margen de la vida, no os parecéis más que al aprendiz que sube a su coche, mira la meta a alcanzar —la cumbre de la pendiente— y pisa el acelerador agarrándose al volante, como para ayudar a la máquina a digerir mejor la cuesta. Pero no se preocupa de escuchar el motor que está perdiendo el ritmo, jadea como el corredor fatigado que necesita pararse un momento para tomar aliento... El motor se calienta... El pistón golpea... Una biela está a punto de torcerse... ¡Otro esfuerzo más, máquina mía!

—¡Desgraciado! grita el mecánico. No irás muy lejos así. Cambia de marcha, deja que el motor vuelva a coger su ritmo, aprovecha este corto llano para darle de nuevo ligereza y poder y, después, ya afrontarás las últimas dificultades. Con un buen motor, que funcione bien y conducido con juicio, deberías, sin esfuerzo alguno, ir hasta el fin del mundo...

¡Cuántos pobres niños, cuántos adolescentes se han deteriorado a causa de una falsa pedagogía del esfuerzo que les ha hecho perder su ritmo, les ha

© Ediciones Morata, S. L.

recalentado y descompuesto los mecanismos, gripado los pistones y torcido las bielas y están allí, incapaces de subir por sí mismos la cuesta, puesto que ya no brota la chispa salvadora!

Las averías eléctricas, dice el mecánico, son siempre las más delicadas de arreglar.

Una nada que lo es todo

En el ejército, la tarea de pelar patatas es el prototipo y el símbolo del trabajo de soldado.

Son una docena, agrupados alrededor del saco entreabierto sobre las baldosas de la cocina, como combatientes desengañados vigilando al enemigo vencido.

Se empieza al dar la señal, cuando todo el mundo está preparado. Y según la técnica del trabajo de soldado, con la patata en la mano, se vigila al sargento. Cuando mira, rápidamente hay que tener lista una tira de mondaduras. Después se descansará hasta la próxima ojeada.

Se habla de rendimiento en el trabajo. Aquí se crea una especie de antirrendimiento. El que produce demasiado y muy deprisa compromete la suerte del grupo que se verá condenado a una nueva tanda. Es la ley del medio, de un medio que no está hecho para el trabajo.

Pero.el joven militar que, durante toda la mañana, ha estado pelando patatas al ritmo de los soldados, hallará por la noche a su mujer que le dirá amablemente:

—Es que tengo que preparar la cena...

—Deja... Las patatas me las conozco.

No espera la señal. Veríais entonces a las patatas bailar y girar en manos diligentes, y la punta del cuchillo extraer delicadamente los puntos negros. ¡Y a qué ritmo!

Ya no es trabajo de soldado. Es tan sólo trabajo, una actividad que se emprende con entusiasmo porque es la condición de nuestra vida, a la cual, como a cualquier obra viva, uno se entrega totalmente.

Ha sido necesario muy poco para convertir en trabajo eficaz la estéril tarea del soldado: una sonrisa amable, una palabra prometedora, un poco de calor en el corazón, una perspectiva humana y la libertad, o más bien el derecho que posee el individuo de escoger él mismo el camino por el que se adentrará, sin ataduras, ni cadena, ni barreras.

Ha sido necesario muy poco, pero este poco lo es todo.

Si conseguís cambiar el clima de vuestra aula; si dejáis que se desarrolle la libre actividad, si sabéis dar un poco de calor a los corazones con un rayo de luz que suscite la confianza y la esperanza, superaréis la tarea de soldado y vuestro trabajo rendirá al cien por cien.

Este rayo de luz es todo el secreto de la escuela moderna.

© Ediciones Morata, S. L.

Han olvidado su manzana

Había una vez cinco pequeños que subían hacia el "Albergue"[1], con una hermosa manzana en la mano para terminar la merienda. Ya sabéis cuánto gusta a los niños la merienda y las manzanas crujientes.

Pero, al borde del camino, ven un hermoso musgo de tono plateado que tapiza la piedra húmeda. Los niños se arrodillan como frente a un Nacimiento, después, delicadamente, arranca cada uno un trozo de aquel tesoro, que llevarán en su frágiles manos.

—Lo pondremos en el pañuelo...

—Yo lo colocaré en la ventana, cerca de mi muñeca, con mariposas encima...

—Yo sobre mi mesita de noche y saldrán flores...

Han olvidado su manzana. Suben por el camino pedregoso, extasiados, transportados, elevados por la belleza más allá de las vanas preocupaciones del día, felices como dioses porque llevan un tesoro: el reflejo delicado y frágil del musgo plateado, como un pájaro azul que hubieran tenido entre sus manos durante un instante...

¿Os habéis dado cuenta de la importancia que tienen los colores, los sonidos y los sueños en el lenguaje y en los primeros escritos de los niños? En ellos, todo es luminoso, aéreo, libre y fresco como agua que corre. Y nosotros nos empeñamos en hacer una presa, apagar la luz, empañar el esplendor de los paisajes, bajar hacia la piedra y el barro unos ojos que se obstinan en mirar hacia el espacio y el azul. Pero nosotros, al esconderles para siempre el ideal y la belleza, orientamos a los niños hacia la materia, hacia el objeto que tienen que examinar o manipular, hacia el papel que hay que elaborar, el lápiz que deben coger, la construcción que hay que levantar y hacia lo prosaico, tal vez práctico.

Se nos dirá que no tenemos que formar soñadores sino hombres prácticos, capaces desde temprana edad de cavar la tierra o ajustar un tornillo. Pero sabemos también que estamos aún más necesitados de hombres que sepan olvidar, en el borde del camino de la vida, la manzana que traían en la mano, para salir, como buscadores desinteresados, al asalto del ideal.

Tened cuidado en no malgastar, en el niño, los bienes inestimables cuyo esplendor no conocerá nunca más.

La vida se prepara con la vida

—Os equivocáis —sermoneaba el viejo pastor— al guardar tanto tiempo en el establo a los dos cabritillos, acostumbrados solamente a dormir a cubierto detrás de la cerca, a comer en el pesebre y a seguir a su madre o balar en cuanto se sienten perdidos a la vuelta de un matorral...

---

[1] Nombre de la casa en la que vivían Élise y Célestin Freinet, cerca de su escuela en Vence.

Ya veréis cuando los juntéis con el rebaño: ni siquiera serán capaces de "seguir": se dejarán morder por los perros, se romperán una pata en un desprendimiento o se perderán en las cimas...

La vida se prepara con la vida.

Si tenéis miedo de que vuestro hijo se abra la frente, se rompa el delantal, se ensucie las uñas y las manos, que corra el riesgo de caer o de ahogarse, encerradlo en vuestro confortable comedor, o sujetadlo con una cuerda cuando salgáis, por temor a que se junte demasiado pronto con las pandillas de niños que en la calle, en los jardines, en los huertos y parques practican intrépidamente sus elementales experiencias. Poned alrededor de todas sus actividades particulares una serie de barreras que, como la cerca del establo, impedirán que vuestro hombrecito haga funcionar sus músculos y sus sentidos. Escoged con atención los discursos que le destináis y los libros que le darán la imagen siempre falsa, pues que es sólo la imagen, de esta vida que le llama imperiosamente. Y permaneced insensibles a las miradas de deseo que lanza a las actividades prohibidas, como aquellos cabritillos que, con la cabeza entre los barrotes, dirigen sus miradas y sus sentidos hacia la naturaleza que les atrae...

Escoged para él una escuela muy conformista, donde no se utilizarán ni martillos ni probetas, donde no se compondrán textos con la imprenta, donde no se manchará con el rodillo de la tinta, donde no se hará daño con la gubia que se desliza vacilante sobre el linóleo que va quedando grabado, donde no se ensuciará los zapatos con el barro de los caminos o la tierra del jardín. Lecciones y deberes... Deberes y lecciones... Será el espíritu lo que se llenará de fango...

Después os extrañaréis de que vuestro hijo sea torpe con las manos, de que titubee en sus juegos o en sus trabajos, inquieto y tímido frente a las exigencias del esfuerzo, desequilibrado en un mundo en el que ya no basta con saber leer y escribir, sino que hay que aprender con el cuerpo, decidida y heroicamente.

La vida se prepara con la vida.

Nuestro laboratorio es el niño

¿Se atreverá Mateo a hablar todavía del viejo pastor que se para a filosofar, a lo largo de los días, en las apacibles montañas, o del campesino que se para al final del surco para dejar que su yunta tome aliento?

Me dicen que escojo muy mal mis ejemplos, que el campesino no tiene ocasión de silbar, porque no le deja el ruido de las explosiones del motor del arado mecánico y que el buen sentido y la filosofía ya no interesan al pastor deseoso de ganancias y reticente frente a las exigencias del progreso.

La insistencia con la que tomo mis ejemplos de la vida sencilla de la granja o del pueblo parece a algunos, según me escriben, como una huida frente a la realidad de los grandes acontecimientos contemporáneos.

Nosotros no subestimamos más esta amplitud pavorosa de nuestras sociedades mecánicas con la que se mezcla sin cesar nuestra vida de lucha y reivindicaciones, de lo que la ignora el hombre de ciencia que, en su laboratorio, sondea los elementos en su origen, aparentemente desligado de cualquier preocupación social.

Y nuestro laboratorio es el niño.

Yo soy campesino y pastor. Cuando me examino profundamente y me levanto la costra con la que la civilización me ha recubierto afanosamente, siempre encuentro de nuevo el agua que corre por la acequia del viejo molino, el río que fluye lentamente entre los mimbres, el olor de los bueyes que son conducidos al trabajo y el balido nostálgico y sonoro de las ovejas en la montaña, y me emociono siempre porque son la trama inicial de una vida que ya no ha encontrado nunca la pura sencillez del pueblo de mi infancia.

Quizá mi talento como pedagogo reside sólo en haber conservado una huella tan fuerte de mis años jóvenes que me permite sentir y comprender como un niño a los niños que educo. Los problemas que ellos se plantean, y que constituyen un enigma grave para los adultos, me los planteo todavía yo mismo con los claros recuerdos de mis 8 años, y como un adulto-niño detecto, a través de los sistemas y de los métodos con los que tanto he sufrido, los errores de una ciencia que ha olvidado y desconocido sus orígenes.

Los verdaderos problemas de la infancia son y permanecen ahí: la hierba que se agita, el insecto que zumba, la serpiente cuyo silbido os hiela la sangre, el trueno que os asusta, la campaña que toca las horas muertas de la escolástica, los mapas mudos y los cuadros fantásticos. La vida, a través de las exigencias del medio, fluye siempre intrépida e inextinguible; esta vida a la que basta hallar de nuevo y ayudar para que estalle, a pesar de los dramas de nuestros destinos encadenados, la turbadora historia de la intrépida infancia.

Sed humanos

Vosotros, educadores, os comportáis todos un poco como aquellos padres de familia que son ferozmente severos con sus hijos, porque ellos mismos han sido niños rebeldes. O como el adulto que anda a un paso apresurado y no se da cuenta de que el niño al que acompaña debe dar tres pasos mientras él da uno.

Reaccionáis con vuestras naturalezas humanas, vuestras posibilidades y vuestras adquisiciones adultas, como si los niños que os son confiados fueran también adultos, con posibilidades semejantes.

Poneos en el lugar de este niño al que acabáis de humillar con una mala nota o un puesto inferior en la clasificación. Acordaos de vuestro propio orgullo cuando estabais entre los primeros y de todos los malos sentimientos que os trastornaban cuando otros os habían adelantado... Entonces comprenderéis y suprimiréis la clasificación.

Un niño ha robado cerezas de camino hacia la escuela, o ha roto un tintero en la clase, o ha mentido para tratar de salvar una situación delicada. ¿Nunca habéis robado cerezas cuando erais jóvenes? ¿No erais los primeros en disgustaros cuando rompíais un tintero? ¿No os acordáis del drama que representaba para vosotros haber mentido, por necesidad, porque en las únicas salidas que se ofrecían ante una situación delicada, la mentira, tímida, torpe, al principio, os ha parecido que era la única tabla de salvación?

"Si no os volvéis como los niños..." no entraréis en el reino encantado de la pedagogía... Lejos de tratar de olvidar vuestra infancia, entrenaos en revivirla; revividla con vuestros alumnos; comprended las diferencias posibles nacidas de las diversidades del medio y de la tragedia de los acontecimientos que afectan tan cruelmente a la infancia contemporánea. Comprended que estos niños son, en general, lo que erais vosotros hace una generación, que vosotros no erais mejores que ellos, que ellos no son peores que vosotros y que si el medio escolar y social les fuera más favorable, podrían hacer más que vosotros, lo que sería un éxito pedagógico y un testimonio de progreso.

Ninguna técnica os preparará mejor para ello que la que estimula a los niños para que se expresen por medio de la palabra, el escrito, el dibujo o el grabado. El periódico escolar contribuirá a la armonización del medio que sigue siendo un factor decisivo de la educación. El trabajo deseado, al que uno se entrega totalmente y que procura las alegrías más entusiastas, hará el resto.

El sol brillará...

El trabajo que ilumina

La bandera azul, blanca, roja

La vida continúa y nosotros nos fatigamos siguiéndola en lugar de blandir con valentía banderas que la orienten y la sublimen.

Somos una generación de copistas-copiadores, de repetidores condenados a registrar y explicar lo que han dicho o hecho unos hombres que se nos asegura que son superiores y que, a menudo, no tienen, comparados con nosotros, otro privilegio que el de la antigüedad en este arte de copiadores y de repetidores.

Somos una generación para la que la obra creadora, este primer peldaño de la obra de arte, ha sido reducida a la clandestinidad. ¡Estudiad! ¡Copiad! ¡Repetid!... Nunca sacaréis ninguna maravilla de vuestras torpes manos y de vuestros fútiles cerebros.

Con mucha frecuencia, mientras guardábamos las cabras, dibujábamos en el barro de los caminos signos cabalísticos, que la lluvia acababa borrando; trazábamos en las piedras planas inscripciones rudimentarias, que no cambiaban en nada el destino de la piedra de la madriguera; grabábamos en la corteza de los árboles, con nuestros cuchillos, figuritas de las que nos sentíamos orgullosos, pero que no sobrevivían a nuestra fantasía de un día.

Los adultos perseguían nuestros intentos para los que no teníamos, como ocurre hoy, el ejemplo, a veces emocionante, de las imágenes que cubren las paredes del aula, que animan las páginas de los libros y de los periódicos, que bailan mágicamente en las pantallas de los cines.

No teníamos ni lápiz ni papel. El arte era, para nosotros, el Cristo crucificado de la iglesia o los figurines de moda en los catálogos de los grandes almacenes. Mi primera emoción artística me llegó el día en que, después de haber comprado por un par de monedas a un vendedor ambulante un soberbio lápiz rojo y azul, dibujé en la tapa de mi cuaderno, en los postigos de la ventana y en el yeso de las paredes, la bandera azul, blanca y roja de Francia.

© Ediciones Morata, S. L.

La vida sigue adelante...

En un siglo en el que reina la imagen, en el que papel, acuarelas y colores adornan departamentos de los grandes almacenes, ayudad a vuestros hijos a superar el estadio de la bandera azul, blanca y roja; abridles las puertas encantadas de un mundo que nos estuvo prohibido y que ellos ven con sus nuevos ojos de poetas, de artistas, de constructores que se encaminan hacia su destino de hombres.

Antes-después

El 25 de noviembre Jean-Jean dibuja este jarrón de flores:

Junto con el molinillo de café y la caja de cerillas, es el símbolo de una forma de enseñanza que ya no deberíamos tener que condenar: continente panzudo, hipertrofiado para recibir la falsa ciencia, hinchado y deforme, con esas seis briznas esqueléticas como resultado, que son como flores abortadas, como capullos que no han podido abrirse y que se han marchitado por falta de savia, por falta de sol y de aire libre.

Todo esto se lo hemos explicado a Jean-Jean, que sin embargo no tiene más que 10 años y que al comparar su jarrón de flores escleróticas con los audaces y libres dibujos de sus compañeros, ha sentido la pobreza de su obra.

El 12 de diciembre, espontáneamente, Jean-Jean creaba el dibujo de la página siguiente que es como un símbolo de arranque hacia el trabajo, hacia la aventura y hacia la vida.

La publicidad contemporánea ha resucitado y desarrollado los rótulos que los artesanos colgaban en el umbral de sus tiendas y que hablaban una lengua comprensible para todos.

Siguiendo su ejemplo, podríamos colocar, en la fachada de nuestras escuelas modernizadas, estos dos símbolos y, como en las ferias, escribiríamos sólo: *antes-después.*

© Ediciones Morata, S. L.

¡Quiero cogerlas!

Nicole está bajo el cerezo. Tiene ante ella el cesto desbordante de cerezas brillantes y rojas. Sólo tendría que hundir su manita para moderlas con fuerza. ¡No está satisfecha!

—¡Quiero cogerlas!

Se obstina en alcanzar las pocas ramas amables, que han crecido adrede, según parece, al alcance de la codicia de los niños. Aquí ya no se muestra exigente. El mínimo fruto verde es para ella una delicia. ¡Lo ha cogido ella!

Compadecido, le digo:

—¡Toma, Nicole, te mando estos estupendos racimos!

Protesta todavía más, con un paradójico heroísmo, extendiendo los brazos hacia las hojas:

—¡Quiero cogerlas!

Doble error de los pedagogos:

Instalamos, más o menos cómodamente, a nuestros alumnos a la sombra del árbol y colocamos así, a su alcance, los frutos que hemos elegido y recogido para ellos, bien clasificados en los libros que son obras maestras de ciencia y de técnica. Y nos asombramos de que nuestras Nicole se aparten de estos cestos apetitosos para extender sus manos y elevar sus ojos hacia el árbol del que querrían coger, al igual que la vida, los preciosos frutos de un conocimiento que no es alimento exquisito más que cuando no se ha separado del árbol previa y arbitrariamente.

Y como no comprendemos esta insistencia del niño para complicar las cosas que hemos dispuesto y facilitado, escondemos el árbol para que el niño no vea más que los frutos del cesto y quede satisfecho con ellos. A falta de algo mejor, efectivamente, el niño come entonces los frutos del cesto, pero, con tanta glotonería, que no consigue digerirlos y les coge un asco tal que ya no se sabe a quién echar la culpa: si al niño que ya no tiene ni hambre ni sed, o al método que no ha podido por sí solo renovar el milagro del árbol deseado.

© Ediciones Morata, S. L.

¡Desgraciados los niños que no han comido cerezas más que de los cestos y que no han conocido la excitante alegría de quien se agarra a las ramas y coge según sus necesidades!

Desgraciado el niño, desgraciado el hombre que se ha grabado los conocimientos lejos del árbol de vida y que no tiene siquiera la energía para protestar:

—¡Quiero cogerlas!

El trabajo que ilumina

¡Sí!, existen ciertamente arados y tractores y otras herramientas mecánicas perfeccionadas que remueven la tierra y siembran el grano sin necesidad de medir fuerzas con los duros terrones. Pero a mí me gusta, cuando preparo un sembrado, tamizar la tierra con mis manos, apartar cuidadosamente las piedras, como si preparara la blanda cama de un recién nacido.

Y así ocurre: el mismo trabajo puede ser una carga o una liberación. No es un problema de novedad, sino de iluminación y de fecundidad.

¿Conocéis el cuento de las "mondaduras" en el regimiento? Hay un arte —del que la escuela ha hecho una tradición— para trabajar lo más lentamente posible sin dejar, sin embargo, de trabajar. Es el estajanovismo* al revés. Y cuando se trata de coger la escoba para recoger las *mondaduras,* es peor aún: todos los hombres son mancos. A veces es el propio cabo quien debe cargar con el trabajo.

El soldado sale de permiso a ver a su joven mujer. Hacer la cena, pelar las patatas, incluso barrer, se convierte en un placer cuyo privilegio reclama para él.

¡La pesada tarea de la mañana se ha convertido en una recompensa!

Lo mismo sucede en la escuela donde ciertos trabajos desgastados por la tradición serán el día de mañana buscados tanto como las actividades nuevas que creíais exclusivas. No busquéis la novedad; la más perfeccionada mecánica llega a cansar si no sirve a las necesidades profundas del individuo. En el conjunto siempre creciente de las actividades que se os ofrecen, escoged primero las que iluminen vuestra vida, las que den sed de crecimiento y de conocimientos, las que hagan brillar el sol. Editad un periódico para practicar la correspondencia, recoged y clasificad documentos, organizad la experiencia obtenida por tanteos que será la primera etapa de la cultura científica. Dejad que las flores jóvenes se abran, incluso si a veces las moja el rocío.

El resto se os dará por añadidura.

---

* Estajanovismo: Método para incrementar la productividad, implantado en la URSS desde mediados de la década de los treinta. Debe su nombre a Alexéi Grigórievich Stajánov (1906-1977), un minero soviético que sobresalía por su compromiso con el trabajo, llegando a romper todos los récords de productividad vigentes. Su laboriosidad y eficacia sirvió de ejemplo para promover un más alto rendimiento en el trabajo ya no sólo en las minas, sino en todos los sectores productivos. Una de las claves para acelerar la producción pasó a ser la de proporcionar alicientes morales y sociales a las trabajadoras y trabajadores para tratar de sobrepasar los límites de productividad considerados normales en cada momento, para acelerar la producción. El estajanovismo tenía como pretensión generar "conductas socialistas" en los lugares de trabajo. (*N. del R.*)

© Ediciones Morata, S. L.

¿Por qué trabajar?

—¿Por qué trabajar?, podría deciros cándidamente un niño de hoy...

Abro un periódico, o mi *Mickey:* está lleno de aventuras, deportes, competiciones, discusiones que llaman filosóficas. ¿Pero quién trabaja en este mundo sino los desgraciados que están condenados a ello?

Me voy a la ciudad: los escaparates hablan por todas partes de lujo, de chucherías y de juguetes. Los instrumentos de trabajo se esconden púdicamente en las calles secundarias como si tuvieran que hacerse perdonar su presencia de pobres en una sociedad de nuevos ricos que se avergüenzan de sus orígenes.

La escuela no conoce más que deberes y lecciones que son para nosotros lo que la máquina es para nuestros padres, un servilismo del que uno se libera tan pronto como se tiene la posibilidad. Solamente los juegos nos entusiasman y nos hacen olvidar las exigencias inhumanas del trabajo.

Para nosotros, lo esencial de lo que el mundo nos ofrece o nos impone es el balón, los soldaditos de plomo, las colecciones de cromos y nuestros periódicos ilustrados... sin contar con todas las veces que podemos ir al cine.

¡Trabajar! Si un día cojo clandestinamente la pala del albañil, el rastrillo o la carretilla del jardinero, el martillo o las tenazas de mi padre, me persiguen como si hubiera cometido un crimen. Cavar grutas, levantar castillos, preparar un sembrado, construir presas, explorar riachuelos, montar y desmontar máquinas serían para mí las ocupaciones más apasionantes, hasta tal punto que olvidaría a *Mickey* y el cine. Desgraciadamente son frutos prohibidos; parece ser que ensuciamos los vestidos, nos hacemos rasguños en los dedos o las piernas, perdemos las herramientas... Entonces nos vuelven a mandar a lo que luego llamarán futilidades.

El trabajo, para nosotros —sería la conclusión de este niño—, es una maldición: es la herramienta que ensucia las manos, la fábrica que corroe nuestra vida, la esclavitud que nos deshonra.

Solamente el juego nos serena y nos libera.

Efectivamente, podríamos entonar nuestro *mea culpa,* reconociendo que hay errores en los principios mismos de nuestra educación, que uno se prepara para el trabajo con el trabajo en una escuela y en una sociedad del trabajo.

El trabajo en serie

Sé lo que es el trabajo en serie. No lo han inventado los fabricantes de automóviles, como podría creerse, sino vosotros los pedagogos y nosotros los pastores.

Yo mismo soy un gran contratista de series. Los corderitos que han nacido en Navidad y que son tan originales y caprichosos, cada uno con su carácter y su personalidad, los cojo por Pascua y los meto en el molde de la serie que es el rebaño. Mirarlos cómo pacen: ya no tienen fantasías, ni necesidades que no sean las del rebaño. Engordan normalmente y yo tengo menos preocupaciones. Opino que es mejor así porque serán destinados muy pronto al matadero, donde me los piden grandes y gordos.

Vosotros también recibís niños curiosos y saltarines, cándidos y audaces ante el mundo, los metéis en el molde de vuestras series, los encerráis detrás de vuestras barreras, racionalizáis sus gestos y sus actitudes y, a veces, parecéis sorprendidos de que salgan de estos moldes piezas intercambiables, mecanismos bien regulados para entrar mañana en la cadena, con la cabeza inclinada detrás del número que les precede, dispuestos a obedecer al pastor que se impone con su látigo y sus perros.

Si queréis niños inteligentes, capaces de levantar la cabeza y de tomar decisiones, es necesario que también vosotros actuéis de otra manera, que sepáis conservar en vuestros cabritillos este apetito extremado por los brotes tiernos, este delicado instinto que les hace mordisquear con precaución las hierbas sospechosas y este desbordamiento de vida, que parece alimentarse de primavera y de belleza.

Sólo que ya no tendréis el tranquilo pisoteo del rebaño que desfila siempre por los mismos caminos. Tendréis personalidades que se forman y que se enfrentan, cabezas que se paran a mirar el cielo, voces que se llaman a través de la montaña. Pero sentiréis también el invencible estremecimiento de la vida.

El trabajo a migajas

"El trabajo a migajas", ha escrito Georges FRIEDMANN...

No hay más que migajas en nuestra vida de educadores. Ni siquiera conseguimos juntarlas, lo que, por otro lado, sería inútil. Unas migajas apretadas y enrolladas que no forman más que unas bolitas válidas sólo como proyectiles en los comedores.

Migajas de lectura, caídas de una obra que ignoramos y que tienen gusto a pan duro que ha rodado demasiado tiempo por los aparadores y las bolsas.

Migajas de historia, enmohecidas unas, apenas cocidas las otras y cuya amalgama sigue siendo un problema sin solución.

Migajas de cálculo y migajas de ciencias, como piezas mecánicas, signos y números que hubiera dispersado una explosión y que nos afanamos por encontrar como en un rompecabezas.

Migajas de moral, como cajones que se cambian de sitio en el complejo de una vida de combinaciones infinitas.

Migajas de arte...

Migajas de clases, migajas de horas de trabajo, migajas de recreo...

¡Migajas de hombres!

Son los peligros de una escuela que alinea, compara, clasifica y vuelve a clasificar, ausculta y calibra estas migajas.

Precisamos con urgencia una educación que evite el estallido irreparable y que haga circular sangre nueva en la función viva y constructiva de la pedagogía del trabajo.

No hagáis el inútil trabajo de soldado

Ya conocéis la historia —que no es ninguna exageración— del pesado trabajo de cinco hombres y un cabo que tenían el encargo de transportar, al otro lado del patio, un voluminoso montón de grava.

Es necesaria una cierta estimulación, evidentemente, pero nunca apresurada ya que la tarea no es desde luego apasionante. Un cuarto de hora después, el equipo está manos a la obra, si es que puede hablarse de equipo y de obra en esta tarea: un soldado sostiene las estevas de la carretilla; cuando esté cansado se sentará encima. Otro vigila la rueda y se sentará sobre ella para equilibrar. ¿Y los hombres provistos de palas? Vigilan al brigida y, cuando mira, ¡hala! una palada de grava...

—Levantáos de ahí, se atreve a decir un novato astuto. Yo solo trabajo más que cinco equipos reunidos...

—No se trata de esto, contestan los experimentados. No estamos en la vida civil y a ti no te pagan a destajo. Vas a molestar a todo el mundo: a los compañeros que no tienen ganas de trabajar, al cabo que debe estar vigilándonos aquí hasta la hora de la cena y al brigada que te dirá seriamente, cuando hayas terminado: "¡Volved a empezar... Llevad el montón de grava donde estaba antes!" Cuando estés en tu casa, trabajarás el doble. Aquí, se hace trabajo de soldado. No es ni un objetivo ni una razón de ser. Es para embrutecer a los militares y para hacer creer a los contribuyentes que en los cuarteles hace falta una mano de obra abundante y especializada.

¿Por qué, desgraciadamente, es necesario que la técnica escolar recuerde con tanta frecuencia a este trabajo de soldado? ¿Hemos cambiado inútilmente de sitio montones de grava como los que aparecen a mansalva en los manuales? ¿Hemos hecho ejercicios que no tienen otra función que ensuciar cuadernos y llenar, con disciplina, las horas desesperantes que no se animan ni se nutren de nada? Hemos oído la fórmula fatídica: "¡Volved a hacerlo!"

Los soldados y los humoristas se ríen con ganas del transporte de la grava, del trabajo de las patatas, del nudo de la corbata o de la posición del gorro. Tal vez sea cierto que los jefes piensan seriamente que son elementos determinantes de la preparación del soldado para su función de combatiente.

Nadie ha tenido todavía la idea de caricaturizar los desesperantes ejercicios de la escuela, la tinta roja en los cuadernos y el ritmo uniforme y lento que hace que una clase camine al paso —física e intelectualmente— en el orden y en la disciplina y que, para mantener este orden y esta disciplina, deba librar una batalla con los niños demasiado rápidos o demasiado concienzudos, con los que han terminado los deberes demasiado deprisa y que honestamente no se les puede pedir que los repitan. Hay una ley del entorno escolar. Quien trata de violentarla echa por tierra todo el edificio.

Debéis correr este riesgo. Examinad sinceramente cada una de las actividades que tenéis previstas para vuestra clase. Suprimid los trabajos de soldado y si, provisionalmente, os veis obligados a ello, sabed que sólo son trabajos de soldado, sin finalidad ni resultado.

© Ediciones Morata, S. L.

¡Galopad, galopad! ¡Entusiasmad a los niños para que vayan siempre más deprisa y siempre más lejos! Os bastará con prever suficientes actividades —y por suerte estamos bien provistos de ellas— para alimentar la necesidad de crear y de realizar.

¡Trabajo de soldado, éste es el enemigo!

Elogiar

Trabajar "porque sí"... "Para lucirse"... "Para que sirva"... Éstas son las grandes preocupaciones del niño cuando se enfrenta con la vida.

Termina su castillo de arena coronándolo con un ramillete de flores. En sus dedos de mago agita frente al sol un prisma que engalana el mundo con los maravillosos colores del arco iris.

La misma página que acaba de animar con sus pintadas espera la paleta caprichosa del pintor para cobrar vida y esplendor, como si el niño tuviera necesidad continuamente de vestir su obra con la pincelada decisiva que hace las cosas más bellas de lo que son.

Os contentáis, vosotros, con batir récords para nada, con hacer copiar unos textos que anotáis sin escrúpulos y que tacháis autoritariamente con un lápiz rojo chillón. Encontráis completamente natural la hecatombre al final de la sesión, para recuperar la plastilina de las obras maestras modeladas con tanta seriedad y con tanto amor.

¿Trabajaría con ahínco y con gusto el albañil al que se destruyera sistemáticamente la casa que acaba de construir y en la que ha puesto, con el legítimo orgullo del constructor, el remate simbólico? ¿Volvería a coger el arado el campesino al que le fuera segado el trigo como hierba no ya por accidente, sino de forma metódica, y se le talaran los árboles que él mismo ha plantado?

En este principio de curso, ¡tratad de olvidar las enseñanzas inhumanas de la escolástica, escuchad las exigencias normales de la vida, elogiad la obra más humilde del más humilde de vuestros alumnos! Que cada trabajador —y el niño tiene las preocupaciones y la dignidad del trabajador— tenga, en todo momento, conciencia de haber puesto una piedra en su edificio y añadido a su patrimonio un poco de eficacia y un poco de belleza.

Elogiad el texto sin forma dándole la perennidad que tiene lo majestuoso impreso; ensalzad, con los colores y la presentación, unos dibujos que serán dignos de una colección o de una exposición, esmaltad y coced al horno unas vasijas que, en su forma definitiva, podrán desafiar a los siglos.

Entonces sentiréis que el orgullo de la obra bien hecha anima y apasiona a vuestros jóvenes obreros, haréis nacer e imponerse esta gran dignidad del TRABAJO que también nosotros quisiéramos escribir en letras definitivas en las fachadas de nuestras escuelas modernas del pueblo.

© Ediciones Morata, S. L.

En el corazón del hombre

El trabajo es como el corazón social del hombre.

El día en que cansa produciendo un dolor físico o moral que va profundizándose, es porque un error o un accidente han entorpecido la función normal del mecanismo.

A veces sucede, ciertamente, que para compensar los gastos del esfuerzo físico o para reaccionar contra un peligro brusco, el corazón late más fuerte, como un motor que se acelera al pie de una subida. Pero en seguida vuelve a encontrar su ritmo en una especie de bienestar por la recobrada tranquilidad.

El trabajo necesita también con mucha frecuencia una tensión poderosa para triunfar ante un obstáculo y conseguir su finalidad. Pero intervienen el reposo y el sueño que son como la fase bienhechora de la acción.

Si el corazón, después del esfuerzo, no recobra su ritmo, si la sangre, como un agua cenagosa, se retrasa en los conductos, el médico dirá: "agotamiento..." Hay que reducir el trabajo que le exigimos, dejar el cuerpo en reposo o incluso intentar una sangría. Soluciones provisionales que no servirán para corregir un problema evidente en el mecanismo.

Si alguien os afirma hoy día: "el niño está agotado... tenemos que reducir los programas", no es que hayáis exigido una cantidad de trabajo demasiado grande, sino que habéis alterado sus funciones naturales, habéis presentado como trabajo unas exigencias que se incorporan mal a nuestras necesidades vitales, habéis hecho funcionar el motor en vacío con el riesgo de acelerarlo demasiado o lo habéis alimentado con una gasolina impura que daña al motor.

Entonces, ya no hay descanso porque no hay fatiga, sino herida, porque se producirán unos agujeros que no podréis taponar y que corren el riesgo de hacer penoso y obsesivo cualquier acto y cualquier esfuerzo.

Realmente es necesaria una acumulación de falsas maniobras para fatigar un corazón que gira tan suavemente que no lo oímos latir. También se necesita una gran acumulación de errores para infundir al niño el temor y después el asco hacia una función tan natural y tan noble como es el trabajo.

Colocad nuevamente este trabajo en el circuito de la vida. Dadle una finalidad y un sentido. Que nutra e impulse vuestro comportamiento natural. Que esté en el corazón de vuestro destino individual y social.

Faltará tal vez acondicionar los programas en la nueva empresa equipada con espacio, utensilios, arte y luz, sin contar el alma y el ideal que son para ella el sol.

Pero nos hace falta algo mejor que los discursos para devolver al trabajo su permanencia y su dignidad.

© Ediciones Morata, S. L.

El tiempo de los bailes

Entonces, ¿cuándo dejarán los adultos que los niños caminen a su paso de niños? ¿Cuándo mirarán cómo viven los niños con ojos de niños?

Nosotros somos los ríos calmados en la llanura; ellos son los torrentes impetuosos todavía, que no corren ni con el mismo ritmo ni con el mismo impulso. Nosotros somos los animales cansados para los que el momento que sigue está ya inscrito en el presente y que van, con paso uniforme y ordenado, hacia el redil o el abrevadero; ellos son los cabritillos que van bailando por los caminos, y los potros impacientes por medir la agilidad de sus intrépidas patas y para los que la prudencia consiste en brincar, hacer cabriolas y saltar.

Perdemos demasiado tiempo en dar vueltas, con interminable charlatanería, a los problemas del pasado, que no siempre son los del mañana; van junto con la vida que avanza, y nos sentimos tentados de retenerlos sin cesar porque su carrera nos deja sin aliento y su dinamismo nos aturde y nos fatiga.

Los que se nos escapan para enfrentarse con la vida en cuerpo y alma y para dominarla, son los mismos que, superando nuestras expectativas y nuestras enseñanzas, se obstinan en bailar en lugar de seguir juiciosamente los descansillos metódicos que nosotros les hemos preparado pretenciosamente en la gran aventura de la vida. Son los jóvenes ases del pedal, del boxeo o del estadio que, por un momento, adquieren una celebridad que nos irrita porque es el fruto de esta superación; son los artistas y los poetas, aquellos potros escapados de la cuadra y que, pese a nuestras llamadas, se van, desenfrenados, a conquistar horizontes desconocidos.

A ellos la juventud admira, endiosa y sigue, y no a estos cabritillos y potros desafortunados que, en nuestras escuelas, hemos transformado en animales domésticos, prematuramente dóciles y juiciosos, y que hacen honor al pastor.

Es necesario calmarlos, diréis vosotros. La vida se ocupará de ello. Aprovechad, al contrario, el tiempo de sus bailes para hacer el camino con ellos y aprovisionaros, en contacto con ellos, de ímpetu y entusiasmo.

Embragar con la vida

Es evidente que vuestra mecánica escolar gira, e incluso mejor que la nuestra, porque lo habéis previsto todo, y ya no digo con varios días de anticipación, sino con varios meses o varios años.

Vuestro reparto mensual conforme a los programas está colgado reglamentariamente a la derecha de la pizarra, con vuestra planificación del tiempo a la izquierda, que seguís estrictamente.

No tenéis más que poner el mecanismo en marcha y volver las páginas. El inspector de paso podrá pedir que se le muestre el cuaderno de preparación, que es como el cronometraje exterior de este mecanismo, y se marchará tranquilo: todo sucede según las normas.

Sólo hay un inconveniente en este mecanismo: el maestro, el inspector y el Estado —digamos mejor: el Estado, el inspector y el maestro— lo han previsto todo, en efecto, salvo que su mecanismo no engrana con el complejo mecanismo humano. El motor funciona bien. Da su máximo rendimiento de tantas revoluciones por minuto —en este caso de tantas lecciones por día— pero sólo se consigue embragar muy accidentalmente. Entonces la máquina gira en vacío. Zumba o runrunea según el ritmo, o se acelera demasiado y se calienta. Pero el mecanismo humano, que no está entrenado, se ajusta pocas veces a la minuciosa organización escolar. La mayor parte del tiempo permanece inmóvil y espera... a que se ajuste por casualidad. A veces gira —incluso a menudo— en sentido contrario al impulso de la vida y esto produce el mismo efecto que cuando, estando el coche andando, se pone torpemente la marcha atrás, en lugar de poner la tercera que habría aligerado y armonizado la rodadura. Chirridos, agarrotamientos, dientes que saltan y averías.

Tenéis que considerar, ciertamente, los imperativos que, por tradición, por deseo de organización y, a veces, también por burocratismo, animan una mecánica que nos impone desde fuera unas normas y un ritmo. Pero no haréis nada válido, no superaréis jamás los estancamientos y errores de la escolástica si no conseguís el engranaje indispensable para el elemento humano que os entregan para formar, si no alcanzáis una armonía en las disposiciones, una técnica de trabajo y de vida que os permita producir no monstruos, sino hombres.

Id al encuentro de la vida

No intenteis nunca instalaros en el pasado. Id al encuentro de la vida.

No hay alegría mayor que la de construir uno su casa, arreglarla, enriquecerla, embellecerla para hacerla suya. Todos guardamos en nosotros la nostalgia de las cabañas de piedras o ramas que construimos mientras guardábamos nuestros animales en la linde del bosque; de los castillos de arena en la playa o de los mundos que en otra época crearon nuestras manos con la arcilla de los pantanos. No nos engañemos: a causa de esta misma nostalgia los adultos están orgullosos de ir a plantar su tienda durante sus caminatas, incluso y, sobre todo, si el suelo es duro, si la lluvia amenaza, si la mochila es pesada de llevar.

Lo que os hace falta, en este próximo octubre, no son las aulas burguesamente instaladas como aquellos pisos amueblados anónimos que os imponen la banalidad de sus decoraciones normalizadas, sino amplios horizontes técnicos, sociales y pedagógicos, que se viertan sobre el trabajo, el ensueño y la vida.

Tal vez un generoso ayuntamiento ha creído actuar bien preparándoos un aula donde todo está previsto: las mesas enceradas y alineadas que no podréis cambiar de sitio, cromos en las paredes o quizá, en el colmo de la riqueza, frisos pintados por algún gran artista. La tinta estará en los tinteros y los libros nuevos, oliendo todavía a imprenta, se apilan sobre vuestro pupitre.

Todo está en su sitio para empezar. Pero lo que está ausente es la invitación para el viaje.

Pedid que os dejen la responsabilidad total de los equipajes, que os den el material necesario y los recursos para arreglar vuestra aula a lo largo de

© Ediciones Morata, S. L.

todo el año, para que sea totalmente vuestra, como aquella casa que construisteis piedra a piedra y cuyos rincones tienen cada uno su historia. Vaciad despiadadamente los cajones y el museo de todo lo que no sea instrumento de trabajo; guardad las paredes para adornarlas a lo largo del curso según vuestra inspiración. Vuestras carteras, vuestros dibujos, vuestras encuadernaciones no son más que una promesa, el cesto que espera la cosecha, la rica cosecha que os permitirán las imprentas, los intercambios entre escuelas, el trabajo vivo, el espigueo, que os traerán cada día las manitas que extenderán hacia vosotros sus gavillas.

Nos encanta y nos entusiasma el futuro que lleva en sí la creación, la aventura y la vida, y no el pasado por rico que sea.

La escuela no es un pararse. Es el camino que se abre sobre los horizontes que hay que conquistar.

Id al encuentro de la mañana.

Nuestro trabajo nos unirá

¿Qué pienso de esta división que, nuevamente, va a hacer que nuestras fuerzas desfallezcan agudizando los malentendidos y desanimando las acciones versátiles de los débiles y los indecisos?

Cuando los riachuelos se van, serpenteando penosamente a través de la llanura, tardan en encontrarse de nuevo porque el menor brazo de tierra es para ellos un obstáculo infranqueable.

Pero cuando descienden, impetuosos, de la montaña, arrastrando en sus espumosos remolinos troncos de árboles o piedras que son como arietes invencibles, entonces nada les detiene en su carrera hacia otros riachuelos. Su unión se añade a su fuerza. Si uno trata de desviar su curso, se retiran un momento pero después vuelven a la carga y se llevan por delante la ridícula barrera.

Sólo son necesarios la pendiente y el impulso, sin los que el torrente no sería más que un inútil estanque putrefacto.

Nuestra corriente común es el TRABAJO.

Los educadores tienen la importante ventaja de poder dedicarse a una tarea que la técnica humana no ha despojado todavía de sus atributos naturales. El torrente está ahí, rugiente y agitado. Se inmoviliza en la llanura porque lo encauzamos demasiado pronto. Nos compete a nosotros verle descender de nuevo por las pendientes, descenderlas con él, haciendo de ariete contra los obstáculos que hay que derribar, agarrándonos a veces a las raíces de la orilla para moderar ciertas impetuosidades, acostumbrándonos al rugido y al ritmo de las aguas que se van, invencibles, hacia la fertilidad y la vida.

Si sabemos situarnos en este torrente, ni siquiera tendremos tiempo de ver en las orillas a los eternos pesimistas, que levantan los brazos al cielo y prodigan advertencias desesperadas frente al espectáculo de nuestro común y armonioso esfuerzo.

No os retiréis a la orilla donde os cubriría lentamente el musgo y el limo. Seguid con audacia el torrente de la vida.

© Ediciones Morata, S. L.

La pedagogía del traje de pingüino

La pedagogía del traje de pingüino

Hay que escoger.

Si tenéis realmente interés por la pedagogía autoritaria; si queréis que el niño escuche con la boca abierta, sin crítica ni objeción, lo que le explicáis a lo largo del día, que obedezca vuestras órdenes sin protestar, no os olvidéis de la forma.

Y la forma es el cuello postizo que os obliga a adoptar un aire altanero, aun cuando os impida respirar; el bombín o el sombrero de copa que hacen más alto al oficial de lo que es en realidad, y la levita que a principios de siglo los hombres del pueblo llamaban irrespetuosamente: pingüino.

No sonriáis: un diputado o un ministro en traje de ceremonia, manguitos, zapatos de charol y sombrero bicornio impone más que los parlamentarios actuales con camisas de *sport* o incluso en pantalón corto. Frente al primero, uno se descubre naturalmente del mismo modo que tendemos a ponernos firmes delante de los militares; con los segundos entran ganas de decir: "¡compañeros!"

La disciplina del ejército se modificará profundamente el día en que se extingan los uniformes, en que la etiqueta se suavice, en que el oro y el cobre sean sustituidos por orlas descoloridas. Y una clase tradicional, dirigida por un profesor de estilo 1900, no podría irradiar la misma atmósfera que una escuela moderna donde los niños en pantalón corto trabajan al lado de un maestro con el torso desnudo.

La religión sabe muy bien estas cosas, conserva anacrónicamente sus dorados, sus luces y sus trajes de una edad pasada, ya que en el hombre se respeta el hábito aun cuando éste no haga al monje. Pero el sacerdote obrero se quita la sotana para descender a la mina, no porque su traje anticuado le moleste, sino porque sabe que no confraternizaría realmente con el pueblo si no trabajara como él, con el torso desnudo.

Entonces escogeréis.

Si os interesa la disciplina de la pedagogía de 1900, volved a tomar prudentemente las insignias de vuestra función, el cuello postizo —incluso de celuloide—, el pingüino y el bombín. En consecuencia, los niños os respetarán —al menos aparentemente—, lo que no les impedirá acribillar a escondidas con bolitas de papel vuestro sombrero, colgado cautamente en la percha más alta.

O bien dais la clase en pantalón corto, o en camisa, pero entonces tenéis que evolucionar hacia la pedagogía del pantalón corto y de la camisa informal, que supone una reconsideración del problema de las relaciones maestros-alumnos, una reconsideración del respeto y del trabajo, un nuevo ajuste de la atmósfera de vuestra clase.

El cuello postizo y el bombín os parecen ridículos. No practiquéis, pues, en la era de las camisas informales, la pedagogía del pingüino.

Los que no podemos domesticar

¿Os habéis preguntado alguna vez por qué el zorro, capturado vivo, languidece y muere en su prisión, cualesquiera que sean la ciencia y el cuidado que se le apliquen ofreciéndole el alimento que es normalmente apropiado para él? ¿Por qué el gorrión tampoco soporta el cautiverio? Y, ¿qué instinto más fuerte que la necesidad de vivir impulsa a ciertos animales a dejarse morir de hambre antes que acomodarse a las barreras y las rejas?

De todo esto concluís filosóficamente: "¡No viven enjaulados... no les podemos domesticar!"

¿Habéis pensado que sucede lo mismo con los niños, al menos con aquéllos —y el porcentaje es más alto de lo que se cree— a quienes el amaestramiento o la tradición no han conseguido resignar a la obediencia y la pasividad?: siempre oyen distraídamente las palabras que pronunciáis y miran con ojos ausentes, más allá de los barrotes de la ventana, el mundo libre cuya nostalgia sentirán para siempre. Vosotros decís: "Están en la luna"... Están en la realidad, en la realidad de su vida y sois vosotros los que pasáis de largo mal alumbrados con vuestra luz mortecina.

No hacen propiamente la huelga del hambre. Y habría que asegurarse de que ciertos problemas y ciertas epidemias no son la consecuencia de una pérdida de velocidad de un organismo que no está ya en su elemento. Pero la huelga del hambre intelectual, espiritual y moral es patente aunque inconsciente. Fuera de su jaula demostraban una curiosidad inextinguible. Aquí, ya no tienen hambre. Acusáis en vano la falta de voluntad, la inteligencia reducida, una distracción congénita, cuyas causas y remedios estudian psicólogos y psiquiatras.

Languidecen, simplemente, como los animales capturados. Si no siempre mueren por ello, fisiológica e intelectualmente, no es ciertamente por falta de medidas de vigilancia y de coerción por parte de los carceleros, sino porque la escuela no ha podido hasta hoy echar el cerrojo a sus dominios y los

© Ediciones Morata, S. L.

gorriones, encerrados por un momento, se dispersan de nuevo, en el momento en que suena la campana, entre la viva riqueza de la gran experiencia humana.

Evidentemente, existe el éxito de los que son "domesticados". ¿Es mucho más espectacular que el de los hombres y las mujeres que no han aceptado la cárcel, incluso florida y que, en la vida, se han enfrentado a los elementos?

Entonces, ¿hay que dejarlos en la jungla de la ignorancia y renunciar a esta cultura nacida de la escuela que ellos se niegan a aceptar?

El dilema está mal planteado: entre el estado salvaje y la domesticación hay un intermedio: la creación de un clima, de una atmósfera, de unas normas de organización, de vida y de trabajo en común, de una educación de la que se excluirán la mentira y las artimañas y este miedo instintivo y esta insoportable obsesión de los animales salvajes y de los niños al ver cerrarse tras ellos las puertas de la luz y de la libertad.

Han echado piedras en los estanques

¡Pero qué generación!, protestan los transeúntes y los propietarios. ¡Es más fuerte que ellos...! ¿Por qué tendrán que echar piedras en los estanques?

Es más fuerte que ellos, efectivamente. Tienen necesidad de ver el agua que salpica como una cascada tanto más majestuosa cuanto mayor es la piedra, aquella piedra que siguen maravillados en su caída planeando hasta el fondo verdoso, abajo, en el reino de los peces y de las serpientes. Del mismo modo que tienen necesidad de andar y de correr, de chapotear en los charcos de agua, de jugar con el fuego y el cuchillo, de tirar del rabo al gato o de hacer ladrar a los perros tras una cerca.

—Es un gasto inútil de energía, observan sentenciosamente los pedagogos. Veamos, dicen, ¿obligamos, acaso, a cada hombre a redescubrir la carretilla, la máquina de vapor y las cualidades de las sulfamidas? Hombres que han tratado a los niños han recogido materiales para ellos, los han clasificado, agrupado. ¡Por qué hay que dejar que el niño vaya a tientas, se pierda en inútiles laberintos!... ¡Hay manuales escolares!

—Esto es lo que hacen... y evitan a los niños el trabajo de echar piedras en los estanques, y que les explicarán con dibujos y fotografías que ayudan a comprender lo que sucede cuando una piedra cae en el agua.

Hoy día todo el mundo sabe ir en bicicleta. ¿Cómo es posible que unas almas caritativas no hayan imaginado aún un manual para el uso de los niños que enseñe el arte de montar en bicicleta sin caerse ni hacerse daño? Los mismos pedagogos se han dado cuenta de que un manual de este tipo no disminuirá nada los intentos, como tampoco disminuirá las caídas y los desgarrones.

Nadie puede comer por nosotros; nadie puede experimentar por nosotros el andar a pie o en bicicleta. Desdichada la educación que pretendiera, por medio de la explicación teórica, hacer creer a los individuos que pueden acceder al conocimiento por el conocimiento y no por la experiencia. No produciría

© Ediciones Morata, S. L.

más que enfermos del cuerpo y del alma, falsos intelectuales inadaptados, hombres incompletos e impotentes por no haber lanzado, siendo niños, piedras en los estanques.

El peso del servilismo

—Dicen que nuestras ovejas son tontas. Somos nosotros quienes las volvemos tontas guardándolas en estrechos establos, sin aire y sin luz, donde no tienen otro recurso que patear y balar, hasta que aparezca el pastor o el carnicero.

Y las hacemos tontas, cuando en plena montaña las obligamos, amenazándolas con el látigo y los perros, a seguir pasivamente, por el sendero tortuoso, el paso de la oveja que va delante y que sigue al carnero de largos cuernos que no sabe muy bien a dónde conduce al rebaño, pero que está orgulloso de ser el carnero.

Las volvemos tontas porque reprimimos brutalmente cualquier tentativa de emancipación, cualquier capricho de los corderos jóvenes de marcharse para tener sus experiencias fuera de los caminos trazados, de perderse entre la maleza, de pararse entre las rocas, incluso si no cosechan más que rasguños y rechinar de dientes.

Pero nosotros tenemos excusa. Nuestra finalidad no es educar ovejas ni hacerlas inteligentes, sino solamente domesticarlas para sufrir, aceptar y desear incluso la ley del rebaño y del servilismo, la que hace la buena grasa y los pingües beneficios.

Desgraciadamente, todavía oigo a algunos niños balbucear canturreando —iba a decir balando— detrás de las puertas cerradas de sus escuelas-establos, incluso si son escuelas-establos lujosas; los veo patear como a mis ovejas a la entrada y a la salida, y no falta nada, ni los carneros, ni los pastores autoritarios, ni los reglamentos tan severos como nuestros látigos y nuestros perros; les veo volver todos a la vez las mismas páginas, repetir las mismas palabras, hacer los mismos signos...

Os quedaríais impresionados al verles después ofrecer miserablemente sus brazos a la explotación y su cuerpo al sufrimiento y a la guerra, como las ovejas se ofrecen al matadero.

El servilismo nos vuelve abúlicos, la experiencia vivida, incluso peligrosamente, forma a hombres capaces de trabajar y de vivir como hombres.

No aceptéis la vuelta al servilismo escolar. ¡Mereced vuestra libertad!

Cebadores y educadores

Compadezco a los criadores —a los que hoy se llama cebadores— y a sus animales encerrados en los establos de donde no salen más que para ir al matadero.

¡Pero si no sufren! Su comedero está siempre lleno en abundancia de una cantidad imponente de hierba y de heno. ¡Hace falta una buena cantidad, ¿no?, para llenar la barriga!

Si algunos animales, no domesticados del todo, refunfuñan al tragar su parte, se la cubrirá con sal o con hogazas... ¡Tendrán que comer lo que se les da! ¡No son ellos quienes deben escoger, qué diablos!

Si la digestión es difícil, la ciencia indicará un producto maravilloso que, diluido en el agua, evitará cualquier molestia. Y, a fe mía, los animales dan mucha leche; sólo que al cabo de tres años se deterioran y mueren agotados.

Yo no tengo ninguna de estas preocupaciones. Llevo a mis animales a los pastos más ricos. Tienen hambre, lo cual es natural; escogen, lo que también es natural. Adquieren un pelaje brillante y buena grasa, lo que igualmente es normal. Me basta con garantizarles pasto y seguridad.

Compadezco a los educadores que no son más que cebadores y que tienen la pretensión de tratar metódica y científicamente a sus alumnos encerrados en unas salas en donde, afortunadamente, sólo permanecen unas horas por día.

Su gran preocupación es hacerles tragar la masa de conocimientos que llenará unas cabezas obstruidas hasta la indigestión y la náusea. Su arte consiste en el revestimiento y el acondicionamiento y, también, en la medicación susceptible de hacer asimilables las nociones ingeridas.

Guardad en vuestros alumnos el apetito natural. Dejadles escoger su alimento en el medio rico y favorable que vosotros les preparareis. Entonces seréis educadores.

Criadero moderno o campo de concentración

—Vean ustedes —nos explicaba el propietario de un criadero moderno de gallinas—, aquí todo está previsto, todo es metódico y científico.

Nuestro criadero —a fin de cuentas viene a ser un poco como una escuela— se ha dividido en clases: los pollitos despeluchados que nos llegan, recién salidos del cascarón, en la incubadora, están en esta primera sala calentada y recalentada.

A medida que crecen dividimos las jaulas; los cambiamos de sala. Cuidamos muy particularmente de la alimentación que se adapta a cada edad y que se ha estudiado cien-tí-fi-ca-men-te con vitaminas que cuestan 100.000 francos el gramo.

En un tiempo récord, los pollitos se hacen gordos y grandes. Oídles, en estas últimas salas, cómo se pelean y gritan igual que los niños durante el recreo en un patio demasiado pequeño para sus jugueteos.

—¿Y si se escaparan? —dice un niño obsesionado por esta atmósfera de campo de concentración para gallinas.

—No hay ningún riesgo: si por casualidad abandonaran su jaula, no podrían andar ni encontrar su comida. Están hechos para permanecer en su sitio picoteando la comida y esperando el cuchillo del sangrador...

© Ediciones Morata, S. L.

Allá abajo, alrededor de las granjas, unos pollitos y unos gallos corretean en libertad, apaciblemente, paseándose bajo los olivos. Más lejos, en el lindero del bosque de pinos, una perdiz llama a sus pequeños para ponerlos a cubierto antes del crepúsculo.

No sacaré ninguna conclusión. Pero pienso que, desgraciadamente, existen todavía escuelas dispuestas y ordenadas científicamente, según los principios de la cría moderna de gallinas, y que los niños que salen de ellas corren el riesgo de no saber andar por la vida, ni buscar o conquistar su alimento. También ellos esperarán la comida y el cuchillo del sangrador...

La escuela del sorche *

A principios de siglo hemos conocido la era del sorche, en la época en que las guerras todavía no habían desgastado los capotes y los botones, en que los cantantes entonaban *l'ami Bidasse,* mientras los jóvenes de permiso repetían a las muchachas boquiabiertas sus aventuras en el cuartel como si fueran exploradores que contaran sus hazañas en el país de los pigmeos y de los caníbales.

Repetían la "teoría" del cabo que explica a sus soldados inmóviles y mudos todas las piezas del fusil Grass o Lebel. El cabo se había aprendido la lista de memoria. A veces se equivocaba de pieza, señalando el punto de mira cuando hablaba del alza, pero la "teoría" era correcta y eso era lo esencial. La finalidad de la "teoría" no era aprender a conocer o manejar el fusil, sino aprender la "teoría". ¡La manipulación del fusil es otro tema completamente distinto!...

Era la época del firmes y del dedo meñique en la costura del pantalón...

—Vosotros, los del fondo, ¿tenéis algo que decir? ¡A ver si os calláis o iréis a chirona!

—¡Antes de hablar a un superior, rectificad la posición...!

—¡Silencio en las filas!...

Esta disciplina propia de revistas musicales ha desaparecido del ejército y del cuartel. La guerra la ha matado...

Se ha refugiado en la escuela que, insensible a las guerras y a los bombardeos, ha permanecido en la era del sorche, de la "teoría" y del sable desenvainado.

Para separar las manos de la espalda y sacudir las filas, haría falta, como para el ejército, un maremoto para que en la escuela se rompieran filas, que diera paso a la iniciativa y al ingenio frente a la forma de las palabras, la rigidez de los gestos y el prestigio de la autoridad y que lanzara a maestros y alumnos a una aventura común en donde, para salvarse, fuera necesario codearse y tutearse...

Es necesaria la aventura de la vida...

---

* Soldado novato. (*N. del R.*)

Cárceles de juventud cautiva

El cabritillo bala mientras mete desesperadamente su pequeña cabeza brillante entre los barrotes de la cerca. El potro se escapa como un loco tan pronto entreabrís la puerta. Si os escucháramos, los niños deberían permanecer serios y pasivos en la picota de vuestros bancos-pupitre, quietos y silenciosos en esos patios desnudos que tanto se parecen al recinto enrejado, donde las gallinas se desgastan de tanto rascar y dar vueltas deseosas de la hierba que crece en el sector libre.

No querríais que hablaran de prisión: la ocurrente frase de MONTAIGNE, "cárceles de juventud cautiva", os irrita. ¡Ay, si los niños pudieran hablar!

Hablan. Porque les hemos dado la palabra, porque les hemos enseñado la dignidad de sus pensamientos y la importancia de toda sensibilidad que estalla y se desborda.

Este poema, *Pensionnat* ("Pensionado"), que nos manda Annie Long (14 años), de la escuela de Peynier (Bouches-du-Rhôhe), lo hubiera podido escribir yo hace cuarenta años. Pero entonces nadie habría considerado mi queja; se habrían reído de mi audacia y burlado de mi desesperación.

Nos dicen que Annie había fracasado en el CEP* por no llevar bien la Lengua y que, para castigarla un poco, la exiliaron al pensionado de Marsella.

Los poetas de la Edad Media también habrían fracasado en el certificado. Pero sabían emocionar y cantar.

PENSIONADO

¡Gran masa
que fija sobre el mundo que pasa
su mirada penetrante,
serpiente
que espera impaciente
la presa
a la que acaba de fascinar,
esfinge
cuya mirada cavernosa
no deja ver nada
de todo lo que en ella pasa!
Amplias ventanas se abren
sobre la mezquina vida que llevamos
y por la noche se cierran,
llenas de misterio y vergüenza,
sobre habitaciones inmensas, frías,
odiosas.
Un patio aislado

---

* CEP: Certificado de Estudios Primarios. (*N. del R.*)

donde no se puede jugar
hace pensar en una tumba
recientemente abierta.
El sol hace un esfuerzo para entrar en ella;
dos árboles que suspiran
dejan escapar sus lágrimas,
hojas de otoño que bailan
su último corro,
después mueren en un rincón,
solas, abandonadas.
¡Oh! ¿Por qué se deja en esta tumba
a unas almas débiles
que viven como animales enjaulados,
que se sientan a la mesa con hambre,
y se levantan igual?
¡Pensionado!
Agujero oscuro y negro
donde ninguna alma viva
ve el porvenir.
Notas de tristeza
esparcidas, lúgubres y monótonas;
lamentos
incrustados
en el pensamiento
del Tiempo que pasa
y no volverá;
niños
que se cierran
esperando su liberación.

¡Cuidado con el laminador!

—¡Cuidado, muchacho!... Lo excéntrico debe terminar su revolución. No importa si tu dedo detiene un momento el volante. La máquina ya no sería la máquina si la mano de un niño tuviera que bloquear su poder.

La escuela es este mecanismo implacable que debe girar sin preocuparse de las naturalezas que lastima o tritura. Ni siquiera tienes hoy la oportunidad de hacer novillos. A todo lo que te puedes arriesgar es a esquivar al guía implacable que te agarra bruscamente, o a usar estratagemas con el engranaje como aquellas ramas demasiado duras que la sierra ataca al bies y que saltan en un estallido brutal.

Como perfectos técnicos, los pedagogos escolásticos os dirán que han aprendido de sus maestros el arte de manejar el laminador, cuyas mandíbulas aprietan progresivamente, para obtener sin tropezones ni accidentes la maleabilidad necesaria. Y si las cabezas fuertes, como un metal demasiado duro, no quieren adaptarse al laminador, serán trituradas a la fuerza con medios adecuados. ¿Verdad que no querríais que fuera el laminador quien cediera?

Hoy día, para protestar contra este laminado, sólo están los hombres que han escapado a él, o que han sido tan mal laminados que llevan en ellos la nostalgia de su forma primera que la mecánica ha mellado torpemente. Y tienen contra ellos, naturalmente, el inmenso ejército de los laminados y los laminadores.

Pero nosotros, que al menos conservamos en el corazón el recuerdo de esta humanidad amenazada, vemos venir hacia nosotros a este muchachote de 13 años al que las tristes fábricas han intentado laminar, y que nos mira con ojos sospechosos e inquietos, como para preguntarnos:

—¿También vosotros vais a hacer girar el laminador?

Sólo estamos satisfechos el día en que vemos de nuevo brillar en sus ojos el sol de la confianza creadora y expresar, mediante gestos confiados, las preocupaciones mayores del hombre que se eleva.

Los falsificadores del espíritu

He conocido la época, a principios de siglo, en que la gente hacía sonar sobre el mármol las monedas dudosas, de oro o de plata. En los mercados las amas de casa probaban las cacerolas para asegurarse de que eran de metal legítimo. Y nosotros leíamos, con un temor lógico, la fórmula sacramental escrita sobre los billetes de banco: "Los contraventores serán castigados a trabajos forzados a perpetuidad".

Hoy día ya no se habla de monedas falsas, pero los billetes de banco cambian cada día de valor, el tejido plástico imita al cuero y el rayón a la seda natural. Se fabrica vino sin uva; se envejecen los vinos artificialmente; se adulteran la miel y la mantequilla.

También se hacen trampas con el pensamiento. Y nadie sabe qué vil metal se esconde bajo la majestad exterior de las ediciones o el derroche de imágenes y sonidos cuyo control perdemos por falta de tiempo y audacia.

La moneda falsa está por todas partes. Cuanto más sospechosa es, tanto más se disfraza con títulos y recomendaciones, con cubiertas chillonas y ruidosas propagandas.

La verdad es, desde ahora, demasiado sencilla y demasiado humilde para ser considerada debidamente. ¡Desgraciado el hombre honesto y justo al que se le ocurriera todavía hacer sonar las monedas, probar el cuero o catar la mantequilla! ¡Desgraciado el temerario que duda de las virtudes de los ungüentos de los charlatanes o de la ciencia de los que manejan una jeringuilla!

El falsificador, hoy día exhibe sus diplomas y estampilla sus productos "bajo la garantía del gobierno". Él es el rey, y la escuela se ha convertido en su servidora que hace sonar en falso la moral y la historia, las ciencias y el cálculo, el arte y la literatura. La bisutería sustituye por todas partes al metal

© Ediciones Morata, S. L.

noble. La forma mata al espíritu y la mecánica a la vida. Y entonces aparecen como peligrosos iconoclastas los hombres de sentido común que querrían volver a dar curso al pensamiento profundo, nutrido con buena savia ancestral, y enseñar a los niños a rascar la capa de barniz para desenmascarar a los falsificadores del espíritu.

En un mundo que impone sus prácticas de sucedáneos y falsificaciones, ¿sabremos ser suficientemente lógicos y humanos para devolver la primacía a aquellos actos funcionales que la escolástica ha complicado y devaluado y que se llaman: sentir, crear, comprender, socializarse, vivir y amar?

Madera maciza o contrachapada

En mis tiempos, me dice el viejo pastor, no nos veíamos tan agobiados por la vida como hoy día. Si construimos nuestra cabaña rústica, nos preocupamos de cimentarla, levantarla y equiparla como si tuviera que durar siglos. Cuando el carpintero tallaba en pleno corazón del nogal las hermosas planchas de los muebles que ultimaba con amor, tenía también conciencia de crear para la eternidad.

Una especie de ley del trabajo impregnaba nuestra manera de comprender, de cimentar y de construir la vida.

Se diría que hoy la humanidad vuelve a la infancia. Necesitáis joyas que brillen, incluso si se deslustran antes de haber servido. Decidís construir una casa y ya querríais vivir en ella, como el niño que entra a gatas en la choza medio montada. Cavar cimientos, levantar paredes de piedras... ¡es demasiado fastidioso! Traed ladrillos prefabricados y el inmueble se construirá como un castillo de naipes.

¿No tiene un aspecto bonito? Por eso no quedará: el revestimiento de las paredes tapará la fragilidad de la construcción, y los muebles de madera blanca encolados con prisas se recubrirán con una placa de nogal o caoba de bellos efectos aristocráticos. En la biblioteca hábilmente barnizada se alinearán diccionarios y álbumes postizos con franjas patinadas y títulos en oro dignos de un destino más útil.

Me ponen como objeción que estas deformaciones lamentables son el precio de un progreso que extiende, ante la mayoría de los hombres, unos sucedáneos de lujo y de comodidad que antaño eran patrimonio de los privilegiados. Son la tara de una sociedad mercantil que sacrifica al provecho egoísta las generosas expectativas de los hombres.

Para la cultura del pueblo tenemos otras ambiciones y no queremos que, a fuerza de llevar joyas de bisutería, de construir y vivir en casas como castillos de naipes y de usar muebles chapados, os parezcáis a aquellas bibliotecas de estantes pretenciosamente adornados con sobrecubiertas de ricas etiquetas, pero en cuyo interior no hay ni siquiera viento.

¡Cuidado con el canto-hachís!

Cada siglo tiene su hachís especial, según las necesidades de los aprovechados que tienen interés en adormecer al pueblo.

Cuando yo era joven se tenía el recurso de los rezos.

¡Qué horas tan largas pasadas en la iglesia, contemplando las velas que vacilaban, mientras el cura, el sacristán y las beatas salmodiaban letanías incomprensibles! ¡Y las tardes interminables de vía crucis donde había que esperar frente a cada estación a que se despachara el lote regular de bisbiseos!

Después fui soldado. Allí, cuanto más dura era la etapa, más pesadas eran las botas, cuanto mayor era el peligro, más recomendaban los superiores a la tropa que cantara mientras caminaba. De esta forma nadie piensa en su destino. El estribillo domina los suspiros de los desanimados o las reflexiones amargas de los filósofos. Y cuanto más tonta es la canción mejor desempeña su función.

Si no estamos prevenidos, pronto se aplicará el mismo régimen del canto-hachís en las escuelas, en las guarderías, en las colonias de verano y en los movimientos de juventud. Ya no se tomarán la molestia de profundizar en la psicología de los niños ni de preparar una pedagogía sana que les permita satisfacer sus necesidades mayores de expresión y de trabajo. En adelante es inútil reflexionar, bajo el riesgo de discutir las órdenes recibidas, tratar de comprender para escoger y actuar de una forma autónoma y original. Se cantará. Y cuanto más duro es el camino, cuanto más inciertos son el presente y el futuro, más se cantará. Y cuanto más vulgar es el canto, se consigue mejor la finalidad de este nuevo hachís: embrutecer.

Mi advertencia no es una crítica: es una defensa de la oración sincera —la que es una humilde comunión espiritual preconizada por los Evangelios— de la música y de la canción que son la comunión superior mediante la que escritores, poetas, músicos y artistas nos ofrecen las espléndidas alas para subir hacia las cumbres.

En la cañada estéril

Los maestros estamos en la situación poco envidiable de un pastor que se viera obligado a confinar a su rebaño en la misma cañada estéril donde pacían desde hacía años varias generaciones de ovejas: prohibido dejar a los animales que se aventuren por la montaña, hacia la reserva de la repoblación forestal vigilada por los guardias. A la izquierda, un campo de centeno que las ovejas no deben pisar. A la derecha, la desnuda landa por donde pasarían para perderse en el bosque cercano.

Es ahí donde el pastor tiene necesidad de permanecer con el ojo abierto y tener buenos perros. Se oye balar sin cesar a las ovejas inquietas. Y los cencerros se agitan... ¡Perro, por aquí! ¡Perro, por allá!... Ya no es una noble ocupación sino una carga inhumana.

© Ediciones Morata, S. L.

Y el pastor piensa, con nostalgia, en el ganado que conduce en verano hacia la hierba fresca de la alta montaña. Ni un ruido, ni un grito, incluso los cencerros están mudos. ¡Paz y seguridad!

Vosotros pretendéis confinar a vuestros hijos en un aula estéril donde no encuentran nada que otras generaciones de niños no hayan pervertido y trivializado, nada que calme su hambre de conocimiento y su sed de amor.

Entonces, sintiéndose descentrados se mueven sin cesar; se cambian de sitio y se pegan, o husmean en el exterior las promesas de vida y libertad. Y el maestro se agota tratando de mantener por todos los medios el silencio y la disciplina; por todos los medios, mediante la palabra o con el látigo, esperando que la ciencia adapte a nuestras escuelas los sistemas de cercas electrificadas que tienen tanta eficacia en las dehesas.

¡Hazte el muerto!

Todos los seres se defienden según los mismos principios contra la autoridad que les reprime o los peligros que les amenazan.

El escarabajo pelotero, al que cortáis el paso simulando que le quitáis la bola, se inmoviliza y se hace el muerto, para irse intrépidamente en cuanto ve pasado el peligro.

El perro al que regañáis, baja las orejas y estira la cabeza entre las patas con un aire resignado. Se queda quieto. Pero, en cuanto volvéis la espalda, se despierta con cautela, abre un ojo inquieto y se lanza a todo correr hacia la pista prohibida.

¡Hazte el muerto! Es el consejo que el veterano que está al corriente de los reglamentos militares, le da al recluta. En cuanto el brigada se haya ido, ¡viva la libertad!

¡Hazte el muerto! repite el mal estudiante experimentado a su compañero todavía interesado que querría preguntar, corriendo el riesgo de alargar la clase y complicar los deberes. ¡Hazte el muerto! Acepta aparentemente y con pasividad una ley del medio que es peligroso de afrontar... No digas nada, no es asunto tuyo... Deja al maestro que se las arregle...

¡Hazte el muerto! aconsejan los educadores comprometidos con el laminador de la rutina... No nos aburras más con tus preguntas, tus innovaciones o tus experiencias... Deja hacer a los expertos y salgamos del apuro.

Pero cuando el escarabajo haga rodar su bola; cuando el perro se vaya, intrépido, en busca de su presa; cuando el soldado goce, lejos del cuartel y del brigada, de un descanso calculado con demasiada parquedad; cuando el alumno, huyendo del reglamento escolar, realice a través de los campos, por los caminos y los bosques, al menos una parte de sus sueños; cuando el maestro encuentre las fuerzas vivas que proceden de una nueva comprensión del dinamismo de su función educativa, entonces veréis la actividad y la audacia que puede suscitar una vida cuya ley principal es, a pesar de todo, triunfar.

¡Hazte el muerto! Es, desgraciadamente, la expresión más significativa de esta pasividad de la que os quejáis y que no es más que la reacción natural contra los obstáculos que la escuela pone al desarrollo de las personalidades y a la realización de sus destinos.

Liberados del rito

—Te desgañitas gritando sin descanso a tus bueyes... Mira a Rossignol conducir el arado. Silba y ya nada anda mal, al contrario... Los animales se acostumbran a los gritos, como a los bastonazos, y no os escuchan...

—Sí, muy bien... ¡Pero son tan "malos" y tan desobedientes!... ¡Para mandarles!...

—Basta con saber hacerlo. En mi bolsillo llevo siempre una corteza de pan o un pedazo de manzana y se lo ofrezco a mis animales como premio. Así me escuchan mejor y, si me enfado una vez, son más sensibles...

Sed como el buen labrador y la madre atenta y dejad de comportaros en vuestra clase como el domador que teme perder el prestigio y la autoridad si no deja oír su pesada voz mientras hace silbar su fusta.

Os veía partir hacia el campo, rodeados de nuestro grupo de amigos alegre y bullicioso. Y hablabais como un padre a sus hijos o el primogénito a sus hermanos, con una voz natural y humana, incluso cuando hay que llamar la atención a algún testarudo francotirador.

¿Por qué, pues, al franquear el umbral de vuestra clase habéis vuelto a tomar la voz de maestro de escuela con sus gritos, sus amenazas y sus reproches, que van acompasados con los chasquidos rabiosos de vuestra simbólica regla?

¡Es la escuela!, decís.

No critico a los maestros y no voy a lanzarles ahora una teoría inútil. La atmósfera de una clase viene dada, ante todo, por el género y la calidad del trabajo que se hace en ella. Cuando las beatas de la iglesia ordenan los bancos y adornan con flores los altares para la gran fiesta del domingo, la sala austera resuena con los gritos y las risas de una juventud liberada de los ritos. Si, con el libro en la mano, hacéis recitar unas lecciones monótonas y muertas, ¿cómo hallaréis de nuevo la vida en vuestras entonaciones y en vuestras actitudes comunes? Y si vosotros mismos no hacéis más que pontificar, interrogar, vigilar y sancionar, ¿cómo os libraréis de unas costumbres que os parecen, sin embargo, una anomalía anacrónica?

Modernizad, pues, mediante las virtudes del trabajo, la atmósfera de vuestra aula. El mundo de 1959 no tiene ninguna necesidad de maestros de escuela de 1900, como tampoco el ejército moderno la tiene de brigadas enfermos de gota.

¡Id al encuentro de la vida!

Todos nosotros somos delincuentes

Tiempo feliz el nuestro cuando, a principios de siglo, los moralistas no habían inventado aún las palabras ni las funciones de "psicólogo" o de "psiquiatra" y no se sabía lo que era un delincuente.

© Ediciones Morata, S. L.

Tal vez los policías en sus rondas habituales usaban ya este calificativo, pero, inocentemente, sólo para demostrar que no hablaban el lenguaje de todo el mundo. El "delincuente" era el culpable que se había dejado atrapar cuando cometía un delito, es decir, una falta leve sin consecuencias graves.

Tiempo feliz cuando los que paseaban tenían el derecho consuetudinario sobre el manzano que extendía sus frutos por encima del seto, sobre la uva que colgaba a lo largo del muro y sobre las nueces que, en otoño, tapizaban los caminos. Y cuando podíamos, sin pena y sin remordimientos, ampliar un poco nuestro dominio para coger uvas en el emparrado o para picotear las grosellas.

¡Tiempo feliz! "Por Todos los Santos, todo lo que queda en los campos es para los niños", decían los ancianos. Haciéndonos fuertes en nuestro derecho, invadíamos los prados desiertos, derribando a pedradas las últimas manzanas que permanecían obstinadamente agarradas a los árboles desnudos. Y saboreábamos el placer de comer las frutas prohibidas que la sabiduría popular nos daba la oportunidad de conquistar.

¡Ah! si en nuestra época hubiera habido policías tan celosos de sus prerrogativas como los de hoy día; si los jardines y los campos hubieran estado cercados y hubiéramos corrido el riesgo de que nos sorprendieran escalando las rejas; si se hubiera prohibido por ley extender las manos hacia los racimos que se ofrecían o hacia el melocotón tan apetecible que tentaría al propio demonio; si hubiéramos vivido, con nuestra sed de experiencia y libertad, en un mundo donde los niños tendrían apenas el derecho de seguir por los pasos de peatones; si nos hubieran "sorprendido" llenándonos los bolsillos de nueces o aprovisionándonos de uvas en las parras; si el propietario ofendido nos hubiera "conducido" ante el policía responsable del "orden" que nos habría interrogado y acusado; si hubiéramos tenido problemas con la justicia y si se nos hubiera conducido despiadadamente ante un tribunal, aunque fuera de menores, llevaríamos todos, inscrita para siempre en nuestras fichas personales, la infamante nota de "delincuente".

Hay actos que no son represibles más que en función del egoísmo y la inhumanidad de los que detentan la propiedad y la autoridad.

¡Delincuentes!

¡Que los que no hayan pecado nunca les lancen la primera piedra!

© Ediciones Morata, S. L.

No soltéis nunca las manos

**¡No soltéis nunca las manos...
antes de tocar con los pies!**

Es la gran ley psicológica del tanteo experimental. Es permanente y universal como la necesidad superior de conservar y defender la vida. A nadie se le ocurrirá lanzarse desde lo alto de una pared para ver cómo se aplasta abajo contra el duro suelo. Y los audaces, a veces, se muestran temerarios sólo porque no calculan en su justa medida la profundidad del precipicio. Esperan poder irse agarrando con las manos el tiempo suficiente para rebotar sobre las piernas al caer. Si se equivocan, sucede la catástrofe.

La misma ley es válida en pedagogía. No abandonéis un método de trabajo más que cuando hayáis encontrado otro mejor al que agarraros. Haréis como el excursionista que quiere avanzar y subir, ciertamente, ya que el destino humano consiste en salir a la conquista de un trozo de cielo azul que nos tienta por encima de las montañas. Seguiréis los caminos trazados el mayor tiempo posible, mientras conduzcan a la dirección deseada; os pararéis para dormir y abasteceros en los acogedores refugios, instalados hace cien años por los audaces como vosotros que abrieron el camino. Después os marcharéis de allí, bien equipados, con un guía, para afrontar la montaña invencible.

Pero entonces iréis lenta y metódicamente, aventurando un paso sólo cuando el lugar para poner el pie está tallado en la roca; no lanzándoos sobre un nevero más que cuando los demás miembros de la cordada permanecen en la orilla segura, dispuestos a agarraros y retroceder si cometéis una imprudencia o dais un paso en falso.

Los audaces que sólo son audaces son siempre vencidos por la montaña. Para vencerla hay que saber hacerle frente según las leyes de la conquista y de la vida.

Haréis lo mismo en pedagogía. Avanzaréis con prudencia utilizando al máximo los viejos caminos seguros, sentándoos en las paradas que jalonan,

© Ediciones Morata, S. L.

como en los vía crucis, el difícil camino que conduce a la cima. Y os enfrentaréis con las dificultades sin soltar las manos, sólidamente atados a la cuerda que os devolverá si es necesario, aunque de un modo un tanto violento, al terraplén del que podréis partir de nuevo hacia la inevitable conquista.

Buscad a Adrien

En el pueblo de mi infancia, Adrien era el hombre de las manos mágicas que, sin haber aprendido nada, dominaba todas las técnicas.

Si hacía falta afilar los cuchillos y matar al cerdo, iban a ver a Adrien. Si se necesitaban cestos para recoger la colada limpia: "Ve a casa de Adrien..." Para construir y calentar un horno de cal: "Formemos equipo con Adrien". Y si, para la fiesta mayor, falta la música para bailar, Adrien viene con su tambor para acompañar a la dulzaina.

No tenía necesidad de manual, ni de instrucciones, ni de cursillo de aprendizaje. Parecía lograr, desde un principio, el control por medio de no sé qué aptitud para comprender las cosas y los hombres. A todos nos daba la impresión de que cualquier cosa era fácil y posible.

Pero cuando tratábamos de imitarle, nos cortábamos con los cuchillos, nuestros cestos eran deformes, el horno se desmoronaba antes de que la piedra estuviera cocida y el tambor sonaba mal. Entonces pedíamos a Adrien que nos explicara sus éxitos, lo que hacía de buena gana, un poco extrañado, sin embargo, de que no comprendiéramos desde el principio lo que nadie le había enseñado.

También hay algún Adrien en educación. Son escasos. Se presentan a la vez como un ejemplo y como un peligro. Un ejemplo porque os impulsan a llevar siempre adelante vuestras antorchas. Un peligro porque suelen deciros: "Es tan fácil... hacer como yo." Y no siempre con la benevolencia de Adrien, a veces con una especie de preocupación por guardar celosamente su superioridad y dejaros a tientas en la noche y en la dificultad.

Nosotros somos la masa de investigadores de manos vulgares, que necesitamos la experiencia de los que han tropezado con las mismas dificultades que nosotros, que debemos aprender a construir un horno y a tocar el tambor, con la esperanza tal vez de que los niños que hayamos educado adquieran el espíritu fértil y las manos mágicas de los Adrien del mañana.

Ponerse en cabeza del pelotón

A veces os preguntáis, al atravesar un bosque, por qué el suelo está tan desnudo entre los troncos de los árboles y por qué no crece una generación de pequeños pinos sobre el generoso humus, con la humedad precisa, resguardado del viento. Y es que para crecer, para vivir y durar, el árbol tiene necesidad de alcanzar la luz y el sol, incluso si para ello debe doblarse y penetrar por entre los altos tallos. Si no lo consigue, se seca y muere.

© Ediciones Morata, S. L.

Mirad los corredores del *Tour* de Francia. O en algún momento se ponen en cabeza del pelotón y llegan en una buena posición para la clasificación, o abandonan. Porque, para ellos la carrera no tiene sentido ni ventajas si no les permite, aunque sólo sea por un instante, calentarse al sol del éxito y de la gloria.

¿No habéis pensado nunca en la angustia de todos estos arbustos que, en el bosque de vuestra aula, no tendrán nunca la ventaja de ver el sol y de ponerse en cabeza del pelotón, que se marchitan y abandonan?...

A menos que, antes de abandonar, se enderecen y se deslicen para ponerse, aunque sólo sea por una vez, en cabeza del pelotón, incluso si es un pelotón poco recomendable. Elogiáis al buen alumno, inteligente y aplicado. Pero hay otros pelotones que descienden por la pendiente y a veces os golpean; el alumno que no triunfa según las normas con las que habéis hecho el reglamento escolar será quizá el más diestro jugando a las canicas, cazando con su tirachinas, encendiendo un fuego en la colina... o, simplemente, poniéndoos en ridículo mientras escribís en la pizarra... Y el que posee el récord entre los alumnos que ponen más moscas en el tintero se ha puesto, a su manera, al menos un momento a la cabeza del pelotón.

No desalentéis a los corredores. El escalador se pondrá en cabeza al subir el collado, el rápido atravesando las llanuras; uno vuela al principio y otro gana el *sprint*. Ojalá cada uno de vuestros alumnos pueda también en algún momento ponerse en cabeza del pelotón y destacarse en una de las múltiples tareas que la Escuela Moderna ofrece a sus discípulos: tendréis al escritor, al poeta, al dibujante, al narrador, al contable, al trágico, al cómico, al impresor, al grabador, al carpintero, al ajustador, al clasificador, al amante del orden, al músico, al cantante, al jardinero, al recadero, al farolero... Os será fácil encontrar treinta funciones destacadas para vuestros treinta niños.

Entonces veréis que los troncos suben y el follaje se espesa.

Abrid pistas

¿Has seguido alguna vez aquellos senderos de montaña, trazados y surcados por la multitud ancestral de pies de hombres y de patas de animales, y que son como la huella todavía viva de una humanidad que supera la historia?

A través de los prados, así como en los lados de las pendientes, no hay nunca una solución única, un camino exclusivo, sino senderos caprichosos más o menos paralelos y en cada recodo un abanico de caminos que se abren hacia otros horizontes.

Si en un momento dado el abanico se cierra, es señal de que el paso se hace difícil, que el sendero va a meterse en un desfiladero o a desembocar al único puente de madera que atraviesa el torrente. Pero una vez superado el obstáculo, como una flor que se abre, se extienden de nuevo los senderos aventurados que parten al asalto de la montaña que hay que conquistar.

De esta forma, la vida ofrece su plenitud a quien quiere afrontarla. No

© Ediciones Morata, S. L.

reduzcáis arbitrariamente de antemano la infinidad de tanteos y la multiplicidad de soluciones a los complejos problemas que nos plantea. No agravéis la monotonía de una vida cotidiana en la que el abanico de caminos se ha cerrado sobre la perspectiva gris de la calle que conduce a la fábrica. No desesperéis a vuestros niños haciendo de vuestra escuela un desfiladero de vía única, cuidadosamente rodeado de barreras, de bloques oscilantes y de precipicios, sin la esperanza de ver abrirse finalmente en una revuelta el abanico generoso de los senderos que suben hacia la plenitud de la vida.

Desde ahora, y cada mañana, abrid pistas, aun cuando no estéis plenamente seguros de que conducen al collado. Que haya para todos los temperamentos y para todos los gustos: para la oveja prudente que seguirá el camino central trazado hace ya tiempo, para el carnero orgulloso que tiene necesidad de mostrar sus cuernos infatigables, para el que subir y trepar parece a menudo un objetivo funcional.

Os ofrezco mi vieja experiencia de pastor: el ganado no es más difícil de conducir cuando se extiende por los senderos, calmado y satisfecho, en marcha hacia el mismo horizonte, que cuando se apiña por los lugares difíciles, pegados unos a otros, como una masa pasiva a la que una sombra que surja bruscamente puede lanzar al precipicio o que no espera otra cosa que salir del desfiladero, para dirigirse a ciegas por los primeros caminos que se abran.

El ojo mágico

"Deberíamos tener un ojo en todas partes y vigilarlo todo a la vez", se lamentan los pastores aprendices que, ocupados en defender un campo de trigo, no ven que el rebaño se mete por una grieta, como agua que se escapa, e invade el campo de alfalfa.

El talento del "maestro pastor" consiste, efectivamente, en permanecer atento a los detalles sin olvidar el conjunto, en lanzar a su perro contra las ovejas aventureras que se apresuran a saltar las barreras y en permanecer sensible, al mismo tiempo, a los cencerros lejanos de los animales separados o a los balidos desesperados de un cordero perdido.

"El aprendiz de conductor" permanece con los ojos fijos en la carretera como si ésta hubiera acaparado su atención. Más tarde, cuando tenga dominio del volante, podrá conducir su vehículo sin dificultad y a la vez detectar las averías posibles, mirar a derecha e izquierda y hacia atrás por el retrovisor... ¡y además discutir!

Esta aptitud tan preciosa de tener un ojo en todas partes y de hacer varias cosas a la vez, es ciertamente una función de esta elevada forma de inteligencia que inscribe en el automatismo las complejas exigencias de la vida. El niño, que está todavía dominado por los imperativos del equilibrio, sólo tiene, por el momento, una preocupación: llegar hasta la silla que le espera en el extremo del pasillo; el pastor que teme por el trigo olvida la alfalfa, y el alumno que todavía no domina la mecánica de las operaciones ve mal el conjunto de los problemas.

© Ediciones Morata, S. L.

Numerosos adultos han seguido siendo desgraciadamente niños a tientas, pastores principiantes y calculadores sin experiencia. La escuela y la fábrica los han formado como si fueran máquinas que sólo hacen una cosa a la vez, que no miran por el retrovisor y que precisan puntual atención haciendo los gestos limitados y uniformes que exige su funcionamiento. Los deberes y los libros, los resúmenes y los ejercicios eran la prolongación escolar de una especialización mecánica que preparaba el trabajo en cadena y el pensamiento servil.

La ciencia produce hoy día máquinas cuyo "ojo mágico" lo ve todo a la vez y toma en el tiempo deseado las complejas decisiones que se imponen. También nosotros cultivaremos el "ojo mágico" que, más allá de los disparadores y los engranajes, prepara la profunda formación politécnica susceptible de salvaguardar la dignidad y el destino del hombre.

Si el conocimiento...

Si no triunfamos, psicológica o pedagógicamente, es porque hacemos falsas maniobras, como el alumno de autoescuela que gira a la derecha en lugar de a la izquierda y se sube a la acera prohibida o que, por la noche, lanza las luces largas sobre el coche de delante cuando quería poner las cortas.

Nosotros nos dedicamos a detectar estas falsas maniobras aunque no encontremos al principio las soluciones adecuadas. Ver bien, despejar los caminos, evitar los barrancos y los callejones sin salida, es ya una pequeña o una gran victoria cuando nos aventuramos en las zonas tan mal exploradas de la conducta de los niños y los hombres.

Falsa maniobra sobre el *conocimiento.* Os han enseñado que es como un grano de arena al que se añade otro grano de arena, una página que se vuelve después de otra página, una piedra que se pone sobre otra piedra.

¿Y si el conocimiento no fuera más que una vibración imponderable que, como la electricidad, se transmite instantáneamente y no por ello es menos susceptible de modificar la consistencia y las reacciones de la materia que atraviesa?

Vosotros decís: hay que explicar las cosas racionalmente, añadiendo uno a uno para sumar dos, un peldaño viene después de otro para subir más arriba. Desgraciadamente, con este proceso no se va ni deprisa ni hacia arriba, aunque se diga que es "científico".

En la práctica, una luz que surge, una señal que se desencadena, una sacudida o un choque suscitan en todo el cuerpo unas reacciones que os agitan. Y en el mismo instante, sin saber cómo ni por qué, una bombilla indicadora se enciende.

Mientras la bombilla no brille, podéis cansaros subiendo peldaño tras peldaño, poniendo piedra sobre piedra. Tanteáis en la noche y sólo levantáis construcciones poco seguras, sin horizontes y sin salidas.

La infancia no es un saco que se llena; es una pila generosamente cargada, cuyos hilos complicados, pero cuidadosamente montados, no corren el

© Ediciones Morata, S. L.

riesgo de dejar escapar la corriente, una red delicada y poderosa ampliamente distribuida que penetra hasta los rincones más secretos del organismo para darle vitalidad y armonía.

Entonces, cuando estas condiciones ideales se cumplen, sólo tenéis que apretar para dar el contacto. Antes de que hayáis podido explicar, el niño ha comprendido. Si no ha comprendido, al menos es inútil volver a poner piedra sobre piedra y subir peldaño tras peldaño. Sin duda vale más volver a cargar la pila, comprobar, reforzar y extender las conexiones.

Entonces brillará la luz, soberana.

¡Fulgurantes!

Todas nuestras adquisiciones nacen, brillan y se apagan, desgraciadamente, como el fuego al que se va alimentando poco a poco para concentrar en él la suficiente fuerza explosiva y que estalle en llamas devoradoras que suben y chisporrotean y que, a veces, nada puede detener. Si golpeáis... las activáis. Echáis agua y parecen alimentarse con ella, invencibles.

Pero cuando el fuego llega al lindero del bosque o cuando se termina el tronco resinoso que lo mantenía, la llama muere, como si desde entonces le faltara el poder esencial que la hacía misteriosa y temible.

Todas las conquistas preescolares de nuestros alumnos son también fulgurantes, alimentadas desde el interior, y proyectan sobre el mundo que está a la expectativa las llamas invasoras de su temeridad. Y nos quedamos ahí sorprendidos como ante un incendio: ¿de dónde han sacado estas ideas? ¿Qué es lo que suscita esta audacia? ¿Por qué camino sesgado, como el de un rayo, han comprendido lo inexpresable? ¿Cuál es su secreto para coger una herramienta que nosotros mismos no pudimos manejar en cuanto hemos dejado morir la llama?

Porque esta llama, a sabiendas o no, la apagamos al comienzo de la escuela. En cuatro años de vida, sin esfuerzo aparente, sin deberes y sin llantos, nuestros alumnos han alcanzado unos niveles que nos sorprenden. Son extraordinariamente ricos en ideas, en lenguaje y en experiencias personales originales; son ricos también en ingenio y en aquella sed devoradora que les empuja a ir siempre más lejos, hasta los límites de los pastos donde la escuela les espera —¡miserable!— con sus cortafuegos y sus zanjas.

Cuando la llama esté apagada, cuando hayamos dominado metódica y científicamente el peligro que nos amenaza, trataremos en vano de remover las brasas, de soplar en las cenizas todavía calientes, de traer caritativamente un puñado de hierbas secas para tratar de reanimar los focos desaparecidos. Pero frente a nosotros no hay más que el desierto de los cortafuegos y la barrera de las zanjas definitivas.

Felizmente, la llama a veces corre todavía a expensas nuestras hacia las lindes de las brozas donde se ponen de nuevo a crepitar unos focos tenaces que llamamos "prodigios" porque hemos perdido sus huellas y sus caminos. Éstos son los que se convierten en las antorchas del mundo que continúa.

© Ediciones Morata, S. L.

Escrito sobre pergamino

Después de trece años de ausencia, he vuelto a ver el pequeño pueblo de Provenza, hoy medio desierto, donde transcurrió mi infancia.

Para hallarme en él a mis anchas no he tenido necesidad de sacar mi libreta de apuntes como cuando voy de compras a la ciudad, ni de llevarme manuales precisos sobre las observaciones que la escuela habría podido imponerme en otros tiempos.

El reconocimiento, el hecho de que renazcan en mí unos recuerdos no es tanto una cuestión de memoria como de atmósfera, de sentimiento, de afectividad y de vida. Cuando veo de nuevo las viejas casas apiñadas al pie de la roca, cuando percibo —mezclados todos los sentidos— el eterno murmullo del manantial que cae en cascada entre las zarzas, el ruido del molino donde el agua gira hoy en el vacío entre los escombros; cuando vienen hacia mí hombres y mujeres que trece años de acontecimientos trágicos han marcado y envejecido, mis recuerdos reaparecen —mezclados todos los elementos— con una fidelidad total, como si delante de mi pensamiento desfilase una película mágica del pasado resucitado. Nada está olvidado: ni aquella ranura en la piedra del parapeto, ni la altura de los peldaños ante la puerta de mi casa, ni aquel anillo en la pared donde atábamos simbólicamente a nuestros prisioneros, ni los gestos habituales de la panadera sacando las hogazas calientes de las que arrancábamos con glotonería los primeros pedazos.

Los psicólogos os dirán que, para enriquecerse, la memoria tiene necesidad de elementos perdurables, de observaciones precisas y metódicas. No me faltaron desde que asistí a la escuela. El proceso no me ha dado resultado. Su huella se ha perdido hasta volverse inapreciable como esos escritos modernos cuya tinta palidece y después se borra, mientras que la vida ha cincelado todo en mi memoria tan precisa e indeleblemente como en el pergamino.

¿Soy acaso una excepción? Y si es un hecho general, ¿no resultará que los psicólogos y pedagogos se han lanzado por una pista falsa, que han escrito con la tinta, que palidece y después se borra, y que nos basta con encontrar el secreto de la escritura indeleble que inscribe en nosotros para siempre lo que la vida ha marcado una vez, un minuto, un instante, con su sello de soberana humanidad?

La interrogación

Si queréis que la escuela sea la imagen de la vida rechazaréis la interrogación como método de trabajo, ya que, en la vida, no se interroga más que cuando se quiere conocer.

A nadie le gusta ser interrogado, a los adultos no más que a los niños. Porque el interrogado se sitúa inmediatamente en una situación de inferioridad frente al interrogador, y el ser humano no puede soportar el sentimiento de inferioridad. Siempre es preferible, humana y pedagógicamente, dedicar la mayor parte al individuo y colocarse delante de él en inferioridad, dándole en seguida la ventaja de la superioridad y del poder.

Pienso en mi pequeña Nicole, de 3 años, cuya frente se entristece y que hace pucheros cuando no le sale bien lo que está haciendo o lo que desea y que me acompaña con un aire de victoria y de seguridad diciéndome:

—Voy contigo al estanque porque tienes miedo del lobo...

La interrogación es un resto de la filosofía religiosa que veía al niño marcado desde su nacimiento por el pecado original y creía en la necesidad de mortificarlo y de rebajarlo sin cesar, para acostumbrarlo al desprecio de sí mismo y a la humildad. Es un método que puede dar resultado con las almas nobles y bien templadas, pero que para la masa del pueblo sólo consigue el temor hacia los mayores y el respeto por la autoridad establecida.

Suprimid la interrogación y substituidla por el éxito de un buen trabajo. El aprendiz de boyero se sentirá humillado e impotente si le hacéis una de aquellas preguntas sobre el arado o la utilidad de las labores a las que ya sabéis de antemano que no sabrá responder —¡si no, no se la hubierais hecho! Y cuando tome la esteva del arado, estará titubeante y dominado completamente por el temor del fracaso. Temible desventaja para quien intenta una tarea difícil.

Al contrario, dad consejos útiles, poned el arado en el surco y decid:

—Ahora esto marcha solo. Camina y silba.

Y el boyero triunfante, cuando llega al final de la línea, admira el hermoso trabajo realizado.

Ayudemos al niño, conservemos en él el deseo y la necesidad del trabajo, dejemos que pregunte él mismo y pida consejo y arreglémonoslas para que consiga su surco y pueda admirar triunfador el resultado de su esfuerzo.

Con una pizca de éxito, una gran confianza y un medio favorable para el trabajo, el niño iría hasta el fin del mundo.

Una dirección sensible

¿Habéis intentado girar el volante de vuestro coche cuando está parado, cuando arranca lentamente y cuando le cuesta coger, a velocidad reducida, una curva cerrada? A pesar de vuestros esfuerzos, no sois dueños de la dirección obstinadamente rebelde, que sólo responde a vuestros deseos chirriando.

Primero coged velocidad: la dirección se volverá cada vez más obediente y flexible, nerviosa y viva. Cuando llevéis buena marcha, será tan sensible que podréis girar el volante fácilmente con un dedo.

Se trata aquí de una de aquellas leyes de sentido común que, como tales, son compartidas por la mecánica, la sociología y la pedagogía.

No tratéis de orientar al niño si no lo habéis puesto en marcha de antemano, o si habéis reducido artificialmente su impulso en las difíciles curvas de la vida. No hagáis caso de los pedagogos estáticos que os dicen cómo enseñar el arte de girar el volante de un coche parado. Os cansaréis sin provecho y estropearéis la máquina.

© Ediciones Morata, S. L.

¡Arrancad, pues! Sacudid y exaltad la vida; acelerad hasta el punto deseado para evitar las pérdidas de velocidad; sabed ir a todo gas en las rectas sin peligro. Una palabra, un gesto apenas iniciado, tendrán entonces más alcance que cien discursos sobre el sentido y el destino de vuestra conquista común. Se abrirán nuevos horizontes por el solo hecho de vuestro vivo dinamismo; surgirán pensamientos que habríais buscado en vano en las lecciones y en los libros.

Cuando en primavera llevaba a pacer a mi rebaño de cabritillos saltarines e indisciplinados, trataba de empujarles delante de mí incitándoles con mi bastón y gritando muy fuerte; gesticulando para impedirles que se marcharan de repente, por un camino secundario, hacia un campo de trigo maduro. Los echaba de un sitio y, al momento, ya estaban pegados a un sabroso peral... Pues los cabritillos no saben andar recto, prudentemente, como se debe hacer.

Entonces pasaba delante saltando como ellos, y tan deprisa que no tenían tiempo de oír la llamada tentadora del trigo o del peral al borde del camino, y les conducía así, sin molestias, hasta la orilla del río, donde crecían las flores de las mimbreras.

No perdáis velocidad. Temed las palabras muertas y estériles. Entonces forjaréis la verdadera pedagogía del trabajo.

¿Educar o domesticar?

La naturaleza está hecha así: a nadie le gusta obedecer pasivamente.

Cuando de niño seguía a mi burro, a veces me sucedía que quería hacerle pasar, no sé por qué, por donde él no quería. Tiraba de él... tiraba de él... Y cuanto más tiraba yo, más tiraba él en sentido contrario. Soltaba el ronzal, pasaba por detrás, y ¡zas! ¡le sacudía un bastonazo! El burro arrancaba, daba algunos pasos para hacerme creer que se había rendido a mis razones, después, bruscamente, partía al galope hacia la dirección que le atraía.

Dicen que el burro es testarudo... ¡El más testarudo es todavía muy dócil!

Tratad de empujar un cabritillo por un camino o encerrarlo en una cerca. El animal siente un peligro, como si estuviera al borde de un precipicio. Cuanto más empujáis, más reacciona para oponerse a vuestros esfuerzos. Esto forma parte del instinto de conservación y de defensa de los seres animados.

El hombre no es una excepción. Existe, ciertamente, el individuo acostumbrado al rebaño, doblegado a la obediencia, domesticado hasta el punto de haber perdido la reacción vital que es su dignidad.

Pero el niño aún es nuevo en esto. Reacciona como el cabritillo. Con sólo presentir que queréis orientarlo por un determinado camino, su movimiento natural será lanzarse en sentido contrario.

Si vuestros esfuerzos son visibles, obstinados, si tiráis de él o lo empujáis, se opondrá hasta la violencia.

Si conseguís obligarle, por fuerza o con trucos, hará como el burro, volverá sobre sus pasos a la primera ocasión.

© Ediciones Morata, S. L.

Vuestro primer movimiento, cuando alguien os empuja, ¿no es el de resistir a la presión y tratar de vencerla?

El viejo pedagogo, el filósofo obstinado tal vez saben todas estas cosas. Pero objetan: "En la vida no se hace nunca lo que se quiere... ¡que aprendan primero a obedecer!"

Y no se dan cuenta de que, haciendo esto, son tan ilógicos como el carpintero que se empeñara en trabajar la madera en contra de la veta, porque es la madera la que debe ceder la voluntad del artesano, o como el pastor que estuviera orgulloso de haber acostumbrado a sus cabritillos a penetrar pasivamente en el sombrío cercado, donde el carnicero vendrá para escogerlos.

¡Diablo de rastrillo!

Conozco la historia en la versión provenzal; también, exactamente igual, en la versión de los Vosgos. Esto es una prueba de la universalidad del sentido común del que deberíamos sacar provecho.

Ernest volvía al pueblo. Desde que, por haber vivido en la ciudad vecina, llevaba zapatos finos, corbata cuidada, pantalón con pliegue y lucía una buena barriga, ya no sabía expresarse en el vivaz dialecto de su pueblo.

Era la época del heno y todo el pueblo estaba trabajando, arremangado, a pleno sol. Nicolas, con las piernas separadas, manejaba su brillante hoz. Se incorporó para respirar, sacó su piedra de afilar de la bolsa que llevaba en la cintura. Entonces vio a Ernest apoyado en unas matas en el lindero del camino que le decía gritando, en un francés voluntariamente chillón:

—Nicolas, ¿qué arbustos son éstos?

Nicolas, sorprendido, respondió en provenzal:

—¿Es que ya no reconoces nuestras "ginestas"?

Ernest bajó entonces, delicadamente, hacia las gavillas humeantes de rocío. Tenía el semblante molesto por los olores calientes que subían del prado que estaban segando.

Y cuando llegó cerca de Nicolas, puso distraídamente los pies sobre las púas de un rastrillo que habían olvidado allí las segadoras.

—¡Oh! Nicolas, ¿qué es esta herramienta?

Nicolas no tuvo tiempo de contestar. Ernest había apretado imprudentemente el rastrillo cuyo mango se levantó bruscamente propinándole un coscorrón magistral.

La palabra brotó entonces espontáneamente de lo más profundo de su ser:

—¡*Mounstré dé rastéou!* —exclamó en provenzal.

—Ja, ja, ja, rió Nicolas, nuestro rastrillo te da los buenos días...

Para nosotros, la lección de esta aventura es:

Haced surcos profundos, acercad vuestra educación a la vida, vestid vuestras palabras con su esplendor original, integrad vuestro saber a los gozos y preocupaciones del trabajo.

En el momento en que las creáis apagadas, hundidas para siempre en un pasado muerto, las veréis salir de nuevo, como a pesar vuestro, vivas y dinámicas, porque las habréis alimentado de sensibilidad y de experiencia y habréis edificado sobre roca.

La estilográfica escolar

—¡Pero es posible! ¡Trabajar la tierra con arado tirado por un burro en el siglo del tractor y del avión!

—Vosotros: ¡escribir todavía con la misma pluma de ganso de mi bisabuelo, que se tuerce y chirría, que gotea o no tiene tinta, una tinta que se descompone rápidamente, que se sale del tintero o que se seca en seguida sobre un fondo de moscas ahogadas!

Miráis a mi burro de pelo ralo que se arrastra a duras penas hasta el extremo del surco. ¡Ah! Ciertamente está en decadencia este tipo de arado, como también vuestra pluma de ganso. Ya no estamos en la época en que el campesino se destacaba por enganchar su montura con arreos engalanados y encerados y la cadena de cascabeles de cobre brillante, que cantaban al trote del animal. Ya no estamos en la época en que el escritor trazaba con una destreza artística los signos majestuosos de su escrfitura. Vuestro portaplumas de veinte francos no tiene más valor hoy día que mi burro de pelo ralo.

El niño pregunta:

—Dime, papá, ¿por qué tengo que aprender a conducir un burro, si cuando sea mayor tendré una motocicleta, un velomotor o tal vez un coche?

—Dime, papá, ¿por qué me enseñáis a escribir con la pluma de mis abuelos, si cuando deje la escuela tendré una estilográfica o tal vez una máquina de escribir? Dame una estilográfica en seguida: ya no tendrás que castigarme por la tinta vertida, la plumilla torcida o la madera mordisqueada.

No, no estoy orgulloso de mi burro pelado y lo cambiaría gustosamente por un pequeño tractor dócil y rápido. No glorifiquéis, vosotros, vuestras herramientas centenarias, y pedid a los inventores y a los técnicos que paren un momento de hacer planos para la bomba atómica y construyan, para todos los niños de Francia, la estilográfica escolar del año 1959.

Los "charlatanes"

En nuestros pueblos están los "babillaïrés" y los "travaillaïrés": los "charlatanes" y los trabajadores.

El trabajador trabaja primero. En su trabajo, a través y por medio de su trabajo, reflexiona, aprende, juzga, siente y ama.

El "charlatán" primero habla. La superioridad que el trabajador pide a su ingenio y su tenacidad, él pretende sacarla de su habilidad en manejar las palabras y en ajustar los sistemas en una maraña de reglas y teorías de la que es el mayor predicador. Es lo que llama pretenciosamente la "lógica" y la "filosofía".

© Ediciones Morata, S. L.

Aprendéis a montar en bicicleta como aprende todo el mundo. Los "charlatanes" os explicarán que es un error: ¿no es necesario conocer de antemano las leyes del equilibrio y las exigencias de la mecánica?

¡Pero ellos no saben montar en bicicleta!

Si se atrevieran, os probarían que os equivocáis al dejar hablar a vuestros bebés de manera tan poco científica, y os enseñarían todo el santo día las leyes ineludibles del verdadero lenguaje.

¡Pero vuestros hijos serían mudos!

Estos mismos charlatanes nos han persuadido de la necesidad de empezar la expresión escrita por el estudio metódico de la gramática y procediendo gradualmente de la palabra a la frase, de la frase al párrafo, después al texto completo.

Conocen la gramática, pero han perdido el don de una escritura sugerente y viva.

Nos hablan también, con un impudor sólo equiparable a nuestra credulidad, de las virtudes del trabajo de la tierra y los encantos bucólicos de las tareas campestres. Ya que su papel no consiste en trabajar sino en charlar. Y en una clase tranquila explican con ciencia y lógica cómo se trabaja en el campo, y el lenguaje de los surcos recientemente arados, o el llanto de las hileras de álamos en otoño con las lágrimas de oro de sus hojas al caer.

¡Pero ellos no saben arar!

No tengo otra cosa que decir a mi aprendiz de campesino sino las palabras densas que aportan en el momento requerido los consejos prácticos o los gestos esperados, y los sentimientos íntimos que se traducen en un movimiento, una mirada o un silencio.

Pero él se elevará con esta filosofía de los sensatos que es la confluencia de la ciencia, la lógica y el trabajo.

¡Y sabe trabajar!

¡Adaptarse a la vida y al trabajo!

"La enseñanza de los retrasados —dice Dottrens, excelente pedagogo suizo—, ha permitido perfeccionar ciertos métodos pedagógicos y, a veces, transformarlos por completo."

¿No se nos recuerda acaso, en cualquier manual de educación nueva, que Itard y Seguin fundaron sus observaciones sobre los retrasados; que la señora Montessori y el doctor Decroly se ocuparon, en un principio, de la educación de los discapacitados y que sus descubrimientos y su material, que han marcado ineludiblemente la pedagogía internacional, iban destinados primero a este grado especial de enseñanza?

¿Debemos felicitarnos sin reservas por este origen y esta tendencia de una parte importante de la educación nueva contemporánea?

Hemos ganado con ello, es cierto, la enseñanza mesurada, la necesidad del interés funcional sin el cual no vibra ninguna fibra del ser amorfo, la individualización de la enseñanza que permite a cada alumno andar mejor a su paso, la materialización y la experimentación que corrigen poco a poco la intelectualización a ultranza de la que acabábamos muriendo —conquistas todas ellas cuyo alcance en el progreso de modernización pedagógico no sabríamos exagerar.

¿Pero no habrá también graves peligros en ajustarnos así sin reservas a la educación de los discapacitados, y no es ya hora de reaccionar para lograr la creación de una pedagogía más natural y más humana?

Hoy señalaré solamente —ya tendremos ocasión de volver a hablar de ello— tres de estos grandes peligros esenciales:

1. La pedagogía de los discapacitados nos enseña a subir prudentemente, peldaño a peldaño, por la vía de la comprensión, de la adquisición y de la acción. Olvida que hay individuos que están preparados para subir la escalera de cuatro en cuatro o que, de un salto, llegan arriba, y para los que el hecho de marcarles el paso es enormemente fastidioso y un poco frustrante.

2. La pedagogía de los discapacitados ha concedido un valor a la enseñanza concreta y a la experimentación, pero también al material didáctico y a los juegos. En este dominio nos hallamos ante una verdadera regresión que, bajo una apariencia de progreso, limita a los más adelantados y a los audaces.

3. El doctor DECROLY ha revalorizado la necesidad de la observación minuciosa, pieza por pieza, brizna por brizna. Ha obtenido excelentes resultados con los discapacitados. Pero se olvida totalmente de aquella otra observación que actúa según otros procesos sintéticos, por medio de sentidos y con unas posibilidades todavía a veces misteriosas, aquella observación que se hace en un abrir y cerrar de ojos, que ve, en un santiamén, lo que en horas de observación dirigida no hubiera sabido descubrir.

Se ha dicho demasiado: "¡Adaptarse a los retrasados!..." Nosotros podríamos decir: "¡Adaptarse a la vida y al trabajo!..."

La observación mediante la iluminación

Thomas se presentaba al examen del CEP. Thomas era, en su casa y en la escuela o en el campo, el campeón del cálculo. Mientras el maestro dictaba un problema, Thomas hallaba instantáneamente, no se sabe cómo, la solución.

El día del examen Thomas resolvió también en un santiamén el problema que le pusieron. Pero el que examinaba, pedagogo escrupuloso, se inclinó sobre su papel. Vio el punto de partida y la llegada, sin ningún razonamiento intermedio. Ni se le ocurrió la idea de que se pudieran resolver problemas por iluminación, sin detallar el proceso que lleva seguro al resultado.

El examinador compasivo hizo señal a Thomas de que repasara sus cálculos. Thomas volvió a empezar tratando de pararse en los peldaños... Y se equivocó... Le suspendieron el CEP.

Puede ser que la costumbre escolástica de la observación metódica sea el saldo de una época —hace cincuenta años— cuando el viajero andante, el campesino que va al campo sobre su burro, el pastor atento a las raras variaciones de la vida que transcurre a su alrededor, podían pararse durante largo tiempo ante el único acontecimiento que se les ofrecía. Era la época de las máquinas simples, que giraban con un solo movimiento.

Hoy día, el conductor oye girar su motor, mira a derecha e izquierda y por detrás, reacciona ante el claxon vecino y, además, habla con el viajero de su lado.

El niño, que juega en la calle, ve pasar las filas de coches y de camiones, oye explotar una mina, silbar una sirena, zumbar un avión. Debe aprender a reaccionar ante lo complejo y lo múltiple y dominarlos. Estamos en la época de los mecanismos complicados que producen actos a imagen de la vida.

El 3 no va forzosamente detrás del 2

No siempre 2 y 2 son 4. El 3 no va, por fuerza, detrás del 2. El niño puede llegar a lo alto de la escalera sin subir metódicamente todos los peldaños; y yo soy capaz de deciros si falta alguna oveja en mi rebaño sin necesidad de contar las cabezas.

Levantáis los brazos al cielo: tales afirmaciones, todas ellas empíricas, contradicen y trastornan toda vuestra pedagogía matemática, aparentemente científica. ¿Qué pasará cuando probemos con los hechos que se puede aprender a leer sin haber estudiado jamás los elementos que componen las palabras y las frases; que ciertos problemas complicados se resuelven por otras vías distintas a las demasiado graduadas previstas en nuestros libros; que nuestros alumnos son capaces de pintar un cuadro emocionante sin haber seguido las clases que poseían hasta hoy el monopolio de la preparación para el arte; y de asombraros con un sentido poético antes incluso de conocer una sola regla gramatical, ortográfica o métrica?

Si esto es así —y lo es— es señal de que existen, para el conocimiento y la cultura, unos caminos que no son los que enseña y sigue la escuela. A la entrada de estos caminos, los falsos sabios habían colocado un gran cartel rojo que decía: *Prohibido a los pedagogos*. Hemos zarandeado el cartel y explorado ventajosamente los caminos posibles hacia las deseadas cumbres.

Cuando éramos pequeños, soñábamos por la noche con una escalera mágica cuyos peldaños, unos tras otros, subirían hasta el cielo. Y, sin embargo, los hombres, imitando a los pájaros, han abandonado los metódicos peldaños para tomar impulso hacia el cielo.

También nosotros tomamos impulso hacia la Vida: si el niño se interesa y se apasiona por su propia cultura, si quiere crear, instruirse, enriquecerse, lo conseguirá, tal vez por caminos ilógicos de contrabandistas, pero en un tiempo récord, con una seguridad y una plenitud que nos edificarán.

Todo consiste en hallar de nuevo esta disposición, esta vida, este furor de querer, que está en la naturaleza de nuestro ser. Si lo conseguimos en nuestras aulas, todos los problemas accesorios se verán resueltos.

Entonces podremos suprimir la metódica escalera y lanzarnos al vuelo.

© Ediciones Morata, S. L.

No siempre 2 y 2 son 4

En mi época, 2 y 2 eran 4; conocíamos la lista cantarina de las subprefecturas; recitábamos la tabla de multiplicar, hacia adelante y hacia atrás, y afrontábamos la estrategia de las guerras de Luis XIV y de Napoleón...

¡No al sentimiento! —nos decían. La ciencia es impasible e impersonal. Estudiadla y seréis hombres.

Sí, hombres que han ido a matarse entre sí como animales en el Marne o en la línea Maginot y que están en espera de nuevos Hiroshimas.

Pero ahora 2 y 2 ya no son 4; las subprefecturas no tienen funciones desde hace tiempo; la máquina calcula mejor y más deprisa que el hombre, adelante, hacia atrás y lateralmente; las guerras modernas han eclipsado a los héroes con encajes de "¡Señores ingleses, disparad primero!"

Hoy día la radio ya no se nutre de problemas matemáticos, sino de canciones, de coros y de música, y los hombres y las mujeres van al cine para reír y llorar, como para probarse a ellos mismos que, más allá de la cadena mecánica de la escuela, de la oficina y de la fábrica, siguen siendo hombres y mujeres, no por lo que conocen sino por lo que viven en su carne, en su espíritu y en su sangre.

Tienen razón, sin duda: la ciencia construye robots que, con 2 y 2, calculan a una velocidad vertiginosa y que son capaces de bajar las manecillas del mando y llevar la muerte más allá de las ondas. Desgraciadamente, la ciencia no ha creado aún al hombre que piensa, no por medio de hilos y de engranajes, sino con su ser sensible y que es capaz de marcar con su sello el destino de los robots.

Este ser sensible es lo que debemos educar, no sólo para crear y animar a los robots, sino también para dominarlos y sojuzgarlos para exaltar los elementos de conciencia y de humanidad que son la grandeza y la razón de ser del Hombre.

¡Haced saltar los calzos!

Seamos sinceros: si se dejara a los pedagogos el cuidado exclusivo de iniciar a los niños en montar en bicicleta no tendríamos muchos ciclistas.

Antes de montarse en la bicicleta sería necesario conocerla, es elemental, ¿no?, detallar las piezas que la componen, y haber resuelto con éxito numerosos ejercicios sobre los principios mecánicos de la transmisión y el equilibrio.

Después, pero, solamente después, el niño tendría autorización para montar la bicicleta. ¡Oh, estad tranquilos! No se lanzaría por una carretera difícil donde corriera el riesgo de herir a los transeúntes. Los pedagogos habrían preparado unas buenas bicicletas de estudio, montadas sobre calzos, girando en el vacío y sobre las que el niño aprendería a mantenerse en el sillín y a pedalear sin ningún riesgo.

Evidentemente, sólo cuando el alumno supiera montar en bicicleta le dejarían aventurarse con libertad sobre su mecánica.

© Ediciones Morata, S. L.

Por fortuna, los niños desbaratan de antemano los proyectos demasiado prudentes y demasiado metódicos de los pedagogos. En un granero descubren un viejo utensilio sin neumáticos ni frenos y, a escondidas, aprenden en unos instantes a montar en bicicleta, de la misma forma en que aprenden todos los niños: sin otro conocimiento de reglas y principios, cogen la máquina, la orientan hacia la pendiente y... van a aterrizar contra un seto. Vuelven a empezar con obstinación y, en un tiempo récord, saben montar en bicicleta. El ejercicio hará el resto.

Cuando después, para circular mejor, tengan que reparar un neumático, ajustar un radio o colocar de nuevo la cadena, entonces querrán conocer, a través de sus compañeros, de los libros o del maestro, lo que tratáis ahora de inculcarles en vano.

El origen de toda conquista no es el conocimiento, que no viene normalmente más que en función de las necesidades de la vida, sino la experiencia, el ejercicio y el trabajo.

Este principio de curso, haced saltar los calzos: ¡montaos firmemente sobre las bicicletas!

La noción de velocidad

Los maestros todavía son, en sus aulas estilo siglo XIX, como aquellos campesinos que, hace cincuenta años, veían pasar por las calles apacibles de sus pueblos los primeros coches, que producían explosiones y lo llenaban todo de polvo:

—¡Pero es posible ir tan deprisa!... ¡No podrían andar como todo el mundo! ¡Y ese ruido!... Mira: por poco aplastan a mis ocas.

Al maestro no le gusta la velocidad, sin duda alguna porque no está equipado para soportarla. Se irrita tanto contra el mal estudiante que siempre sufre averías, como contra el superdotado que termina una tarea antes de que los demás la hayan empezado y que, con sus exigencias, rompe el ritmo apacible de la clase.

Estamos lanzados por una carretera en la que rugen los coches, seguidos de cerca por las bicicletas; unos caballos fogosos galopan seguidos por la plácida tartana tirada por un burro conducido por una campesina. Y en último lugar, un hombre arrastra un cerdo gruñón. El vagabundo cierra la marcha, sin prisa alguna por avanzar, ya que no encontrará nada mejor delante que detrás.

La escuela querría poner a toda esta gente a caminar al mismo paso, reducir la marcha de los coches y las bicicletas, sacudir al vagabundo para igualar su ritmo al de la tartana del burro. Si no, ¿cómo queréis que siga y armonice a unos sujetos tan caprichosamente dispares?

¿Cómo? Colocándose valientemente frente a la realidad: hay niños rápidos y ruidosos, ciclistas atrevidos, caballos fogosos, asnos apacibles y vagabundos bonachones. ¿Por qué no dejarles ir al ritmo de su naturaleza, que ya acelerarán por sí mismos?

Bastará con reconsiderar el sistema de trabajo y la noción de velocidad para estimular y servir a la vida.

© Ediciones Morata, S. L.

Los que andan con las manos

Los que andan con las manos

Sin duda alguna, de pequeños os habréis divertido andando con las manos, no tanto por la hazaña realizada como por ver el mundo desde otro ángulo, con otra iluminación, con otras perspectivas.

Si anduviéramos mucho tiempo así, y además estuviera de moda ir de un sitio a otro sosteniéndose sobre las manos, os acostumbraríais a ver los árboles hundirse en el cielo, las casas abrirse por arriba y los animales moverse también en un mundo irreal en el que ya no se toca con los pies en el suelo.

Como la costumbre se convierte tanto más en una segunda naturaleza cuanto más larga y difícil ha sido de adquirir, podríais entonces preguntaros, sincera y lealmente, cómo es que unos hombres sanos de espíritu y de cuerpo pueden sostenerse erguidos sobre sus pies, y os sentiríais tentados a veces de entablar un pleito que justificara vuestras normas de hombres que andan con las manos.

Existen escuelas que, desde hace tiempo, se desvelan por andar con las manos. El aprendizaje es largo y laborioso. Los que se niegan a ello, los que no tienen la oportunidad, o los que se reconocen incapaces, son excluidos para siempre del mundo en que se anda con las manos.

Los demás tendrán tantos más honores y privilegios cuanto más temprano hayan terminado su inhumano adiestramiento. Si se han convertido en maestros, defenderán con intransigencia la cofradía de la gente que anda con las manos. No volverán jamás al mundo de los hombres que avanzan con la cabeza erguida y los pies sobre la tierra.

Lo más grave es que son ellos quienes aseguran andar normalmente. Si les decimos, y les demostramos, que nosotros avanzamos más deprisa y con una seguridad mayor respetando las leyes normales de la naturaleza humana, nos responderán:

© Ediciones Morata, S. L.

—¡No es así como se anda en el colegio! ¡Sosteneos primero con las manos!

Abrimos aquí el proceso de la gente que anda como todo el mundo, contra la cofradía de los que tienen el privilegio de andar con las manos.

¿Debo quedarme sobre las manos o andar con los pies?

Han caminado tanto tiempo con las manos; tienen la cabeza tan peligrosamente congestionada; encuentran tan normal esta manera de sostenerse y de moverse que llegan a compadecerse de los pobres humanos que se obstinan —contra toda ciencia, dicen— en andar con los pies.

Y os aseguran sin reírse:

—Vuestro método natural puede ser bueno con ciertos individuos; tal vez a la larga dé resultados nada despreciables, pero convenid en que, para emplearlo con éxito, hay que poseer cualidades particulares que no son patrimonio del conjunto de educadores. No aconsejamos a los jóvenes ni a los medianamente competentes lanzarse, tal cual, sin preparación. Que practiquen primero, sin pretensiones, nuestra forma de caminar con las manos que ha sido probada por siglos y siglos de escolástica.

Es cierto: los que andan con las piernas al aire se preguntan, sinceramente, por medio de qué prodigios nos sostenemos todavía sobre los pies.

Que observen a las madres que, desde siempre, han tenido un éxito absoluto, según este método natural. Que miren más allá de las cabezas de las clases que, efectivamente, aprenden en un tiempo récord a andar con las manos, el inmenso ejército de los rechazados que lo han intentado sin éxito, que levantan por un momento las piernas hacia el cielo, pero que en seguida son víctimas de un vértigo que compromete el equilibrio, y no mantienen su posición anormal más que con muletas y manuales, y rodeados de principios en abundancia. No van muy lejos de este modo. A veces, tan sólo hasta el certificado de estudios que consiguen apenas con las muletas.

Nuestros pseudo-científicos, que andan con las manos, se asombran después de que los niños a los que habían creído adiestrar en esta marcha antinatural se pongan a andar de nuevo sobre los pies tan pronto como vuelven a la vida.

¡Felizmente!

Sólo que por medio de esta falsa maniobra han comprometido su equilibrio natural, y sucede entonces que durante toda su vida formulan todavía esta pregunta que haría sonreír si no fuera trágica:

—¿Debo quedarme sobre las manos o andar con los pies?

Inquietos y vacilantes

Se les han enseñado tan bien a andar con las manos; se les ha convencido tan enteramente de que este esfuerzo es el resultado de una ciencia precisa y majestuosa, que llegan a utilizar al revés las nuevas herramientas que el mundo de su alrededor les ofrece o les impone.

Si les dieran una bicicleta nueva, la pondrían en seguida con las ruedas al aire porque es así, en esta estabilidad pasiva, como se llega antes al descansado equilibrio que la vida no altera en absoluto. Después os ponen la objeción de que las ruedas de la bicicleta giran en el vacío, que no producen más que viento y que los inventores se han equivocado seguramente en el montaje, ya que en el mecanismo no hay nada que avance.

Si lo que ponéis a su disposición es un material de imprenta, lo examinarán, le darán la vuelta, con su óptica deformadora de hombres que viven cabeza abajo. Calcularán científicamente el uso que pueden hacer de ello en su club de patas arriba, para imprimir paradójicamente teorías de palabras que giran en el vacío o, a veces, reglamentos autoritarios destinados a reforzar los barrotes de las jaulas de "juventud cautiva".

También os dirán que el sistema mal concebido no marcha bien y que no podría preparar a los niños para vivir en el mundo invertido que imaginan los pedagogos.

Lo más delicado de nuestra tarea de innovadores no es entrenar a los niños a soltar amarras con tenacidad en el sentido de la vida, sino acostumbrar a los educadores a sostenerse sobre los pies, según las leyes del sentido común y de la naturaleza. No os extrañéis de que, acostumbrados al frágil equilibrio de andar con las manos, se enfrenten con verdaderos problemas, inquietos y vacilantes, deslumbrados por la luz y el espacio, indecisos como aquellos niños que, después de haber girado mucho tiempo sobre ellos mismos, extienden obstinadamente los brazos como para alcanzar la sombra huidiza de un mundo nuevo.

De pie y a cuatro patas

Andan con las manos, os digo.

Y cuando hayan adiestrado a toda la juventud para andar con las manos, les enseñarán de nuevo a andar con los pies, pero esta vez me-tó-di-ca-men-te y cien-tí-fi-ca-men-te. Es lo que ellos llaman empezar de cero y con principios. Como si nosotros no hubiéramos partido todos de cero, aunque felizmente, con otros principios.

Pero hoy día es serio, oficial e inesperado. Inesperado porque no creíamos que el dominio de la educación física hubiera sido conquistado tan radicalmente por la tribu de personas que andan con las manos.

Se nos informa de que, en efecto, la Dirección General de Juventud y Deportes ha publicado el *Programa provisional de educación física de los establecimientos de segundo grado y de los establecimientos de enseñanza técnica,* en el que se aconseja al profesor que *"consagre sesiones particulares al sentido y la adquisición de la actitud de pie".*

Dicho de otro modo, en estos cursos se considera admitido que los alumnos han adoptado definitivamente la forma de andar al revés o que, por lo menos, todos los profesores que actúan con las piernas al aire tienen la convicción de que el mundo de su alrededor se ha colocado cabeza abajo, que las raíces de los árboles se hunden en el cielo y que el humo de las chimeneas corre como un manantial hacia las profundidades.

Y como no están completamente seguros de que los niños acostumbrados a andar con las manos puedan recobrar sin ningún riesgo la hipotética posición de pie, se les enseñará *"a desplazarse a cuatro patas"*.

Estas pretensiones —o estas precauciones— os hacen sonreír, porque pensáis que no impedirán que ningún niño ande normalmente con los pies, tal como lo aprendió por unas vías que sin ser científicas son con las que, desde que hay hombres y andan, los niños y los jóvenes aprenden a tenerse en pie.

Pero si la gente de la tribu de los hombres que andan con las manos os convence también de que nada de lo que habéis aprendido por vías naturales es válido y que hay que, después de haberos adiestrado a andar con las manos, enseñaros el *b-a ba* de la posición de pie o a cuatro patas en lectura, escritura, artes o ciencias, permanecéis inquietos. Y, efectivamente, nunca recobráis el indispensable equilibrio de la posición de pie.

¡Afortunados si por lo menos podéis llegar a la posición de cuatro patas!

Los jugadores de taba

"Un mayordomo de palacio, Carlos Martel, rechazó, en el 732, una gran invasión árabe en Poitiers..."

"A la familia de Clodoveo (merovingios), sucedió, en el siglo VIII, la de Carlos Martel (carolingios). El primer rey de la nueva dinastía fue Pipino el Breve..."

A través de la barrera, yo imaginaba al niño que se esfuerza en andar con las manos, titubeando, tropezando, cayendo, tomando de nuevo impulso como si por fin hubiera vencido el obstáculo, para caer de lleno en el silencio que sigue o precede a las catástrofes.

Todos hemos practicado en clase este mismo ejercicio. No nos ha enseñado nada, ni siquiera a sostenernos con las manos. Todos hemos hechos juegos malabares, más o menos obstinadamente, con Vercingetórix y Clodoveo, Clotilde y Plantagenet, las guerras de Italia y las guerras de la Revolución, Arcole y Campo-Formio; tabas que se lanzan para recogerlas, al caer, con el dorso o la palma de la mano, que ya no poseen la función de miembros de un esqueleto, sino que son solamente elementos intercambiables de un juego vano que no podría enseñarnos nada sobre el destino del hombre.

Lo sé bien: todos los que presumen de ser expertos en el arte de andar con las manos y que sacan de ello una pizca de vanidosa majestad os dirán que, sin embargo, es necesario que el niño conozca los grandes hechos de la historia de su país. Pero no de una historia que miran al revés, con la cual se juega a la taba y de la que no nos queda por suerte más que un vago recuerdo en una madeja enmarañada que renunciamos a desenredar.

¿Cuándo, pues, las víctimas de esta inútil palabrería vendrán a testimoniar al tribunal de la pedagogía que están en un error, que no es esto la Historia de nuestro país y que no han escrito las páginas recientes con sus sufrimientos y su sangre para que sus hijos continúen mañana jugando al trágico juego de las tabas de 1914, 1918, 1939, Champagne, Verdún y Vercors?

... Detrás de la barrera, la misma voz balbuceante seguía:

"En 1214, Francia se vio amenazada al mismo tiempo por el rey de Inglaterra y el emperador de Alemania, éste último fue vencido en Bouvines por el rey Felipe Augusto. El rey de Inglaterra fue, a su vez, rechazado por el hijo del rey de Francia."

Dejad aquí toda esperanza

Si andan con las manos, y si piensan que su función es la de enseñar a los hombres una forma de caminar que les es tan poco natural, no es porque vean en ello una utilidad directa. No ignoran que los hombres a los que habrán formado de esta manera no dejarán de andar con los pies para cuidar a sus animales o ir a la compra. Pero para ellos se trata de un rito particular para "los del Olimpo", como aquél que quiere que los jueces se vistan con la toga pasada de moda para reunirse y deliberar.

Es un poco parecido a aquellas sectas de creyentes que recorren descalzos, o incluso arrodillados, los itinerarios sagrados. Evidentemente, avanzarían mucho más deprisa y con más seguridad si anduvieran sólo con los pies, pero no se verían mortificados.

Andan con las manos; exigen que nosotros hagamos como ellos, simplemente para someternos a una prueba. Otros ganaban el cielo arrastrándose de rodillas. Nosotros corremos el riesgo de ganar un pergamino andando con las manos.

No negamos en absoluto el valor posible de este ejercicio en tanto que prueba. No hay ninguna duda acerca de que llevar un cilicio, ayunar durante mucho tiempo, seguir a los peregrinos hasta Santiago de Compostela, andar de rodillas, o avanzar como lo prescriben nuestros escoliastas —patas arriba—, marca una personalidad, refuerza la voluntad. A condición de que el sujeto no muera por ello, que no caiga en el camino, o que no salga embrutecido para siempre.

Nosotros, desde la base, empezamos a inquietarnos. Todavía nos inclinamos ante la toga del juez porque es una expresión de fuerza. A veces nos impresionamos con el espectáculo alucinante de las cofradías que andan en procesión con las manos, pero nos gustaría que no nos obligaran a poner en la entrada de las escuelas, del mismo modo que podría grabarse en la puerta de los conventos o de las prisiones, la inscripción que Dante leía en las puertas del infierno:

"Dejad aquí toda esperanza."

© Ediciones Morata, S. L.

¿La escuela será templo o taller?

De esta forma podría resumirse la gran querella pedagógica entre los Antiguos y los Modernos.

Hasta hoy, la escuela ha sido un templo, y sigue siéndolo allí donde el niño, después de haber terminado algunos gestos rituales, entra en el aula de puntillas, para vivir en ella una vida totalmente diferente a su verdadera vida, con el respeto religioso a la palabra del maestro y la sumisión a las "Escrituras".

Esta escuela-templo no se preocupa en absoluto por preparar al niño para la vida. Pensaría que perdería su valor. ¡Su reino no es de este mundo! "No os inquietéis por vuestra vida —dijo Cristo—, ni por lo que debéis comer, ni por las ropas con que os vestiréis. ¿La vida no es más que el alimento, y el cuerpo más que el vestido?... Fijaos en los pájaros del cielo... Mirad los lirios del valle... Ni siembran ni cosechan..."

Ciertamente, la escuela laica no va a buscar en los Evangelios la justificación de sus métodos pedagógicos ni la concepción de su papel social. Pero lleva todavía, en lo más profundo de sí misma, los estigmas de sus orígenes, si no religiosos, al menos escolásticos y doctorales. Sigue estando convencida de que el conocimiento abstracto, la cultura intelectual, el culto a las ideas y a las palabras, son el verdadero y definitivo fin de toda educación. No está muy lejos la época en que toda actividad individual era considerada indigna de la majestad de la escuela y, a pesar de algunas necesidades económicas y sociales que tienden a promover las conquistas del trabajo, la "cultura" moderna sigue estando en minoría frente a la supremacía del templo. Las mismas familias aceptan, sólo en el peor de los casos, la orientación técnica de los niños para los que habían soñado con el prestigio de las humanidades.

No decimos que todo esté mal en la escuela-templo, que ha marcado generaciones enteras de intelectuales y sabios. Ciertas naturalezas especulativas se acomodan muy bien a una atmósfera austera e imponente que exalta precisamente su peligrosa tendencia a abstraerse de la vida, hipertrofiando el intelectualismo y el sueño. Esta hipertrofia podría estar al servicio de una cultura de clase, fundamentada en el divorcio entre la cultura y el trabajo. No podría animar ni preparar la educación moderna del pueblo.

Pero para servir a la vida, diréis vosotros, ¿la escuela-taller no traicionará el esplendor de la ascensión humana hacia las cumbres del pensamiento y del espíritu?

Vamos a discutirlo.

¿Será la escuela un taller?

Ya sé que os parece que la palabra taller, como la palabra trabajo, cuya nobleza ensalzo, está demasiado cargada de disgustos, sufrimientos e injustos sacrificios.

Y, sin embargo, mirad si vuestros hijos, cuando no están bajo vuestra dependencia, no organizan talleres de trabajo: para desviar el curso de un riachuelo y llenar una charca o atrapar algunos peces; para hacer de un montón de arena una plaza fuerte; para construir un poblado indio... ¡Qué entusiasmo, qué obstinación, qué actividad! ¡No ahorran ni trabajo ni sudor! Van hasta el límite de sus fuerzas, siempre. Ya que es característico de la naturaleza humana el superarse... ¡Incluso se olvidan de comer!

Su esfuerzo no se desarrolla siempre en un ambiente de risas y cantos —que no son más que una de las manifestaciones, y no la más corriente, del verdadero trabajo. Hay sufrimientos y crujir de dientes... ¡Es la vida!

El niño sueña por la noche con su taller y espera el nuevo día con impaciencia para volver a empezar.

¿No creéis que si la escuela se convirtiera también en taller, tan atractivo como la montaña de arena o la cabaña de indios; si los alumnos soñaran con ella por la noche; si se entregaran al máximo, con los músculos tensos y los dientes apretados, a su trabajo, habría cambiado algo la atmósfera de vuestras aulas y el rendimiento de vuestros esfuerzos?

¡Imposible! decían los viejos pedagogos... Habladles de jugar, eso sí, pero no les gusta el trabajo.

No les gusta el trabajo, ni el taller —y los adultos reaccionan igual— mientras el esfuerzo que necesitan no esté ligado profundamente a su vida, a todo su comportamiento, no sólo económico y social, sino también psíquico.

Organizad la cooperativa escolar, aquella sociedad de niños que nace espontáneamente cuando se trata de construir la cabaña de indios; dad a vuestros alumnos herramientas de trabajo, una imprenta, linóleo para grabar, colores para dibujar, fichas ilustradas para consultar y clasificar, libros para leer, un jardín y una madriguera, sin olvidar el teatro y el guiñol; la escuela será el taller donde la palabra trabajo cobra todo su esplendor a la vez manual, intelectual y social, en cuyo seno el niño no se cansa jamás de buscar, realizar, experimentar, conocer y ascender, concentrado, serio, reflexivo, humano.

Entonces será el educador quien se hará a su imagen.

¿Será la escuela cuartel o taller?

Un día formulé la pregunta: "¿Será la escuela templo o taller?"
¡Con tal de que no se quede en cuartel!
En cuartel: con sus amplios edificios uniformes mirando todos al mismo patio, lugar común de los trabajos molestos y de las revistas, con sus escaleras y sus pasillos, con su promiscuidad y su servidumbre. El cuartel: con su atmósfera particular que hace que el cuartel no sea la vida, que uno no se conduzca en él como en la vida, que se respete la ley del ambiente centrada completamente en la preocupación por burlar la autoridad, por esquivar y minimizar el trabajo, por matar el tiempo contando los días, como el escolar cuenta las horas "que faltan para salir".

¡El cuartel! Aquí se aprende —si la escuela no os lo ha enseñado ya— a sostener una patata en la mano durante un tiempo récord antes de pelarla, vigilando con el rabillo del ojo al cabo de servicio.

Allí se aprende a manejar la pala y la carretilla con una calma imperiosa, a sentarse en los brazos de la carretilla, en una posición que permite empezar inmediatamente si el brigada mira; a sostener la pala medio llena, pero sin levantarla, en un gesto suspendido, preparado para volver a empezar si la autoridad se vuelve amenazadora. El secreto no consiste aquí en transportar un montón de piedras, sino al contrario, en no transportarlas haciendo ver que se trabaja; consiste en hacer durar el trabajo con el mínimo de eficacia, puesto que el trabajo en sí no tiene ningún sentido: es una carga y no un trabajo. El brigada os dice: "¡Acarread este montón de piedras al otro lado del patio!". Ha dicho esto porque necesita ocupar a sus soldados, incluso si no hay nada útil que hacer. Y si, por una imposible inobservancia de la ley del medio, a los soldados se les ocurriera hacer un gran esfuerzo para terminar antes, el brigada sabría muy bien disuadirles para siempre de ello:

—¡Ya habéis terminado! ¡Habéis transportado todo el montón de piedras!... ¡Bien! ¡Bien!, ¡muy bien! Escuchad, antes de cenar, vais a llevar otra vez este montón de piedras a su primitivo lugar...

A esto se llama trabajo cuartelero, en una atmósfera de cuartel y de trabajo molesto, con un rendimiento a veces negativo, o del 1% o a veces, por error, del 10%.

Si la escuela ha rendido tan poco hasta hoy, si es que el resultado no ha sido negativo, ¿no será porque ha seguido siendo cuartel y no ha sabido ascender a la dignidad de taller?

Entonaremos nuestro útil *mea culpa*.

¿Cálido invernadero o aire libre?

¿La escuela será un invernadero en el que se "fuerza" a los individuos para hacerles producir, antes del tiempo y la estación, y poderse felicitar por las extraordinarias hazañas obtenidas? ¿O cultivaremos al niño en campo abierto a merced del tiempo y de las estaciones, ayudando sólo a la planta joven a triunfar sobre los elementos para alcanzar su plenitud de vida?

Aporto al dilema mis argumentos de sentido común, tan a menudo olvidados y descuidados, precisamente porque no son más que de sentido común.

En nuestro país existen los dos modos de cultivo. Se producen en el invernadero los claveles y las rosas de Navidad, tomates en marzo y melones en abril. En innegable que estas flores y estos frutos tienen un valor excepcional que les viene no de su calidad, sino de ser producidos fuera de temporada.

Del mismo modo produciréis en vuestros invernaderos escolares pequeños prodigios cuya única originalidad consistirá en hacer y decir a los 8 años lo que no podrían dar normalmente más que a los 10 o 12.

Pero estos productos de invernadero no tienen jamás el profundo valor de las cosas naturales. El tomate de invernadero os parece bueno porque hacía tiempo que no lo habíais comido, pero si pudierais compararlo íntegramente con el fruto alimentado de savia y de sol del mes de junio, ¡qué decepción! El melón precoz os encanta, tanto más cuanto más caro lo habéis pagado. Pero si pudiérais comparar su perfume con el del melón madurado lentamente al aire libre cuya finura parece haber destilado, os convenceríais.

La escuela tampoco construirá nada sólido y profundo, con todo el sabor deseable, más que si sabe hacer brotar del mismo suelo y al aire libre unos seres frágiles, ciertamente, pero que también están hechos para afrontar una vida que es, ante todo, lucha y conquista.

Y, sobre todo, los productores de plantas "ayudadas" os hablarán de la fragilidad orgánica de las flores y frutos que obtienen, que se marchitan o se pasan tan pronto como salen del invernadero para afrontar el aire libre, la luz y el sol. Hacen falta muchas preocupaciones para transportar las rosas y los claveles, o los primeros tomates. Incluso se les ofrece el avión porque hay que darse prisa antes de que se vaya la vida artificial con que se los ha hinchado.

Desconfiad del invernadero escolar y temed que las adquisiciones prematuras de las que os enorgullecéis no se vayan a desvanecer y se corrompan también con el soplo demasiado fuerte y recio de la vida.

Cuando el campesino ve que sus árboles echan brotes y florecen demasiado pronto, no hace como vosotros, que os regocijaríais en vuestras clases con estas precocidad. Él está inquieto, desea y bendice la ligera vuelta del frío, que hará más lenta la floración.

Cultivad frutos de temporada al aire libre, al frío, al agua y al viento. Tendréis abundancia, sabor y fecundidad.

Campesinos y ganaderos

Miraba cómo mi vecino preparaba la siembra.

—El grano es delicado —explicaba complacidamente, como si se hablara a sí mismo. Hace falta una capa caliente y menuda, ni demasiado rica ni demasiado pobre... Y una tierra blanda para que el tallo joven suba a sus anchas hacia el aire y el sol. Un buen principio es muy importante para el cultivo... Cuesta mucho trabajo que se haga fuerte un plantel enclenque... ¡Mirad este tallo verde y este pie vigoroso!... Más tarde resistirá a las enfermedades, a los insectos y a la sequía... ¡Y producirá!...

Pero cuidado: este mismo hombre encontrará exagerados los gastos que consideráis necesarios para asegurar a sus hijos estas mismas condiciones indispensables de prosperidad.

—Están delgaduchos así mientras son jóvenes, pero eso desaparece con la edad y, a pesar de todo, se convierten en hombres.

Pienso también en aquel campesino que sorprendí una mañana llevando a su joven caballo al corral de una granja cercana.

—¿Qué pasa? ¿Está enfermo?

—No, pero voy a matar al cerdo. Y a esta edad, ¿comprende?, si el potro oyera los gritos del animal, si percibiera el olor de la sangre, quizá esto lo marcaría para siempre. Nunca más podría oír gritar a un cerdo sin que fuera presa de un miedo enfermizo insuperable... e incurable.

Mientras tanto, en la cocina donde se hacían los preparativos de la matanza, un muchacho todavía más joven que el caballo, abría unos ojos espantados. Pronto oirá los estertores del animal que degüellan; verá regresar a la granjera, roja de sangre hasta el codo, y balanceando su tina salpicada.

Este espectáculo y estos gritos se grabarán para siempre no sólo en su memoria, sino también, desgraciadamente, en su complexión y su comportamiento.

¿Pero el niño no es un potro, verdad?

Se podría escribir un libro sobre la universalidad de las leyes profundas de la vida, tanto si se trata de plantas, como de animales o de hombres. Hablaría de la semejanza entre las preocupaciones del campesino y del ganadero, y del educador. El buen campesino que consigue unas plantas tan frondosas, el ganadero tan comprensivo con sus animales, serían entonces los primeros en exigir para su propia simiente esa atención minuciosa, ese clima, esa cálida dulzura, ese aire y ese sol sin los cuales no pueden formarse los planteles llenos de brotes que suben en abundancia para fructificar según su naturaleza y su destino.

Es en la fragua donde se forja el herrero

Este viejo refrán artesanal hablaba bien, antaño, de la necesidad primordial de poner al aprendiz dentro del baño del oficio, al niño y al adolescente en el baño de la vida, para que formen, por medio de la experiencia y de la práctica soberanas, los hechos, los gestos y el comportamiento que orientarán y fijarán su destino.

Sólo que la escuela, desde siempre, ha estado en contra de estos sabios consejos. "Es exacto, nos dice, afirmar que en la fragua se vuelve uno herrero. Pero el camino es largo y lento, y empírico. Tomad unos libros y explicad, demostrad con lógica, hablad, gastad saliva. Economizaréis la experiencia, e iréis más lejos y más deprisa en la práctica segura del oficio."

Tocamos aquí el núcleo vital de la pedagogía, en la bifurcación peligrosa donde se separa de la vida y se transforma en escolástica. En esta bifurcación es donde, también nosotros, debemos escoger y orientarnos.

No pensamos, por lo más remoto, que el pensamiento de que los libros, el razonamiento lógico y la palabra ilustrada sean superfluos o inútiles.

Son la condición del progreso. Pero no deben entrar en acción más que cuando la experiencia ha echado los cimientos y hundido las raíces en la vida individual y social. Nuestro papel, y nuestra función, en este grado primitivo que condiciona las construcciones posteriores, será precisamente el de actuar, comprobar, comparar, probar, ajustar; probar y ajustar no sólo los materiales brutos o las piezas más o menos fabricadas, sino elementos de creación y de vida.

Esta filosofía no es particular nuestra. Es la de todos los prudentes cuyo testimonio podríamos citar. Tal vez sólo sea la técnica lo que se bifurca, justificada, *a posteriori,* por todos aquellos que, directa o indirectamente, obtienen de ello una ventaja.

Para forjar, el herrero necesita no la saliva y la lógica abstracta, sino un yunque, martillos, tenazas y fuego. Hay que saberlos usar, lo cual es tan delicado como manejar principios e hipótesis.

Si, en esta bifurcación, queremos sustituir la escuela de la palabrería por la escuela del trabajo; si queremos aprender a forjar forjando, necesitamos buscar, crear y fabricar los utensilios de trabajo a la medida de nuestras necesidad y nuestas posibilidades; tenemos que aprender o volver a aprender a servirnos de ellos en las múltiples incidencias de las vidas que nos son confiadas. No olvidemos el gran calor y la iluminación del hogar que hay que mantener y activar porque vuelven maleable cualquier metal y dan a los objetos la forma superior que el hombre ha modelado.

Ni el pensamiento, ni el sentimiento, ni la exigencia social, ni la lógica, ni el arte estarán ausentes en este taller generoso donde, forjando, se prepararán los herreros conscientes del porvenir.

La tarea más urgente de los educadores consiste en transformar, técnicamente, la escuela de la saliva y de la explicación en un inteligente y flexible taller de trabajo.

Contar garbanzos

Érase una vez —esto no es un cuento, sin embargo— una casa de niños provista, alrededor del edificio, de un amplio terreno donde los obreros agrícolas vinculados a la casa habrían podido cultivar toda la variedad de productos deseables en las diversas estaciones. Hubieran tenido lechugas y tomates, coles y rábanos, zanahorias y apios, judías y berenjenas, melocotones y uvas y también un trocito para el perejil de donde la previsora cocinera obtiene el condimento de sus salsas.

No es sólo el valor en sí de estos productos lo que ahora cuenta, sino, como dicen las amas de casa, el uso que de ello se hace y la comodidad.

Pero el "agrónomo" oficial vigilaba. Esta producción anárquica, condicionada únicamente por las necesidades de la comunidad, no era de su gusto, aun cuando los comensales y la cocinera se declaraban satisfechos.

El agrónomo es un "científico". Requiere precisión y, por tanto, medida. Necesita, frente a la columna *Gastos,* unos *Ingresos* cifrados cuya magnitud, en los totales, impresione a los inspectores y a los burócratas. Hizo plantar remolachas, nabos y garbanzos. Nadie los quería, ni siquiera el agrónomo; pero los "balances" resultantes de las pesadas y de los cálculos, estaban a salvo. La carrera del funcionario estaba asegurada. El internado contará los garbanzos.

Nuestra escuela, desgraciadamente, adopta muy a menudo la actitud del agrónomo, de la falsa ciencia y de las estadísticas engañosas, de la que es el prototipo más asombroso. No se pregunta si lo que producirá puede alimentar a una clientela con necesidades sutiles y caprichosas. Teme más que nada la complejidad de la vida, los gustos y los apetitos diferentes según los comensales; esta especie de producción artesanal flexible e íntima como los sentimientos, las sensaciones, los colores y los perfumes que son su eterna riqueza.

¡Todo el mundo a los garbanzos! Los manuales escolares repartirán y pesarán la simiente; los problemas sobre las formas de cultivo y los abonos necesarios establecerán los precios de los ingresos exactos. Ya no habrá más sorpresas: se medirán y contarán los garbanzos.

La falsa ciencia pedagógica se ríe de las sutilezas. Le hace falta lo sólido, lo práctico, lo sencillo. Los exámenes sancionarán el rendimiento con una precisión y una eficiencia que no permiten actividades funcionales, rebeldes a las pruebas más ingeniosas.

Si los niños y los maestros se debilitan contando y comiendo garbanzos, si les falta el frescor de las verduras, los jugos alimenticios y las vitaminas cuyas virtudes al menos sospecha la ciencia, es un problema de las clínicas y de los médicos y no de los educadores agrónomos.

Sentís el ridículo de esta manía de agrónomos cultivadores de garbanzos, pero aceptáis, o toleráis, que una escuela superada por la vida cultive exclusivamente los productos muertos —ortografía, redacción y problemas— las remolachas, los nabos y los garbanzos que los programas miden y que los exámenes pesan.

¡Desconfía de la saliva!

Desconfía de la saliva. Muy a menudo no es más que el medio del que se sirve la impotencia y la ilusión.

Te dicen: ¡*Explica!* Te desgañitas en darle la vuelta a la pregunta con bellas palabras y, cuando la demostración te parece brillante, constatas con desaliento que la herramienta ha "fallado" y que el niño no ha descubierto ni seguido el hilo de Ariadna que tu lógica, más o menos segura, le había propuesto.

¡*Razona!,* insistes. Sin darte cuenta de que todo razonamiento sano y válido se apoya en datos y elementos que la experiencia y la vida son los únicos en poder preparar y sentar.

¡*Repite, ejercita la memoria, acuérdate!* Te han asegurado que la memoria es el máximo instrumento del conocimiento y la repetición la clave de la pedagogía. A costa tuya aprenderás que la memoria de las palabras no es más que una sobrecarga para el espíritu y una molestia para el comportamiento de la vida. No es nada sin la experiencia. Es la pared que se construye piedra a piedra, sin preocuparse de los cimientos y que siempre será insegura y oscilante.

El albañil te dirá que sería demasiado sencillo pensar que así se puede levantar una construcción sin asegurar sus bases, que la casa tarda mucho en salir del suelo y que son necesarios muchos golpes con el pico, con el azadón y con la pala, mucha dinamita y hormigón.

© Ediciones Morata, S. L.

Un taller no es solamente un arquitecto que, con los planos entre las manos, explica, manda y comenta; es la gran colaboración de los obreros y de las máquinas que traducen a la realidad los proyectos del organizador. Es éste el taller que tendrás que organizar.

Sin embargo, afirman los sabios, existe el verbo, que no es solamente la inútil y falaz saliva.

Sí, hay verbo y *Verbo*.

Está el Verbo que se hace carne y se hace vida, que es caliente como la sangre que lanza el corazón, bienhechor como el soplo que anima y apacigua, el verbo que es don y comunicación. Si puedes llegar aquí, serás un educador ejemplar porque este verbo es siempre acción.

Pero cuídate del verbo que fluye como una saliva espesa, de los castigos y las lecciones que tapan inhumanamente las vías del sentimiento y de la comprensión profunda, del verbo engañador que simula la Verdad y la Vida.

Acuérdate de que saliva y trabajo son antinómicos. El que trabaja es parco en palabras, y el que habla mucho es siempre parco en esfuerzos.

Ahorra saliva y organiza el trabajo.

¡Suprimid la tarima y remangaos!

Dar lecciones desde lo alto de la tarima, poner deberes, corregir, vigilar, interrogar —sin respirar— calificar, castigar y recompensar con una buena puntuación o con una imagen, ésta es la función que desde siempre se ha otorgado al maestro de escuela, y cuya tradición nos ha marcado con un defecto inhumano, peligrosamente inscrito en los reflejos casi naturales de cualquiera que pretenda dirigir a los niños.

Es una manera, ciertamente, de concebir la disciplina y la educación. Sólo diremos que corresponde a la imagen hoy superada de una sociedad autocrática donde el maestro ordena a sujetos que obedecen. Se practica todavía en el ejército o en la policía, aunque con unos arreglos y unos atenuantes que la escuela haría bien en imitar.

Añadimos que ningún adulto, incluidos los maestros, aceptaría para él el régimen de sospecha, de mando y de medidas vejatorias que es todavía común a la gran mayoría de nuestras escuelas.

Lo sé bien: hay que encontrar algo mejor y no limitarse a destruir. Hay que conservar el orden, la disciplina, la autoridad y la dignidad en la escuela, pero el orden que resulte de una mejor organización del trabajo, la disciplina que es la solución natural de una cooperación activa en el seno de nuestra sociedad escolar, la autoridad moral primero, técnica y humana después, que no se conquista a base de amenazas o castigos, sino con una maestría que inclina al respeto; la dignidad de nuestra función común de educadores y alumnos, la dignidad del educador no puede concebirse sin el respeto feroz de la dignidad de los niños que quiere preparar para su función de hombres.

Para esta transformación, tanto más difícil cuanto que implica primero la transformación del comportamiento de los educadores en el seno de una nue-

© Ediciones Morata, S. L.

va concepción del medio escuela, os damos hoy algunos consejos primordiales que constituyen la base de nuestro esfuerzo de modernización.

Suprimid la tarima, símbolo de ese condenado autoritarismo. Poniéndole cuatro patas, se convertirá en una sólida mesa de trabajo. Bajad al nivel de los niños, para jugar su juego, ver con su óptica y reaccionar a su ritmo. Al mismo tiempo reconsideraréis un cierto número de problemas cuyo secreto os revelamos.

Remangaos para trabajar con vuestros alumnos. No os contentéis con dictar órdenes y sancionar, poneos a trabajar con vuestros alumnos. No temáis mancharos las manos, lastimaros con un martillazo, titubear en el momento en que el niño más vivo restablece la situación, tantear, equivocaros, empezar de nuevo. La vida funciona así y el esfuerzo que nosotros hacemos, lealmente, para dominar las incidencias, es el que constituye el elemento fundamental de nuestra educación.

Hallaréis aquí la confianza que el obrero no escatima a los trabajadores jubilados, el entusiasmo de las creaciones, la alegría de los éxitos, el sentimiento entusiasta de participar en una nueva vida que será para vosotros la eterna juventud de los educadores.

El "escolastismo" *

La ciencia médica se felicitaba, en otros tiempos, por los cuidados metódicos que reservaba, en las clínicas y en los hospitales, a los recién nacidos y a los niños de temprana edad; horario estricto, alimento medido y dosificado, asepsia minuciosa de las habitaciones desnudas donde, lejos de la madre, la "crianza" parecía alcanzar su máxima perfección.

Y, sin embargo, estos niños no se desarrollaban de una manera normal. Parecía faltar algo al cronometraje médico. Este algo era la presencia afectiva de la madre, el ruido de voces del mundo ambiental, los primeros rayos de sol, la magia de los animales y de las flores.

La ciencia ha dado un nombre significativo a esta carencia: el *hospitalismo*.

La ciencia pedagógica pretende arreglar, con la misma minuciosidad cronométrica, el alimento intelectual de los niños que aísla en el medio especial que es la *escuela:* silencio, frialdad neutra de las lecciones y de los deberes, supresión sistemática de todos los contactos con el medio de vida, natural o familiar, silencio, limpieza, orden, mecánica.

La carencia es innegable: alimento mal digerido, asco por la alimentación

---

* En la obra de Georges Piaton titulada *El pensamiento pedagógico de Célestin Freinet* (Madrid, Marsiega, 1975) se traduce el término "scolastisme" por "escolasticismo", pero consideramos que esta traducción no es la adecuada pues ese vocablo se utiliza para referirse a derivaciones o aplicaciones del pensamiento filosófico medieval conocido como "escolástica", aunque también tuvo importantes continuadores durante el Renacimiento y en la época moderna, especialmente en pensadores de las instituciones eclesiásticas. Es una filosofía que se construye desde y con una profunda fidelidad a los dogmas católicos. (*N. del R.*)

© Ediciones Morata, S. L.

intelectual que puede llegar a la anorexia, retraimiento del individuo, inadaptación frente a la vida, hostilidad frente a la falsa cultura de la escuela.

Esta carencia es el *escolastismo*.

El *hospitalismo* ha sido una blasfemia científica antes de convertirse en una realidad, para la que intentamos hoy encontrar remedios eficaces.

El *escolastismo* será la blasfemia pedagógica que aclimataremos en los medios educativos en los que ya hemos introducido otros neologismos.

Perturbará por un momento el orden y el falso método de la escuela, como la lucha contra el *hospitalismo* perturbó la fría lógica de las clínicas.

Pero la evidencia se impondrá.

Estableceremos experimentalmente el diagnóstico de esta carencia que en adelante tendrá un nombre: *escolastismo*. La caracterizaremos científicamente para que padres y educadores se acostumbren a detectar en sus hijos la nueva enfermedad para la que todos juntos, buscaremos el remedio.

¡Nos quitamos el sombrero ante el pasado, nos quitamos la chaqueta frente al porvenir!

No os enfrenteis contra todo por sistema. Toda fórmula de trabajo y de vida, incluso mediocre, se ve obligada para durar, a acomodarse más o menos a los elementos individuales y sociales que la condicionan. El genio oscuro de los investigadores anónimos puede marcarla con una relevancia que da valor humano a la tradición.

Estaríamos todavía en la prehistoria si no se hubieran levantado, aquí y allá, y si no fueran todavía innumerables, los insatisfechos e iluminados que van avanzando, tendiendo las manos hacia lo inaccesible, para tratar de superar lo que ya existe y de escrutar la noche que les oprime. Son sus audacias las que marcan las lentas etapas del progreso, incluso y sobre todo si ellas son las víctimas injustas.

No creáis que en la escuela tenéis que ir pasivamente por las huellas de los mayores, emplear sus métodos, incluso si en su época eran famosos, y servirse de los manuales que constituían su orgullo y satisfacción. Ellos habían levantado diques a la orilla del río porque la marea movida iba a desmenuzar la tierra y desarraigar los árboles. Pero hoy día, las presas que han terminado su función se han llenado de arena. El agua sigue ocupando toda su extensión e incluso ha aumentado. ¿Vosotros seguiríais manteniendo y cuidando la presa, ahora inútil, porque en aquel lugar, hace cincuenta años, vuestros predecesores la habían construido?

Os apoyaréis, ciertamente, en esta adquisición que la vida ha convertido en definitiva, pero, tal como hicieron los pioneros de hace cincuenta años, volveréis a encontrar y afrontaréis el oleaje, y es en este mismo oleaje donde forjaréis las desviaciones y estableceréis, con un máximo de ingenio y eficacia, las nuevas presas.

Habréis cumplido vuestro papel cuando estas presas lleguen a ser, como las precedentes, una conquista siempre difícil sobre la ignorancia y la adversidad.

© Ediciones Morata, S. L.

Pasar sin reflexionar ni escoger por los caminos que otros han trazado, y sin preguntaros si esos caminos conducen realmente a los fines cuya necesidad sentís, es imitar a la oveja que va por los senderos que siguen desde siempre los rebaños, ¡ya se sabe para qué último fin!

Dejar el sendero por la única razón de no querer hacer como los demás, es perder deliberadamente el beneficio de la experiencia de los hombres que, antes que vosotros, han trabajado y vivido.

Debemos estar siempre al acecho, comprobar todos nuestros pasos, partir de la tradición, apoyarnos en ella en los momentos difíciles, pero superar y desbordar los caminos trazados, construir puentes, surcar túneles, trepar por las pendientes, escalar las cimas para ir siempre hacia el máximo de claridad y de sol.

Un pedagogo inglés había resumido esta sensata preocupación en una fórmula que hemos escrito en el encabezamiento de esta página:

¡Nos quitamos el sombrero ante el pasado,
nos quitamos la chaqueta frente al porvenir!

Cachorros vulgares y perros de raza

Si poseéis un mal cachorro vulgar, del que no esperáis nada más que fidelidad, que os lama las manos y obedezca vuestras órdenes, no tenéis que preocuparos de su educación, que se hará al azar de las circunstancias y de vuestro humor. ¡Qué os importan la calidad de sus ascendientes o sus tendencias de raza! Todo lo que hagáis por él le será suficiente con tal de que sepa, una vez adulto, roer los huesos y lamer los platos.

Pero si se trata de un perro de raza, capaz de proporcionaros considerables servicios, que guardará las ovejas mejor que tres ayudantes juntos, que sabrá levantar las liebres y llevarlas bajo el cañón de vuestro fusil, o que tendrá un valor de venta apreciable (lo que supone un motivo más directo), ¡entonces es otra cosa!...

Entonces querréis conocer su pedigrí, remontándoos a varias generaciones.

Sabréis lo que son capaces de hacer los perros de su raza y, sobre todo, os informareis sobre las condiciones óptimas de su alimentación, de los cuidados indispensables de su educación.

Entonces los conflictos no se arreglarán con una patada sin más que podría comprometer para siempre todo el proceso de educación. Cualquiera puede criar un perro corriente, pero no se improvisa un criador de perros de raza. Hace falta experiencia y conocimientos, ciertamente, pero es necesario ante todo amor hacia el animal que hay que educar y la preocupación permanente de estar a su servicio, ya que el lograr un buen perro de raza es la consagración y la recompensa del criador inteligente y entregado.

¿Nuestra educación ha de ser la cría de cachorros vulgares o la excelente formación de perros de raza?

© Ediciones Morata, S. L.

¿Es verdad que debemos preparar a nuestros alumnos para ser los chuchos buenos para todo y para nada, a los que hay que doblegar y enderezar desde un principio porque la vida de trabajador exige sacrificio y servidumbre?

¿O seremos, en cambio, los educadores escogidos para hombres escogidos, que tienen un destino que afrontar, y a los que se puede preparar para ser hombres por medio de técnicas de atención minuciosa, de investigación y amistosa comprensión que triunfan plenamente con los perros de raza?

Desgraciadamente, vale la pena plantearse la pregunta.

Hay nacimientos que son eclosiones

¡Espero que, por lo menos, los escoliastas no se hagan cargo, un día cercano, de la radio y la televisión francesas!

Ya que no veríamos repetirse el escándalo de una concursante que ni siquiera tiene el bachiller elemental y que conoce los insectos y los pájaros como si siempre hubiera vivido en intimidad con ellos y que protesta, con una vehemencia escandalosa, contra las respuestas preparadas por los sabios acreditados, cuyo error probará un examen posterior.

Y el joven soldador que se revela de golpe, a los 17 años, como un científico de gran clase, cuya inteligencia parece estar ya de vuelta de todo, y que juzga y razona con una lucidez emocionante. ¿Tiene por lo menos un certificado de estudios primarios? ¡Qué más da! De un salto se ha levantado hasta las majestuosas cumbres.

Unas pocas revelaciones parecidas más y podríamos reeditar, con más provecho, nuestros *Dichos* más controvertidos porque se comprenderá, entonces, que la inteligencia no progresa forzosamente por escaleras metódicas provistas de programas-barandilla y exámenes probatorios; que dos y dos no son siempre cuatro; que el conocimiento no es una construcción que levantamos ladrillo a ladrillo, sino el juego todavía misterioso de sutiles conexiones que se establecen, de relámpagos que surgen, y que el mayor secreto de todo este misterio es ante todo la VIDA.

Hay nacimientos que son estallidos y eclosiones. De una simple oruga surge, un día, una mariposa de colores sin par. ¿Por qué la eclosión de un niño no habría de dar pinturas inigualables en su lirismo y su sencillez; por qué las palabras de vuestros alumnos no habrían de convertirse en un poema o canto incomparable? ¿Por qué el joven adolescente no habría de poder crecer en unos dominios desconocidos, tan pronto como empiezan a vibrar y entrechocar unas versatilidades insondables?

¿No se habrán equivocado escandalosamente los escoliastas que imponen al crecimiento espiritual unos ritmos que no son más que una marcha titubeante para quien calza irremisiblemente las botas de siete leguas?

¿No tendríamos que reconsiderar hoy todo nuestro sistema educativo a partir de estas realidades?

© Ediciones Morata, S. L.

Calzado nuevo y zapatos gastados

Sed prudentes con la novedad. No la busquéis nunca sólo por lo que de novedad tiene, sino por la mejora que puede aportar a vuestro trabajo y a vuestra vida. Esta mejora depende tanto de vosotros mismos como de la novedad.

El vestido nuevo que os habéis comprado no os sentará realmente a las mil maravillas más que cuando lo hayáis hecho vuestro, ajustado a vuestro cuerpo, adaptado a vuestros gestos y a vuestra manera de ser.

Estos bonitos y sólidos zapatos nuevos que acabáis de comprar los disfrutaréis verdaderamente cuando los hayáis "roto" y cuando, después de un período más o menos largo y penoso, según la calidad del calzado y la sensibilidad de vuestros pies, os los hayáis apropiado verdaderamente, hasta tal punto que nadie más que vosotros los podría llevar con la misma satisfacción. Durante mucho tiempo, cuando por la noche volváis de una penosa caminata, todavía buscaréis en los viejos zapatos el descanso para vuestros lastimados pies.

Avanzaréis con la misma prudencia hacia las técnicas modernas, buscando aquellas que, fruto de artesanos experimentados, os parezcan más aptas para afrontar las cumbres que tenéis que subir. No os asombréis si al principio no son reposadas; rompedlas, hacedlas vuestras; no tengáis ningún escrúpulo en volver de cuando en cuando a los métodos anteriores que habréis ajustado lo mejor posible a vuestras aulas y a vuestro temperamento de educador. Zarparéis con más impulso y más audacia hacia la vida nueva que os espera.

No es la novedad lo que debe atraeros y guiaros sino la VIDA. No esperéis a que vuestros zapatos estén abiertos y debáis entrar un día en casa con la suela despegada para comprar y hacer flexibles unos zapatos nuevos. O, incluso, a que llegue el invierno, que la nieve y el frío empapen y atraviesen un cuero demasiado gastado.

Hay individuos a los que nos parece no haber visto nunca de otra forma que rascando el suelo con sus zapatos gastados en los que el cuero endurecido ha modelado arrugas prehistóricas. Y los hay que parecen estar molestos con sus zapatos eternamente nuevos, que no consiguen modelar y que les imponen un paso rígido y automático.

No seréis ni el tradicionalista empedernido, ni el innovador cazador de aventuras. Buscaréis con nosotros unas técnicas prácticas y flexibles; las romperéis con nosotros en la experiencia colectiva; las haréis vuestras hasta marcarlas con vuestro paso y vuestro temperamento.

Entonces, junto con nosotros, podréis zarpar con entusiasmo y seguridad en la alegre marcha hacia el porvenir.

Mis ideas se atropellan en el portillo

Nuestras ideas son como nuestras gallinas, me dice un joven obrero.

En unos casos son raras, lentas, están faltas de alimento, apenas capaces de agarrarse a la plancha oscilante que lleva al portillo. Se precipitan en él una a una sin más contemplaciones.

© Ediciones Morata, S. L.

En otros llegan, ordenadas y decididas, cacareando armoniosamente o escarbando la tierra húmeda. De cuando en cuando una de ellas levanta el pico, vuelve la cabeza como si quisiera oler el viento; sube, segura de sí misma, se para un momento para reconsiderar su decisión y penetra como una princesa en su palacio.

En mi caso, precisa, todo se atropella en el portillo. Tengo demasiadas ideas, como en un gallinero demasiado poblado que dispusiera sólo de un agujero de entrada. Todos tratan de pasar el primero, y no sin problemas y sin perder las plumas.

Si mi cultura fuera más sólida, mis ideas estarían escalonadas según su naturaleza y su importancia, como las aves que disponen de la riqueza de los jardines y de los campos, y que no tienen necesidad de precipitarse hacia una aglomeración. Se aprovechan de los granos que se ofrecen y de los rayos de sol que se desvanecen, y vuelven enriquecidas y calmadas.

Pero si un perro amenaza o el gavilán lanza su grito de guerra, entonces veréis al ejército de gallinas huir aterrorizadas, precipitarse en los callejones sin salida, aplastarse en las rejas y luchar para penetrar en el refugio.

De esta forma van mis pensamientos.

Ayudadnos. No restrinjáis arbitrariamente el flujo de las ideas. No superpobléis tampoco vuestro gallinero. Dejadles la posibilida de alimentarse y aclimatarse de forma que no estén en nosotros como un rebaño ciego, sino todas en su sitio, cerca de la entrada, vivas y frescas, y que podamos llamarlas con un gesto para traerlas metódicamente al lindero de la inteligencia.

Nuestras ideas ya no se atropellarán en el portillo.

Los que todavía hacen experimentos

En la vida hay dos clases de individuos: los que todavía hacen experiemntos y los que ya no los hacen.

Ya no los hacen porque se han sentado al borde de la charca de aguas dormidas, donde el musgo ha borrado la nitidez y el poder que tienen a veces las charcas de cambiar de colores según los caprichos del cielo que reflejan. Se han esforzado en definir las reglas del agua estancada y les parece desordenada, incongruente y pretenciosa la impetuosidad del torrente que turba el agua de la charca, o el viento que barre por un instante hacia la orilla el musgo estancado, devolviendo al manto verdoso una corta preocupación de profundidad azulada.

Ya no hacen experimentos porque sus piernas cansadas han perdido hasta el recuerdo de la montaña que escalaron antaño, con una audacia que triunfaba porque iba siempre más allá de las disposiciones y las prescripciones de los que se esfuerzan en reglamentar la ascensión en lugar de vivirla. Se han instalado cómodamente en la llanura señalizada con carreteras y barreras y pretenden juzgar, según su medida, la audacia de las montañas cuyas agujas parecen desafiar al azul.

© Ediciones Morata, S. L.

Ya no hacen experimentos. Entonces querrían parar la marcha de los que corren el riesgo de superarles y de dominarles. Tratan de detener a los inquietos y a los insatisfechos que braman con el torrente o que salen por caminos inexplorados al asalto de picos inaccesibles. Codifican en sus libros mágicos las leyes de la charca estancada o de la llanura señalizada y condenan de antemano, en nombre de una ciencia de la que se erigen en grandes maestros, todas las experiencias que tratan de sondear lo que queda aún por conocer, de descubrir caminos fuera de las vías tradicionales y de intentar cada día lo imposible, ya que este incensante asalto del hombre contra lo imposible y lo desconocido es la razón viviente de la ciencia.

Hay dos clases de hombres: los que hacen experimentos y los que no los hacen. Hay que añadir, por desgracia, una tercera: la de los malhechores que no temen saltar junto con el torrente o escalar los picos con los intrépidos, pero con la sola preocupación de apropiarse, para explotarlos en provecho propio, de los descubrimientos desinteresados de los eternos perforadores de sombras, de los cazadores de verdades, de los creadores de justicia, de luz y de belleza.

Con nuestro ideal, hacen Hiroshima. Hasta el día en que les cerremos el paso para reconquistar la verdadera ciencia, dinámica y humana, que hacemos todos juntos, con nuestros músculos, con nuestro corazón, con nuestra voluntad y con nuestra sangre.

Una mentalidad de constructores

He seguido siendo constructor.

Al orden demasiado civilizado de las tierras de cultivos alineados y definitivos prefiero los talleres que transforman y animan los rincones no cultivados, las plantaciones que se ven subir, audaces e invasoras como una pandilla de niños en el bosque. A las construcciones cómodas y metódicas, prefiero el refugio que levanto yo mismo, desde las raíces al techo y que moldeo según mis gustos y mis necesidades, como los viejos trajes de los que no podemos separarnos porque se han integrado a nuestros gestos y a nuestra vida.

Soy constructor.

Como todo el mundo: como el niño que construye una presa o levanta una cabaña, como el albañil que silba sobre el andamio, como el alfarero que crea formas y el mecánico que da vida a su mecánica. Un terreno en el que ya no se construye, es un terreno que muere. El hombre que ya no construye es un hombre vencido por la vida y que no aspira más que a llegar a la noche y a contemplar el pasado muerto.

Preparad generaciones de constructores que resolverán el suelo, levantarán los andamios, lanzarán de nuevo hacia el cielo las flechas audaces de su genio, escrutarán el universo siempre celoso de su misterio. Suministrad a vuestras aulas herramientas de constructores, de levantadores de andamios, de ingenieros y de sondeadores de misterios. Incluso, aunque vuestra escuela deba ser para siempre un eterno taller, ya que nada es tan apasionante como un taller.

Lo sé: los constructores están siempre al pie del cañón, y se os acusará de desorden y de impotencia, ya que no tendréis muy a menudo la satisfacción de colgar el remate simbólico en la cumbre de vuestra construcción. Las paredes no están revestidas, las ventanas todavía no están cerradas y los tabiques de los pisos apenas empezados, tal vez. Pero después de vosotros, otros —y los mismos interesados— continuarán el acondicionamiento en caso de que vosotros hayáis conservado en ellos la mentalidad de los constructores invencibles.

Nada es tan atrayente como un buen taller, sobre todo cuando en él se construyen hombres.

Los constructores nos comprenderán y nos ayudarán.

Un oficio que es una fórmula de vida

Un oficio que es una fórmula de vida

No tengo necesidad de ninguna prueba erudita para conocer el valor y el rendimiento posible de un pastor. Si hace su trabajo con gusto, si se interesa profundamente por su oficio, puedo tener la certeza de que los animales estarán bien atendidos. La técnica vendrá si aún no se ha alcanzado y, mientras tanto, la solicitud permanente del pastor podrá atenuar las insuficiencias profesionales.

Cuando veo al campesino inspeccionar amorosamente su terreno, inclinándose sobre los plantíos como el pastor sobre las ovejas, no tengo necesidad de abrir una larga investigación sobre sus virtudes de campesino. Con tal de que la miseria, los fracasos o la explotación no lo desalienten de un trabajo que es su vida, se convertirá pronto en experto en un arte donde la técnica muerta no sería suficiente.

Si me dicen que existe un método pedagógico que da a los niños un amor al oficio y el gusto por un trabajo que es la expresión del ser; si se añade que este método proporciona al educador el mismo sentimiento de participación y de plenitud que ilumina el oficio del campesino y humaniza la tarea ingrata del pastor; si veo a los educadores que practican este método recobrar la vida y el entusiasmo, no tengo que ir más allá en mis informaciones; este método es el bueno. Bastará con asentar y generalizar el uso preservándolo de peligros mayores que hacen llegar a todas las empresas inteligentes las fuerzas de estancamiento y de reacción. Sería necesario, sobre todo, recordar a los padres y a los maestros que un educador que no siente gusto por su trabajo es un esclavo de su medio de sustento y que un esclavo no podría preparar hombres libres y audaces; que no podéis preparar a vuestros alumnos para que construyan mañana el mundo de sus sueños si vosotros ya no creéis en estos sueños; que no podéis prepararlos para la vida si no creéis en ella; que no podríais mostrar el camino si os habéis sentado, cansados y desalentados, en la encrucijada de los caminos.

"He recobrado la dignidad de un oficio que para mí es una fórmula de vida", os dirá el educador moderno.

¡Imitadle!...

Sembramos el grano de las ricas cosechas

Os dirán: ¿para qué os obstináis en preparar a vuestros niños para un mundo que no será el suyo? ¿Es útil, y también prudente, darles hoy en nuestras clases iniciativas y libertades que les serán prohibidas en las escuelas que frecuentarán mañana? ¿No vale más acostumbrarles ya desde ahora a obedecer y a doblegarse ante las exigencias de una sociedad que es siempre una madastra para el trabajador "inadaptado"?

Ciertamente, si quisierais o debierais hacer de los niños que os son confiados monjes o religiosos, podríais adiestrarles para pensar y para vivir, como hace varios siglos, según las reglas que no son válidas más que en los conventos o en las iglesias.

Si tuvierais la función de preparar unos servidores dóciles para una raza elegida, o los esclavos de las máquinas y los robots para la explotación social, tendríais entonces que enfriar y apagar desde su nacimiento el resplandor que se obstina en sobrevivir en los ojos de los niños, de los investigadores y de los poetas.

Si se os pidiera que formarais soldados o burócratas, les imprimiríais desde temprana edad la costumbre de los gestos inútiles, del trabajo fingido y del alistamiento que es como una huella mecánica sobre los cuerpos y las almas.

Pero la democracia —muchos textos lo atestiguan— espera de vosotros que seáis trabajadores activos con iniciativas generosas, ciudadanos celosos de sus libertades pero capaces de disciplinarse para servir cooperativamente a las causas justas; hombres que sepan salir de las filas para ponerse en vanguardia, afrontar las dificultades con temeridad, pioneros que a veces molestan a monjes y a religiosos, a explotadores y a robots, a soldados y a burócratas, pero que avanzan y progresan, construyen y crean.

El campesino no detiene su gesto legendario bajo pretexto de que el árbol que planta y el grano que siembra podrían sufrir mañana a causa de la intemperie. Les da sin reservas toda su ciencia y su tradicional solicitud. La vida hará el resto.

Si la madre piensa a veces angustiada en los días sombríos que han de venir, no es por otra cosa que para preparar mejor en el presente al ser que desea se convierta en audaz y fuerte.

Cualquiera que sea vuestro temor de ver los destinos hostiles doblar los tallos jóvenes que nosotros habremos animado, actuaremos siempre con el mismo fervor confiado con que sembramos obstinadamente el grano de las cosechas ricas.

La sensatez de los hombres y la justicia de las instituciones harán el resto.

© Ediciones Morata, S. L.

La embriaguez de triunfos

A veces os lamentáis, como el aprendiz de pastor, de que hay demasiados senderos que serpentean aparentemente en dirección a la misma cañada sin que ninguno de ellos tenga nunca la descansada certeza de los caminos que la experiencia y la ciencia han trazado, cuadriculado y señalizado; buscáis el guía que os orientará sobre las vías en las que no tendréis más que coger los frutos que otros habrán hecho crecer.

Mis ovejas no pacen en los caminos de piedras y de polvo, sino entre el laberinto de los senderos por los que avanzan sin problemas, paciendo o deshojando las briznas, para desembocar antes que el sol en el claro donde esperarán el crepúsculo.

Cuando ningún perro molesta, un rebaño que está paciendo no está sistemáticamente alineado. Progresa lentamente, como la nube que pasa, a veces estremecido como una hoja agitada por la brisa, pesado como una savia que alimenta y hace crecer brotes. Somos nosotros quienes debemos esforzarnos por conocer según qué leyes, a qué ritmo y para responder a qué misteriosas llamadas la savia avanza, el follaje se estremece, las ovejas caminan por los senderos hacia metas que sabemos son beneficiosas para el rebaño.

Ciertamente, podéis colocar a vuestros niños en la carretera blanca en donde no se plantea otro problema que el de seguir pasivamente la cinta desenrollada hasta el infinito. Así no los alimentaréis ni los enriqueceréis. Salvaguardad en ellos la alegría sencilla que se experimenta al salirse de los senderos demasiado pisoteados, al rasguñarse con las espinas y al encaramarse a las rocas donde se descubren profundos horizontes de luz; cultivad su necesidad de conquista y de victoria; reservad para ellos la embriaguez de los triunfos sin correr el riesgo, sin embargo, de que se pierdan o se extravíen; mantenedlos en grupos armoniosos en cuyo seno se sentirán unidos y participarán de la gran fuerza que nos proporcionan nuestras manos unidas; movilizadlos al mismo tiempo para que lleven siempre más adelante los caminos despejados y libres que autorizan la audacia renovada de las generaciones futuras.

Pan y rosas

A nuestros alumnos les hacen falta pan y rosas.

El pan del cuerpo, que mantiene al individuo en buena salud fisiológica.

El pan del espíritu, al que llamáis instrucción, adquisiciones, conquistas técnicas, el mínimo sin el cual corre el riesgo de no alcanzar la salud intelectual deseable.

Pero las rosas también. No por lujo, sino por necesidad vital.

Miro a mi perro. Evidentemente, tiene que comer y beber para no tener hambre y no sacar desesperadamente la lengua. Pero de lo que más necesidad tiene aún, es de una caricia del dueño, de una palabra de simpatía, o a veces de una simple palabra; de esa afectividad que le da el sentimiento del lugar, que él desearía que fuera muy grande, que ocupa en el mundo en que vive; de correr por los campos o sólo de ladrar largamente por la noche a la luna, para oír resonar su voz como si sacudiera magníficamente el universo.

Vuestros niños tienen necesidad de pan, del pan del cuerpo y del pan del espíritu, pero todavía tienen más necesidad de vuestra mirada, de vuestra voz, de vuestro pensamiento y de vuestra promesa. Les hace falta sentir que han encontrado en vosotros y en vuestra escuela esta resonancia que confiere un sentido y una finalidad a su vida. Tienen necesidad de hablar a alguien que le escuche, de escribir a alguien que les lea o les entienda, de producir algo útil y bonito que es la expresión de todo cuanto llevan en ellos de generoso y superior.

Esa nueva intimidad que se establece con el trabajo, entre el adulto y el niño; ese grafismo que sin objeto aparente ensalza la materia o el color; ese texto que la imprenta hace eterno; ese poema que es un canto del alma; ese canto que es como una llamada del ser hacia esa efectividad que nos supera, de todo eso vive un niño alimentado normalmente de pan y de conocimientos, es eso lo que le engrandece y le idealiza, lo que abre su corazón y su espíritu.

La planta tiene necesidad de sol y de cielo azul; el animal no envilecido por la doma no sabe vivir sin el aire vivo de la libertad. El niño necesita pan y rosas.

Avanzar en profundidad

El aprendiz de campesino estaba orgulloso de sus melones que crecían, vigorosos y recios, en surcos acondicionados en hileras regulares que alimentaba ricamente con agua y estiércol.

Sí, pero ¿en qué se convertirán esos melones cuando no se les proporcione generosamente el abono, o cuando aparezca la sequía? Entonces los veréis vegetar y languidecer antes de haber dado fruto, porque, acostumbrados a vivir perezosamente de vuestra aportación, son incapaces de afrontar por sí mismos la complejidad de la vida.

Colocad pues el estiércol y el agua en una zanja entre las hileras, a cierta distancia de las plantas. Para vivir, el joven melón se verá obligado a extender sus raíces vacilantes en busca del alimento; desarrollará sus raicillas, las hundirá, las fortalecerá hasta alcanzar la zona rica y generosa. Y si les falta vuestra ayuda, estas mismas raíces irán a buscar en la profundidad del suelo la vida que hinchará y madurará los frutos.

¡Cuántos padres, cuántos pedagogos siguen la práctica del aprendiz de campesino! y acumulan aquí, al alcance del niño, el alimento ya dispuesto para ser digerido: manuales abundantes y ricos, explicaciones y lecciones concentradas en síntesis indigestas, deberes cuidadosamente racionalizados para evitar a los tallos jóvenes cualquier esfuerzo inútil.

El alumno, efectivamente, se hace rico y fuerte. Pero en cuanto le abandonen las fuerzas escolásticas, la vida le plantee sus verdaderos problemas, que la escuela no había previsto, en el momento en que el trabajo le exija unos conocimientos que no se han preparado con un laborioso tanteo, la planta se deshincha y se marchita para no producir más que frutos resecos que caen lamentablemente con el primer calor.

Dejad que el niño tantee, alargue sus tentáculos, experimente y surque, investigue y compare, husmee libros y fichas, hunda su curiosidad en las profundidades caprichosas del conocimiento, en una búsqueda, a veces ardua, del alimento que es fundamental para él.

Esto irá acompañado muchas veces de llantos y crujir de dientes. Cuando caigan los andamios, la casa será ya sólida y poderosa; cuando le abandone el calor del hogar, el hombrecito podrá afrontar la vida con pericia y decisión.

El árbol dará sus frutos.

El Trabajador Hombre

El pastor es pastor desde el momento en que sabe adelantar y seguir a sus animales y asegurar los gestos que permiten al rebaño pacer con paz y seguridad.

Pero si puede además reflexionar más allá de los gestos automáticos, si adquiere experiencia y sensatez en este largo y solitario comercio consigo mismo, o si, exteriorizando cada vez más sus preocupaciones, escruta y estudia el cielo, las nubes, la vida de las plantas y las costumbres de los animales hasta convertirse en un experto, o también si, colocando su alegría creadora en la punta de un cuchillo, graba la madera o surca las cortezas, entonces da un paso más o menos consecuente hacia la cultura. Se convierte en el *Pastor Hombre*.

Nuestro tendero* cuenta y pesa y entrega con exactitud los artículos que le piden. Ignorábamos que había sido ilusionista.

¿Quién le enseñó los secretos del prestidigitador y las virtudes de los polvos mágicos? Por la noche, una vez terminada la jornada, se ejercita en un arte que, para él, desborda y supera su oficio, a una actividad aparentemente gratuita en el sentido de que no sacará de ella ningún beneficio pecuniario, pero que ya es su cultura, que más allá de su función social de tendero le hace alcanzar el valor eminente de *Tendero Hombre*.

Nuestro vecino tiene mucho trabajo al podar sus melocotoneros y cultivar sus claveles en los invernaderos. Se esfuerza, ciertamente, en ser un campesino experto. Pero los días de lluvia, detrás de los cristales, medio escondidos bajo las parras desnudas, dibuja y pinta, y el domingo se va con su caballete en busca de colores y de vida.

Esto constituye su cultura: esta preocupación de creación y de ampliación que hace de él el *Campesino Hombre*.

---

* Proveedor de la Escuela Freinet a comienzos de los cincuenta.

Que vuestros alumnos aprendan los gestos, los signos y las mecánicas exigidas por su función de escolar y, más tarde, por su papel de empleados, de campesinos o de obreros, ésta es una necesidad como la que obliga al pastor a cuidar a sus ovejas y al campesino a producir frutos y flores dignos de su inteligencia y de su sentido social. Pero que no se contenten con ser escolares. Que desborden ya su oficio para acceder a los pensamientos, a los gestos y a los actos que, tal vez, no sean de utilidad inmediata, que no podrán quizá jamás convertir en moneda, pero no dejarán de ser por ello un aspecto apasionante de una exigencia de cultura que es el noble signo de la educación al servicio del *Hombre*.

Las preocupaciones del brigada

El brigada sonreía socarronamente a la vista de la masa de obreros que se precipitaba a la fábrica: unos llegaban a pie, otros en bicicleta o en grupos compactos que se apeaban de un tranvía, con sus trajes variados, desde el mono al impermeable o a la americana, sin orden ni disciplina, charlando y silbando. La campana sonaba sin dominar este desorden: en el interior de la fábrica, las sombras parecían pasearse libremente, sin finalidad aparente, en una desconcertante diversidad que negaba la autoridad...

Desorden y jaleo... pérdida de tiempo...

"Aquí, pensaba el brigada, se entra en el cuartel en columnas de a cuatro, marcando el paso, al son de los clarines, con un mismo uniforme. Tanto en el patio como en los dormitorios, todo está previsto: a cualquier hora del día se sabe en qué trabajo se ocupan los escuadrones y las secciones."

Así pensaba, sin duda, aquel maestro —que no querría de ningún modo ser brigada— al salir indignado de una escuela moderna... ¿Cómo? ¡Los niños ni siquiera se ponen en fila para entrar; no saludan todos con el mismo rito; no leen el mismo libro: uno compone un texto, otro graba un pedazo de linóleo, un grupo pinta, otro prepara un experimento! ¡Y unos curiosos venían a entrevistarme...!

Pero, ¿cuándo hacen los ejercicios? ¿Cuándo aprenden las lecciones? ¡Jaleo... jaleo!

Dejadme volver a mi clase tan disciplinada, en la que uno entra como en un santuario, donde cada uno tiene su sitio, incluido el maestro en su tarima, donde los ejercicios se prosiguen en orden y silencio, donde podemos controlar, medir y calificar, recompensar a los buenos e infligir trabajos molestos a los recalcitrantes...

¿No os parece extraordinario que en un país como Francia, donde gusta tan poco el ejército —sin duda alguna porque se nos ha hecho coger una indigestión sin remedio— la escuela se obstine hasta ese punto en parecerse al cuartel, y el maestro —a veces antimilitarista— al brigada?...

En cuanto a mí, prefiero la fábrica al cuartel y la escuela-taller a la escuela-cuartel. Envidio al director de empresa y al director de taller-escuela, pero compadezco al brigada.

© Ediciones Morata, S. L.

La vuelta a las orejas de burro

En nuestra época, nos dice el viejo pastor, la disciplina era terrible, tanto en la escuela como en la iglesia. Era necesario, sin duda alguna: ¿cómo se habrían "hecho temer", el maestro o el cura, por la masa ruidosa de niños de todas las edades que se apretujaban desde la mañana en unos locales insuficientes, sin ni siquiera los libros indispensables?

Era como en el regimiento: primero había que ponerse firmes, después marcar el paso, al dar la orden, y golpear con el tacón. Si la disciplina se aflojaba por un momento, si salía de las filas un granuja, entonces sucedía lo que en mi rebaño: cuando un carnero se aleja y sale a la aventura, la masa le sigue como el agua que corre entre las grietas que no conseguimos taponar.

Más allá de un cierto número de individuos, ya sea en la escuela, o en el ejército, la "disciplina" se convierte en una necesidad.

Si tengo un pequeño rebaño en el que conozco a todos los animales, cuyos balidos y cencerros distingo desde lejos, y en el que todos conocen a su vez mi silbato y mi voz, no necesito perro. Pastor y ovejas están como ligados por hilos invisibles que hacen que, sin un grito, sin un latigazo, vaya de la mañana a la noche, a través de los campos y las cosechas.

Mis animales "salen adelante" y yo me siento feliz como todo buen pastor.

Pero si el patrón cree que le interesa duplicar el número de cabezas de las que tendré que encargarme en el mismo pasto, si ya no tengo el placer ni el gusto de distinguir el carácter de mis animales y si me quedo así sin lazos profundos, a merced de los indisciplinados y los conductores a los que siguen de buen grado los jóvenes insuficientemente alimentados, entonces reclamo un buen perro, o incluso dos, y los lanzo entre las patas de los desobedientes.

De este modo, mi rebaño no causa estropicios y vuelvo a llevar mis animales al redil oportunamente.

Sólo que el oficio ya no tendrá para mí ese interés humano que constituía mi vida. Me gano el pan, desde luego, pero ya no tengo la reposada satisfacción que se siente cuando se hace algo útil, noble y enriquecedor. Ya no soy el pastor que han cantado los poetas; me convierto en el prosaico y sombrío guardián de animales.

Si dejáis que vuestros patrones hacinen en vuestras aulas a una masa de niños cuyo dominio moral ya no poseeréis, y que ya no encontrarán en ella el alimento del que sienten necesidad, os veréis obligados también vosotros a poneros al nivel de la escuela de los soldados, a reforzar la disciplina y a marcar el paso.

Y, de mal en peor, en esta vía de inhumanidad, volveréis a las orejas de burro, que es la marca envilecedora de una pedagogía que tiene que dimitir porque renuncia a formar hombres.

© Ediciones Morata, S. L.

Evitad la prueba de fuerza

La educación escolar siempre ha sido una prueba de fuerza.

Se dice que los policías ven un delincuente en potencia en cada persona a la que se acercan. Los pedagogos ven primero en los niños al enemigo que los dominará si ellos no lo dominan.

Y como a todos nos han formado con esta prueba de fuerza, la suponemos natural e inevitable. ¿No es acaso oficial, y los reglamentos que excluyen los castigos corporales no autorizan, acaso, una variedad infinita de prácticas disciplinarias de las que lo mínimo que se puede decir es que no aumentan nuestro prestigio y que no estamos orgullosos de ellas?

No pretenderemos que la disciplina no sea una necesidad, sobre todo en las clases sobrecargadas, cada vez más numerosas, desgraciadamente. Tan sólo formulamos la pregunta: ¿la prueba de fuerza en educación es una solución válida o sólo aceptable? ¿O bien es lamentable y por tanto habrá que cambiarla por otra lo más pronto posible?

Y ¿por qué disciplina?

Sabed desde un principio que, si aplicáis la prueba de fuerza con los niños, habéis perdido de antemano. Salvaréis vuestra autoridad y obtendréis el silencio y la obediencia, con la condición aún de estar siempre en guardia para evitar las burlas y las zancadillas. No habréis hecho ningún trabajo constructivo en profundidad, ya que, a lo mejor, sólo habréis enseñado costumbres de pasividad y servilismo, cubiertas siempre de hipocresía y rencor. El niño, felizmente, escapa a ello, a causa de todos los recursos de su vida desbordante y por su habilidad para franquear los obstáculos que halla a su paso.

No exagero. No tenéis más que extraer, como lo hago yo, los recuerdos leales y sinceros de la escuela que habéis sufrido. ¡Y erais los primeros de clase!

No, la prueba de fuerza sólo podría existir en el peor de los casos. Es digno de compasión el educador que está condenado a ello durante los cuarenta años de su carrera.

Entrevemos, por suerte, una solución: *la disciplina cooperativa del trabajo*.

¿Os habéis dado cuenta de cuán fáciles de soportar y prudentes son vuestros hijos, en familia o en la escuela, cuando están ocupados, totalmente, en una actividad que les apasiona? El problema de la disciplina ya no se plantea: basta con organizar el trabajo de manera entusiasta.

Mirad a los niños componer o imprimir un texto periodístico, decorar la clase, hacer cerámica, terminar su plan de trabajo, efectuar cortes o montajes eléctricos. Entonces os dais cuenta de cuánto y de qué manera puede cambiar la noción de disciplina. Tal vez haya todavía un desorden excesivo, demasiado ruido, pequeñas batallas. Siempre tienen una causa técnica: el aparato no funciona, o bien hay demasiada tinta, falta tal o cual pieza. Más a menudo todavía, mal entrenados en nuestro nuevo papel de ayudante técnico, no tenemos fichas de trabajo ni instrucciones de empleo. Asistimos al desorden accidental del taller que no está todavía suficientemente organizado. Pero los éxitos de los que nos enorgullecemos nos prueban que, en nuestras aulas, la

© Ediciones Morata, S. L.

prueba de fuerza está superada para siempre. Accedemos a la disciplina democrática, la que prepara al niño para forjar la sociedad de mañana, que será tal como él la haga.

Hay varias moradas

¡Cuidado!, se os ha dicho: no entraréis en esta morada más que por la puerta de la explicación verbal y del pensamiento traducido por el lenguaje, vehículo de progreso.

Efectivamente, sucede que, a vuestra primera llamada, la casa resuena, los pasillos se iluminan, las ventanas se abren sobre mundos ignorados. Y estáis orgullosos del milagro consumado, incluso si las luces parpadean y se esfuman tan pronto como se aleja la claridad que, un momento antes, había despertado las solicitudes latentes.

Pero ¿con cuánta frecuencia os sentís decepcionados? Una luz parpadea en el corredor; os hacéis persuasivos y prometedores para no dejar escapar la promesa. Aumentáis artificialmente la iluminación, habláis fuerte, gritáis, amenazáis y reprendéis; o bien, desesperando de la causa, ensayáis unos juegos, luces, imágenes, música y sonidos. La ingeniosidad que desplegáis es vuestra pedagogía.

Pero también sucede que no conseguís establecer ningún contacto. Vuestros compañeros o vuestros alumnos son ciegos o sordos, mental, intelectual o psíquicamente. O bien tenéis que tratar con unos seres —animales o personas— que parecen extraños a vuestras preocupaciones. El corredor es inaccesible.

Entonces, buscáis otras puertas, que conducen a otras zonas de vida, que se aferran a otras vibraciones, que iluminan otros caminos, por los que podréis lanzaros con éxito.

¿No os habéis impresionado nunca ante el silencio calculado de los instructores ciegos, ante la sobriedad verbal de los criadores de perros, de cabras o de leones? Han entrado por otra puerta en el dominio de la educación; han seguido otros corredores y han triunfado allí donde vosotros no habíais encontrado más que la pared de la incomprensión y la noche del rechazo.

¿No había dicho Jesús: "Hay varias moradas en la casa de mi padre"?

Autocracia o libertad

Adopto esta filosofía tradicional del pastor que parece vivir y pensar al ritmo de los meses y de los astros porque tengo desde siempre la costumbre de los gestos lentos y comedidos a través de las ramas y los senderos entre mis ovejas apacibles.

El hombre que en el valle echa juramentos todo el santo día contra el caballo que no quiere aceptar la carga, el buey que se emperra en pacer en los campos prohibidos, la tierra demasiado dura o el insecto devorador, se vuelve desabrido, gruñón, suspicaz y pesimista.

El joven de hoy que monta en su bicicleta o sale al volante del coche, se entrena en hacer gestos rápidos, decisiones espontáneas más o menos reflexionadas, reacciones duras y mecánicas.

El burócrata teme a la vida que atropella sus previsiones teóricas y el maestro dicta sus órdenes y amonesta tronando contra la pereza y la indisciplina de sus alumnos.

El maestro adquiere muy de prisa, e irremisiblemente, un espíritu de autócrata que está seguro de crear la vida y dirigir el mundo con su varita sabia manejando manuales escolares, dando lecciones doctas, corrigiendo faltas, castigando o recompensando.

Bajad al maestro de su tarima-pedestal, abrid las ventanas, no crucéis los brazos, haced brillar el sol, abrid la boca, escribid, dibujad, imprimid, grabad y esculpid, poned las manos en la masa, al nuevo ritmo de las máquinas que animan el ronroneo muerto de la escolástica...

Entonces suscitaréis el espíritu nuevo de la escuela moderna. Superaréis la atmósfera y el comportamiento del maestro de escuela autoritario para acceder a la nueva filosofía del educador consumado, sembrador de libertad, que forja los constructores de la sociedad fraterna del mañana.

Somos aprendices

Somos aprendices que tenemos la pretensión a veces de ser maestros y que ocultamos de buen grado a nosotros mismos nuestras imperfecciones y nuestras impotencias.

¡Y qué! ¿No hemos estudiado largo tiempo en las escuelas y no estamos provistos, como los mecánicos y los albañiles, de nuestros certificados de aptitud profesional? ¿Los largos años de prácticas no nos han proporcionado acaso esa seguridad en el diagnóstico y en la decisión que son el patrimonio de los viejos obreros expertos en su oficio?

Hay que creer que la máquina humana es más complicada y delicada que los mecanismos más ingeniosos de los especialistas, ya que nuestros profesores de psicología y de pedagogía siguen siendo aprendices que no han descubierto todavía el verdadero secreto de una ciencia que les supera. Cuando se encuentran ante los verdaderos problemas de la vida, frente a sus hijos difíciles de manejar, presa de los retrasados y de los discapacitados en un aula heterogénea que hay que guiar y orientar, andan a tientas como nosotros, con un éxito también relativo.

Admiramos a los cerebros poderosos que hacen juegos malabares con las matemáticas y tratan de construir robots iluminados por un embrión de inteligencia. Esperamos aún al hombre que sepa escrutar al hombre y que nos conduzca con maestría a través de los senderos que nuestra pobre ciencia psicológica empieza a desenredar.

© Ediciones Morata, S. L.

Todos somos aprendices. Todos estamos en el período de los tanteos y no hemos descubierto todavía las brechas por las que podríamos acceder triunfalmente a los dominios hasta hoy prohibidos. Nada se ha dicho aún, de un modo definitivo, si no es el humilde reconocimiento de nuestra común ignorancia.

A veces se teme que la tierra sea demasiado pequeña para el apetito de los investigadores a los que atormenta la llamada de la aventura y de lo desconocido.

Pero nos queda el hombre que hay que conocer y conquistar. En esta conquista, como para todas las conquistas, los prácticos, los hombres de oficio, están llamados a aportar la primera piedra, aquella que tal vez, por reacción en cadena, producirá una inmensa necesidad de exploración del hombre, y del niño que será el hombre de mañana.

El oficio os marca

El oficio os marca, refunfuñaba el viejo pastor separando las ramas con el reverso de su bastón. Mira, allá abajo, a la salida del pueblo, aquella silueta que se desliza por la línea gris del camino, es el zapatero. Y aquel otro tan atareado delante del cobertizo es el posadero. Es como la oveja que traza su sendero a fuerza de pasar y volver a pasar por él. Los gestos de todos los días, la cantidad de aire que respiramos, la luz o el frío que nos impregnan, el esfuerzo de la espalda, de la cabeza o de los brazos, son otras tantas líneas que se inscriben en la originalidad de nuestro comportamiento. El hombre que puede cantar a la salida del sol hasta hacer estremecer a los ecos, no tiene la mirada cansada del obrero que, limitado a su banco, cuenta, con la cabeza gacha, los martillazos que se repiten.

Vosotros, los maestros, estáis más marcados que otros por las exigencias formales de vuestro oficio. Como si cada deber que corregís, cada trazo de tinta roja, cada lección que repetís, cada reglazo sobre la mesa, cada castigo generosamente distribuido, surcara en vosotros su rastro indeleble.

Abandonad la tarima y tomad la herramienta, alinead los tipos de imprenta y preparad una tirada; extasiaos frente a un éxito; sed a la vez el obrero, el campesino, el técnico, el conductor de un juego y el poeta; aprended de nuevo a reír, a vivir y a emocionaros. Seréis otro hombre.

En el brillo de los ojos se mide la parte de libertad y la profundidad de la cultura del buen obrero que podría pegar a su sombrero las tres plumas de maestro.

Y la luz se hizo

En el año 1959

—¡Qué no haríamos nosotros por nuestros hijos!

Si por lo menos, padres de familia de buena voluntad, osarais hacer por vuestra descendencia lo que realizan el granjero por sus animales, el campesino por sus árboles, el industrial por sus máquinas, el ganadero por sus animales de raza, ¡cuántas nubes se alejarían!

Cuando el granjero aumenta su ganado, añade naturalmente una ala más a su cuadra, y ¡qué ala! inundada de aire y de luz, con agua corriente y fuerza motriz, condiciones de higiene garantizadas por el control regular del Estado que subvenciona los trabajos indispensables de modernización.

¿Acaso no tenéis una solicitud semejante para con las escuelas de vuestros hijos y no exigís la vigilancia eficaz para que los escolares de 1959 se beneficien finalmente de las instalaciones sanas y cómodas previstas para las vacas y los caballos?

Cuando el arboricultor quiere iniciar su plantación, abona y, sobre todo, toma terreno de los prados y de los campos. No amontonará cien árboles allí donde no pueden vivir más que cincuenta. Arará el campo cercano y hará su plantación racional y productiva.

Vosotros aceptáis que amontonen a cien niños en un local previsto para cincuenta y que se escatimen los trabajos elementales que les permitirían crecer y vivir de un modo eficaz y humano. Sabéis muy bien que los caballos y los perros de raza exigen, para reafirmar sus cualidades, unas condiciones de vivienda, de alimento, de limpieza y de ejercicios sin los que ningún sujeto rendiría al máximo en agilidad y elegancia.

Vuestros hijos, que serán los inventores y los constructores de mañana, ¿no son dignos acaso de una atención semejante?

Objetaréis que los locales amplios, los espacios generosos alrededor de

© Ediciones Morata, S. L.

las ciudades están acaparados por las fábricas y los almacenes en los que se instalan en condiciones de comodidad y de lujo, los perfeccionamientos técnicos que lógicamente causan admiración.

Para hacer vivir y modelar al hombre que mañana guiará y dominará esta audaz técnica, sólo quedan patios desnudos, la sombra fría de las fábricas y las escuelas medievales rechazadas como parientes pobres, lejos de los centros favorecidos.

—¡Qué no haríamos nosotros por nuestros hijos!

Entonces, que se alcen las voces que reivindican, en la gran obra de educación, las reglas de higiene y de salubridad previstas para la fábrica, los almacenes, los animales de provecho y los fértiles huertos. Que se organicen las comisiones de investigación de los padres, educadores, parlamentarios que estudiarán objetivamente las necesidades de las escuelas del pueblo para que en el año 1959 el niño tenga los cuidados que se reservan en provecho del animal de lujo y del árbol productor.

¿De dónde saldrá el dinero?

Bastará con disminuir las fuerzas de guerra en provecho de la vida.

El carretero retrasado

Parado junto a la carretera, ocupado en reparar un tiro mientras el caballo cansado comía su avena, el carretero retrasado maldecía los transportes modernos:

—¡Ya pueden ir hablando de sus novedades! Van más rápidos que nosotros, de esto no hay pero, ¿qué ven en su marcha, si no es el paso vertiginoso de los paisajes con los que nosotros disfrutamos intensamente? ¿Y en qué estado llegan al final, cuando llegan, y con qué riquezas?

Si hiciéramos un balance leal...

Que sería falso porque no tenéis las medidas comunes; porque la línea de árboles que desfila detrás de la ventanilla de un tren no se parece en nada al borde florido que recorréis al paso sonoro de vuestra yunta.

—Es precisamente esta ilusión de velocidad lo que rechazo, no tan sólo por la embriaguez con la que parece alimentar los espíritus, sino también por la deformación sistemática que provoca.

¡Pensáis que me retraso! Me han hecho carretero; tengo en las manos las bridas y el látigo; conozco bien mi camino por el que no tengo más que seguir a mi fiel caballo. No temo ni volcar ni chocar peligrosamente con otro vehículo, ni saltarme un semáforo, ni perderme en alguna peligrosa vía muerta.

Sin duda, porque represento la tradición y la seguridad, todavía se suben a mi vehículo algunos viajeros retrasados, que me abandonan en la primera parada para montar en la bicicleta o tomar el tren. Por otra parte, no puedo abandonar mi caballo y mi vehículo que rueda desde hace cincuenta años y todavía puede muy bien ver el fin del siglo.

A fe mía que quizá los jóvenes tengan razón. El pasado les viene ancho y hacen frente a la novedad y a la dificultad con una temeridad que nos desconcierta. Temen menos que nosotros las curvas y las pendientes.

Ya han elegido. Marchan hacia la vida.

Una pedagogía que no se atreve ya a pronunciar su nombre

El automóvil ha ganado definitivamente la partida.

El carretero ha perdido el orgullo de su tiro deslucido y bamboleante, que el carpintero, convertido en mecánico, no querrá reparar más y cuyos arreos, con cueros usados que ya no brillan, ya no sabe regenerar el guarnicionero. Ni siquiera los cascabeles tintinean en el cuello de las mulas.

El carretero, sin embargo, experimenta un pudor sensible al hablar mal de su tiro. Ha vivido de él hasta hoy y no ve, por ahora, la posibilidad de cambiarlo por un sistema nuevo de mejor rendimiento. Si le preguntáis, os dirá que su caballo es realmente un buen animal, que su vehículo todavía rueda con soltura y comodidad y que ha prestado muchos servicios inestimables. Un coche va un poco demasiado rápido... Es peligroso... y hay que contar con las frecuentes averías.

Os dice esto sin mucha convicción, como hombre que sabe poner al mal tiempo buena cara. Si mañana se presenta la ocasión de comprar un coche moderno, abandonará casi sin lamentarlo el viejo y fiel vehículo a caballo.

La pedagogía es lo mismo.

Nuestros técnicos han ganado la partida a los métodos tradicionales que ya no se atreven a pronunciar su nombre, porque ya no les queda nada por enseñar de lo que se puedan enorgullecer: ni las máximas morales o los principios de instrucción cívica, que abrían antes solemnemente la jornada y que han perdido toda majestad filosófica y humana; ni esos resúmenes de catecismo que la propia Iglesia ha superado; ni las lecciones con demasiada verborrea que los alumnos irreverentes calificaban de "bla, bla, bla" y de baratija; ni el molinillo de café o el plato decorado cuya indigencia se siente instintivamente; incluso ni esa disciplina autoritaria que, sin embargo, fue una de las primeras virtudes de la escuela.

¡Si los métodos modernos trastornaran menos nuestras costumbres; si fueran menos rápido; si estuviéramos mejor preparados para conducirlos sin riesgo de averías desconcertantes!

El material de vuestra escuela está deslucido y las pinturas nuevas no quedan bien fijas en las tablas usadas; las ruedas chirrían medio dislocadas; los cascabeles rajados han perdido su resonancia de plata.

La escuela moderna os espera.

Las técnicas modernas han ganado la partida

La real superioridad de las técnicas actuales de la escuela moderna, no podría valorarse si no se comparase con los viejos métodos que progresivamente ceden el paso ante la experiencia que prueba instrumentos y métodos de trabajo más eficaces.

© Ediciones Morata, S. L.

Esto no significa que subestimemos a aquellos compañeros que, por razones diversas, de las que no son responsables, no han podido, o no han sabido, adentrarse por las nuevas vías.

Se pueden encontrar anticuados el arado o la carretilla y preferir el tractor sin que ningún sentimiento de reproche o desaprobación agrave las comparaciones que se imponen. Sin embargo, haciendo marchar uno al lado del otro a la carretilla y al tractor se pueden medir realmente los progresos técnicos y humanos que es necesario explotar y reforzar.

La Historia no es nunca un frente unido que avanza como un bloque en cada época. En el dominio de la escuela, como en el de la técnica agrícola o de la vivienda, todos los estadios están aquí como testigos de un pasado que se acerca a la vida que avanza. Las viejas cocinas, arregladas como lo estaban en la Edad Media, se parecen a las casas de los colonos del siglo XVII y a las casas modernas recién pintadas. En nuestras escuelas, los bancos de 1890 todavía son sólidos junto a las mesas individuales de tubo; los cuadros murales reciamente enmarcados contrastan con los modernos huecograbados y los manuales escolares más o menos rezagados conservan un lugar de honor que raramente han merecido.

Los métodos son hijos de este estado de hecho, igual que lo es la atmósfera escolar —cuya primera víctima es, conscientemente o no, el educador.

Para servir a la escuela y a los educadores, haremos la prueba dejando marchar uno junto al otro, el tractor y el carro. Pedimos a nuestros compañeros que nos ayuden lealmente, sin tomar partido, en esta indagación que iniciarán en sus casas, en sus aulas, para que seguidamente estudiemos en común cómo el presente y el futuro pueden separarse de un pasado del que serán un resultado reconfortante.

La verdadera ciencia psicológica

Es moda, hoy día, medirlo todo para formular en ecuaciones hasta los mayores elementos de nuestra vida. Pero se olvida, haciendo esto, que todavía no se ha roturado la carretera en la que es prematuro colocar los postes indicadores: que no son las mismas unidades las que jalonan un camino, pesan un líquido, evalúan una superficie o intentan medir las reacciones sutiles y complejas de un ser vivo.

La ciencia aritmética os dice que cien pasos es el doble de cincuenta pasos. Pero yo sé que hay pasos largos como calvarios y a veces decisivos para la eternidad, y otros, alados y dinámicos, que pasan acelerados. Cien no es necesariamente el doble de cincuenta.

Esta visita no ha durado más de cinco minutos: y decís: ¡qué larga!
Recibís a los amigos... ¡ya os vais!...
Treinta minutos, no es siempre, para nosotros, seis veces cinco minutos.

El psicólogo mide los tiempos de reacción a las preguntas y a los problemas que formula su test. Pero hay espíritus que captan las cosas como un relámpago y que muestran una prisa febril en contestar y liberarse, y otros

© Ediciones Morata, S. L.

que tienen que seguir, técnica y metódicamente, los largos caminos del conocimiento y cuya vida parece que es toda interior, tan profunda a veces que se corre el riesgo de desconocerla y descuidarla.

Es injusto y peligroso —y falso— medir a unos y otros con el mismo metro inexorable, como niños que, en nuestras clases, mezclan las unidades y calculan en litros la altura del árbol ampliamente.

Diréis que esto que avanzo aquí no es científico. Y, sin embargo, ¿nuestras observaciones no son reales, ampliamente controladas, es decir, susceptibles de servir de base, mejor que vuestras estadísticas erróneas, a una verdadera ciencia psicológica? El sentido común quizá es una preciencia que tiene sus cálculos y sus normas eminentemente distintas y delicadas, para las que todavía no se han establecido leyes y prototipos universalmente válidos.

¡Estas vacaciones han pasado como el viento!... ¡Qué largas son las primeras horas en la oficina! Se pretende que ocho horas son siempre ocho horas. En el reloj, quizá. Pero para mi realidad psicológica, la medida es ostensiblemente falsa. Los acontecimientos y la vida se calibran y se juzgan según leyes que nos aplicaremos en precisar y esperando que la verdadera ciencia muestre un día el valor esencial de exactitud y de perennidad.

El estremecimiento de la paz

El rebaño de ovejas y cabras se iba por la carretera blanca. Los animales se mostraban confiados y serenos porque a su cabeza marchaba el pastor familiar, en una mano el látigo profesional y, en la otra, una primera rama de melocotonero rosa que la primavera acababa de abrir.

... Entonces, una puerta del matadero se abrirá. El pastor desaparecerá bruscamente, o como mínimo su rama de melocotonero rosa. Sólo quedará el látigo que hará decidirse a los últimos vacilantes.

Pero entonces una cabra desconfiada —y sutil— empieza a agitarse, inquieta. Levanta la cabeza y resopla, después hace ver que se para. Esta vacilación se comunica como un reguero de pólvora al grupo que ahora se estremece adivinando el peligro. Entonces el pastor abandona su rama de melocotonero rosa y, con fuertes latigazos, intenta devolver a los animales engañados a la inconsciencia dócil de su destino de proveedores de matadero. Demasiado tarde: la cabra sutil ha tomado un atajo y el rebaño la sigue, lejos del olor a sangre, en dirección a los tentadores prados verdes de la seguridad y la paz.

Somos el amplio rebaño que malos pastores, llevando en una mano el látigo de la falsa justicia y en la otra el ramo de olivo cuyo símbolo han pervertido, conducen hacia la próxima hecatombe. No os basta con seguir pasivamente el ramo de olivo ni con refugiaros tras cómodas etiquetas. Lo que se necesita es que, entre esta masa inmensa que marcha hacia sus destinos, se levanten el mayor número posible de hombres y mujeres sutiles y valientes, que conocen, desgraciadamente, el olor y el precio de la sangre y el valor de los símbolos.

© Ediciones Morata, S. L.

La activa inquietud transmitirá a la masa un decisivo estremecimiento. Los hombres y las mujeres y los jóvenes —que quieren vivir— también tomarán el atajo, arrollando las barreras, invadiendo los pastos, y los falsos pastores correrán impotentes, con su látigo en una mano y blandiendo, con cólera, en la otra el ramo de olivo, para devolver a los rebaños al camino del matadero.

Que los hombres sutiles y valientes levanten la cabeza y se comprometan los primeros en los senderos liberadores. Y que entre estos primeros se encuentre el gran ejército pacífico de los educadores del pueblo. Entonces se irá ampliando el irresistible estremecimiento de la paz.

¡Si gobiernan!

Si gobiernan en el Ayuntamiento o en el Sindicato, dice mascullando sus palabras el flemático pastor, es porque nosotros les dejamos gobernar.

Sabemos discutir, en el café, o en el recodo de los caminos, cuando nada nos apremia, que el día está despejado y que el río murmura a nuestros pies. Allí, entre nosotros, reconstruiremos el mundo. Incluso Dios es criticable y, por poco, le haremos la competencia. Pero cuando, en una reunión, se trata de decir su merecido a aquéllos a los que criticamos y tomar frente a ellos una posición viril que hemos tomado entre nosotros, entonces ya no quedan hombres. Sólo hay ovejas y lacayos.

Y nos quejaremos a la salida.

Sí, ellos están acostumbrados a hablar y a gobernar, y nosotros, nuestra función es callarnos y obedecer. Y, sin embargo, tenemos lo mismo que ellos en la cabeza y, en nuestra lengua, no es precisamente elocuencia lo que nos falta. Sólo estamos dominados por una cadena de la que no nos podemos liberar.

Lo más grave es que esta cadena la preparamos y la forjamos para nuestros hijos.

Cuando resisten obstinadamente a nuestras razones y a nuestra autoridad porque creen tener razón; cuando defienden hasta la cólera y las lágrimas, sin respeto, es verdad, para las jerarquías formales, lo que es su bien y su libertad, llamamos desfachatez a su valentía e irrespetuosa inconveniencia a sus reivindicaciones.

Puede ser que si les ayudáis, educadores, a afirmar su personalidad de la misma manera que queréis enseñarles ortografía y cálculo; si les acostumbráis a salvaguardar su dignidad con la misma ciencia pedagógica que empleáis, para hacerles obedecer; si aportáis tanto interés en formar a un hombre como en adiestrar al escolar, entonces, quizá tengamos, el día de mañana, generaciones que sabrán defenderse contra los habladores y los políticos que hoy nos guían.

Pero los que gobiernan dirán para abrumaros que, olvidando las jerarquías justas y formales, reivindicáis con desfachatez y que por su ciencia habéis perdido el respeto que se debe a los ídolos y a los dioses.

© Ediciones Morata, S. L.

¡Y la luz se hizo!

Los veteranos volvían de la "gran" guerra. Habían encontrado su pueblo igual que lo habían dejado, con cien años de atraso en relación con los lugares que habían recorrido.

Por la noche, durante la velada, mientras las lámparas humeantes crepitaban, los más audaces de todos opinaban:

—Teniendo nuestra gran fuente, que nace en el centro del pueblo donde hace marchar el molino de André, ¡qué fácil sería hacer electricidad con esta agua!

Los que planeaban, los que hacían proyectos, los que discutían iban repitiendo:

—¡Y sin embargo, con lo fácil que sería!

—¡Y nos podríamos alumbrar a bajo precio!

—¡Transformaríamos mucho el pueblo!

Pero los escépticos, que conocían el resultado de estas vanas veladas, concluían:

—Hemos vivido siempre con nuestras teas y nuestras lámparas humeantes... ¡Del dicho al hecho hay un buen trecho!...

Un día Mateo apostó por los hechos; fundó un sindicato, hizo estudiar un proyecto, recogió fondos. Tuvo en contra, no es necesario decirlo, a las autoridades, la administración y la prefectura.

Y los innovadores, los que planeaban, empezaron a jugar a dañar con su escepticismo la temeraria empresa de aquel que pretendía hacer realidad los sueños de los conversadores.

Y una noche, la corriente iluminó el pueblo... Se hizo la luz... Alrededor de las bombillas colgadas a lo largo de las calles, la juventud bailó para festejar el milagro que al fin se había realizado.

La luz se había convertido en una cosa pública, evidente y definitiva. Entonces los que planeaban y los que discutían se vanagloriaban de los beneficios. Habituados al arte de explotar el trabajo de los demás, formaron un comité, informaron a los periódicos y se invitó a la inauguración oficial a los mismos que se habían opuesto al audaz proyecto, con el prefecto a la cabeza.

Pero se olvidó a Mateo, que tomó su azadón y se fue al campo a cuidar la cosecha próxima. Sin embargo, había tenido su recompensa, había hecho brotar la luz.

La noche llegará demasiado pronto

El educador está inquieto.

¿Vale la pena hacer brillar un poco el sol en nuestras aulas, aportar a nuestros alumnos luces prometedoras de la escuela moderna si lamentablemente deben volver a la niebla y a la noche de la escolástica? ¿No se corre el riesgo de descentrarlos inútilmente en un momento en que pueden caer en

© Ediciones Morata, S. L.

un *modus vivendi* válido para el medio escolar que se les ha impuesto? ¿Una experiencia de escuela moderna es siempre una buena acción?

Es como si nos formulásemos la pregunta de si es generoso y deseable dejar entrar un rayo de sol en la habitación de un enfermo con el pretexto monstruoso de que sólo aparece accidentalmente, y si no sería necesario habituar a las gentes de las regiones sombrías a lo gris y a la penumbra en la que deberán, de cualquier forma, trabajar. Si no sería prudente exponer a los niños desde muy pronto a las privaciones y a la dieta en previsión de los días difíciles que tendrán que afrontar y si, moralmente, tenemos el derecho a enseñar la libertad a quien quizá sea condenado a obedecer servilmente a lo largo de sus días.

No calculéis de esta forma, por un razonamiento contrario al sentido común, vuestra economía pedagógica. Seguid a la naturaleza. El sol brilla, y si sólo es un instante, aprovechadlo. La noche siempre llegará demasiado pronto.

El educador no es un forjador de cadenas, sino un sembrador de alimentos y claridad.

Hemos colocado nuestra piedra

Qué me importa el pensamiento y el espíritu de todos los pastores que han pasado antes que yo por la montaña, si ninguno de ellos ha puesto su señal en el sendero que sube, ni en las costumbres de las ovejas que se van a través de los atajos.

El humo sube también en bucles azulados entre los techos de las casas y los árboles de la colina. Y las nubes, en el cielo, parecen escribir jeroglíficos que alimentan el sueño de niños desocupados.

Me agaché al pasar, doblé una rama que ya no entorpeció más el camino. Puse una piedra como marca y señal; con mi cuchillo tallé un canal que recoge el agua de la fuente y en el que beberán los niños y las ovejas.

Diréis que son pocas cosas en comparación con lo que se podría hacer para simplificar y humanizar la vida del pastor. Pero si cada pastor hiciera cada día parte de esta obra práctica al servicio de la comunidad, nuestro oficio se enriquecería y facilitaría desde ahora.

Qué me importan los teóricos que han edificado en volutas de humo sistemas que el viento barre del mismo modo que destruye nubes quiméricas. Otros, antes que ellos, habían hablado con inteligencia y autoridad, pero no habían marcado, con sus pies obstinados, la huella en el sendero; no habían puesto la piedra directamente ni tallado el canal. Éstos son, en definitiva, los impresores de libros, los inventores de plumas, fabricantes de máquinas de escribir y de imprimir, animadores de cine y de radio que jalonan, paso a paso, el lento progreso de la pedagogía.

Durante demasiado tiempo, unos han hablado sin obrar, otros han obrado sin tener el derecho a la palabra, como los trabajadores que no se encontrarán jamás en el túnel por el que se han metido.

© Ediciones Morata, S. L.

Hemos colocado nuestra piedra. Sabemos que ayudará y guiará a aquellos que vengan después de nosotros para continuar el camino.

La venganza de los "realistas"

También están aquí, decía el viejo pastor, los "idealistas" y los "iluminados". Tienen una idea en la cabeza como si persiguieran un sol que sólo ellos vieran, y van hacia ese sol sin prestar atención a las barreras que arrollan, a los prados que pisan, a los oponentes que zarandean a su paso.

Estos son los "iluminados" que han construido la cabaña en la que nos abrigamos mientras que, desde hacía milenios, los pastores dormían al aire libre, alrededor del fuego que reanimaban cuando el frío era demasiado vivo. Ese canal que riega todo el pueblo, y la carretera, y la instalación eléctrica que han dado a las moradas adormecidas una claridad que es como una nueva redención, son obras de un idealista.

Han tenido contra ellos, naturalmente, a los propietarios de los prados y los cercados, los que han trazado o han hecho trazar sus caminos particulares, en cuya entrada han colocado el letrero tradicional "propiedad privada...". El molinero ha prometido que se vengaría del soñador que ha desviado el agua de su molino, y el tendero gruñe porque vendía mucho más petróleo antes de esas novedades.

Pero ya los hábiles "realistas", maldiciendo a los soñadores, se apropian de sus éxitos. Saben que el mundo marcha, que es necesaria una vanguardia que prepare los caminos y que la luz que ésta ha descubierto no se deja apagar voluntariamente. Los pastores ocupan la cabaña en la que el iluminado no encontrará ni un lugar agradable; el molinero bautizará con su nombre el mismo canal que ha intentado sabotear y el político inaugurará la iluminación eléctrica.

Y habrá alguien entre los asistentes que diga:
—"Mirad, no se atreve a venir aquel que, en lugar de participar prudentemente en la obra que asentamos, ha vuelto a su camino hacia inciertos resplandores."

© Ediciones Morata, S. L.

Las invariantes pedagógicas

Esta obra se publicó en castellano con el título: *Las invariantes pedagógicas. Guía práctica de la Escuela Moderna*, Barcelona, Laia, 1972.

Publicadas en 1964 como un pequeño folleto, *Les Invariants pédagogiques* ("Las invariantes pedagógicas") constituyen un texto muy poco habitual. Se presentan, en efecto, a la vez como un vademecum de las diferentes técnicas que se necesitan para aplicar la Pedagogía de Freinet y como una especie de cuenta atrás de los aviadores.

Si conservan, aún hoy, un interés real es porque constituyen un testimonio indiscutible de la importancia fundamental que FREINET concedió siempre a la práctica, es decir, al aspecto *obrero* de su pedagogía.

Introducción

"Así son las leyes de la vida; no es posible ignorarlas; y es preciso actuar conforme a estas leyes. Con esta finalidad las indicamos, agregadas a los Derechos del Hombre, que son comunes a la Humanidad."

MARÍA MONTESSORI

Las técnicas Freinet de la escuela moderna han franqueado hoy día la larga etapa de treinta y cinco años de experimentación, llegando a introducirse efectiva y metódicamente en un número creciente de escuelas francesas y del extranjero.

Pero un cambio de método tan radical constituye una verdadera revolución en educación, que requiere una formación especial de los nuevos educadores y la reeducación de aquellos que durante largo tiempo han estado exclavizados por la escolástica.

En espera de que los organismos oficiales se hagan cargo de esta reeducación indispensable, nos consideramos obligados a dar respuesta con medios improvisados a la demanda creciente de los educadores de todos los niveles que desean comprometerse con nuestras técnicas.

Habíamos empezado por escribir con esa intención una guía sucinta: *¿Cómo comenzar?* que, según creíamos, podría bastar para los primeros tanteos.

Pero nos hemos dado cuenta de que los consejos técnicos que ofrecíamos no sólo corrían el riesgo de ser insuficientes, sino de inducir a error y descorazonar a los recién llegados si no los completábamos con instrucciones más precisas sobre la utilización pedagógica de estas técnicas y el espíritu de nuestra enseñanza.

Por ello, necesitábamos incitar a nuestros lectores a reconsiderar un cierto número de nociones y de prácticas psicológicas, pedagógicas, técnicas y sociales que normalmente están admitidas en los medios escolares y que la tradición prohíbe poner en duda, ya que constituyen los propios fundamentos de todo el edificio escolástico.

© Ediciones Morata, S. L.

Querríamos dedicarnos a establecer aquí una nueva gama de valores escolares, sin otra preocupación que la búsqueda de la verdad, a la luz de la experiencia y del sentido común.

Teniendo en cuenta estos principios que nosotros consideramos como *invariantes*, por tanto incontestables y seguros, querríamos realizar una especie de *Código pedagógico* con:

- *luz verde* para las prácticas que concuerden con estas *invariantes*, dentro de las cuales podéis actuar sin aprensión, puesto que estáis seguros de alcanzar un éxito reconfortante;
- *luz roja* para las prácticas que no se ajusten a estas invariantes y que, por tanto, será necesario proscribir lo antes posible;
- *luz naranja* e *intermitente* para las prácticas que, en ciertas circunstancias, puedan ser beneficiosas, pero que corren el riesgo de ser peligrosas, y hacia las cuales no debéis avanzar si no es con prudencia en la esperanza de superarlas pronto.

En función de estas indicaciones metodológicas, os daremos entonces los consejos más específicamente técnicos que os permitirán llegar a término con un mínimo de tanteos y de riesgos.

PS: "Si se consulta una obra clásica de psicología general —escribe el doctor Viard— se encuentran en ella descripciones perfectas de una cantidad impresionante de manifestaciones psíquicas; la lista estará lejos de haberse agotado. De estos trabajos concienzudos, minuciosos, abundantes se desprende el sentimiento de que la psicología es algo muy complicado y de que, para llegar a ser un buen psicólogo, hacen falta muchos años de práctica, sin estar nunca seguro, en muchas ocasiones, del valor de los juicios que se dan sobre los demás."

"Hemos pensado que después del análisis detallado de los fenómenos psicológicos sería quizá posible encontrar entre ellos y los individuos un vínculo constante, invariante, que les otorgaría a la vez un carácter de universalidad..."

"La definición de la INVARIANTE está contenida en la propia palabra. Es todo aquello que no varía ni puede variar, en cualquier latitud, con cualquier tipo de gente."

"La INVARIANTE constituye la base más sólida. Evita muchas decepciones y errores."

La naturaleza del niño

Invariante núm. 1:
El niño es de la misma naturaleza que el adulto

Es como un árbol que no ha acabado todavía su crecimiento, pero que se nutre, crece y se defiende exactamente como el árbol adulto.

El niño se nutre, siente, sufre, busca y se defiende exactamente como vosotros, sólo que con ritmos diferentes que proceden de su debilidad orgánica, de su ignorancia, de su inexperiencia, y también de su inconmensurable potencial de vida, a menudo peligrosamente alcanzado en el adulto.

El niño actúa y reacciona en consecuencia, y vive exactamente según los mismos principios que vosotros. Entre vosotros y él no hay una diferencia de naturaleza, sino solamente una diferencia de grado.

En consecuencia:

Antes de juzgar a un niño o de castigarlo, planteaos solamente la pregunta: Si yo estuviera en su lugar, ¿cómo podría reaccionar? Y, ¿cómo actuábamos cuando éramos como él?

Someteos lealmente a este Test:

¿Os habéis esforzado en impregnaros de esta invariante?	**verde**
¿Reconocéis esta invariante, pero dudando someteros a ella?	**naranja**
En vuestro comportamiento, ¿consideráis todavía que el niño es de naturaleza distinta a la vuestra?	**rojo**

© Ediciones Morata, S. L.

(¡Aconsejamos a nuestros lectores que coloreen cuidadosamente estos tests! Su conjunto, cuando después hojeen este libro, les dará una imagen de su situación psicológica y pedagógica como maestros. Entonces se esforzarán por borrar poco a poco los rojos, para mejorar la proporción de naranjas y verdes.)

Invariante núm. 2:
Ser mayor no significa forzosamente estar por encima de los demás

Vosotros sois mayores en altura y, por este simple hecho, soléis considerar inferiores a los que son de menor estatura. Es una especie de sensación, digamos que fisiológica, contrapuesta a la sensación de vacío vertiginoso que se experimenta en el balcón de un vigésimo piso o en lo alto de un pico que cae a plomo sobre el valle. Es decir, que todo el mundo experimenta esta sensación. Debéis tomar conciencia de ello y precaveros porque os perturba y desorienta.

Vosotros sois más altos que vuestros discípulos. Ello no os basta todavía. Es preciso que os subáis sobre una tarima para asegurar vuestra superioridad.

Son impresiones y sentimientos que intimidan mucho más de lo que se cree a todos los candidatos a la pedagogía moderna.

Para que logréis deshaceros de esta necesidad de dominio, nosotros proponemos desde el principio cierto número de gestos simbólicos y sin embargo determinantes de la evolución indispensable.

— *Suprimid la tarima:* Estaréis al mismo nivel que los niños. Les veréis con ojos no de pedagogos y jefes, sino con ojos de hombres y de niños, y con este acto reduciréis en seguida la peligrosa distancia que existe entre el alumno y el maestro, en las clases tradicionales.

— Si, por razones administrativas, no podéis quitar la tarima para transformarla, por ejemplo, en una mesa de exposiciones y de trabajo, os recomendamos que al menos destronéis la mesa del maestro, poniéndola al nivel de los niños, en un lugar donde no estorbe, y no forzosamente delante de los niños.

La tarima y el asiento del profesor son elementos indispensables de la pedagogía tradicional, donde reina la palabrería inútil, con las lecciones, las explicaciones y las preguntas que se practican efectivamente con tanta autoridad y suficiencia, que no se está al nivel de quienes escuchan.

Añadamos que la posición de lucha entre maestros y discípulos requiere, para la vigilancia, autoridad y disciplina, esta sobreelevación material y simbólica.

Poneos al nivel de vuestros alumnos, así penetraréis de lleno en la pedagogía moderna. Empezaréis vosotros mismos a reflexionar y reconsiderar vuestras actitudes y vuestro comportamiento pedagógico.

© Ediciones Morata, S. L.

Test:

Retirar la tarima con todas las consecuencias pedagógicas que este gesto conlleva	**verde**
Poned vuestra mesa al mismo nivel que las de los alumnos	**naranja**
Dejad la tarima con su uso tradicional	**rojo**

No puedo resistir el placer de citar este pasaje de *Intermezzo* de Giraudoux:

(Isabel y sus alumnas están realizando una clase al aire libre cuando aparece el Inspector de Primaria...)

INSPECTOR: Haga que entren sus alumnas *(éstas se ríen.)* ¿Por qué se ríen?

ISABEL: Es que usted dice: que entren, y no hay ninguna puerta.

INSPECTOR: Esta pedagogía al aire libre es estúpida, el vocabulario de los inspectores pierde aquí la mitad de su valor... *(Cuchicheos.)* ¡Silencio! Señorita, sus alumnas son insoportables.

ISABEL: ¿Cómo las castigaría yo? En estas clases al aire libre, no subsiste apenas ningún motivo para castigar. Todo lo que en las aulas es una falta, se convierte aquí en iniciativa e inteligencia. ¿Castigar a una alumna porque mira al techo? ¡Mire este techo!

INSPECTOR: ¡Justamente! El techo en la enseñanza debe entenderse de modo que haga resaltar la altura del adulto frente a la talla del niño. Un maestro que se inclina por el aire libre confiesa que es menor que el árbol, menos corpulento que el buey, menos móvil que la abeja, sacrificando así la mejor prueba de su dignidad.

Invariante núm. 3:
El comportamiento escolar de un niño está en función de su estado fisiológico, orgánico y constitucional

Existe la tendencia a considerar inhumanamente que el niño que trabaja mal o se comporta de un modo reprensible lo hace de forma intencionada y por malignidad.

Algunos de estos hábitos son a veces adquiridos, soportando nosotros las consecuencias, lo cual no quiere decir que el niño sea totalmente responsable de los defectos que se manifiestan en él.

No olvidéis que vosotros mismos no trabajáis bien cuando tenéis una digestión pesada o estáis hambrientos (estómago hambriento no hace oídos a nada). Os ponéis nerviosos más fácilmente cuando habéis fracasado en un trabajo, cuando habéis disputado con un adversario más poderoso o cuando no habéis podido realizar un proyecto por el que estabais muy interesados.

Los niños son sencillamente igual que vosotros. Frente a las deficiencias de comportamiento que constatáis, tratad de preguntaros si no existen motivos de salud, de equilibrio, de dificultades ambientales que habría que revisar en primer lugar.

Trataréis de corregirlas. Si no podéis, al menos actuaréis con mucha más razón y humanidad, y a la vez mejoraréis el clima de vuestra clase.

Test:

Os dedicáis a investigar las razones psicológicas, psíquicas o sociales del comportamiento perturbado de algunos niños (nuestra pedagogía os ayudará).

En la medida en que hayáis tenido ya resultados positivos. **verde**

Sólo habéis tenido un éxito muy relativo. **naranja**

Reaccionáis aún como un pedagogo tradicional sin tener en cuenta las dificultades individuales de vuestros alumnos. **rojo**

Las reacciones del niño

Invariante núm. 4:
A nadie le gusta que le manden autoritariamente; el niño, en eso, no se distingue del adulto

Existe en eso una especie de reflejo que es, a la vez, fisiológico y psicológico.

Cuando os aventuráis por un camino se debe a que, por el motivo que sea, juzgáis conveniente ir por él. Si no estáis seguros de que la dirección sea buena, tanteáis, avanzáis tímidamente, o bien retrocedéis, para volver a avanzar en seguida.

Pero si alguien os empuja, tenéis el mismo reflejo que cuando, preparados para zambulliros al borde de un estanque, una mano imprevista os hace perder el equilibrio. Instintivamente, mecánicamente, hacéis un esfuerzo contrario para resistir al empujón y restablecer vuestro equilibrio.

Esta ley es general. No tiene ninguna excepción, ni desde el punto de vista fisiológico, ni en nuestro comportamiento moral, social o intelectual.

Todos nos comportamos así, lo que explica que todo gesto, todo mandato autoritario conlleve una oposición, de forma automática, de quien lo sufre: se pone rojo o inicia un gesto de resistencia quizá muy pronto reprimido, o bien ve perturbado el desarrollo de sus pensamientos y de sus sentimientos.

De ello se deduce que, por principio, *todo mandato autoritario es siempre un error.*

Se dirá que el niño no tiene suficiente experiencia y que hace mucha falta que le orientemos y que a veces le impulsemos hacia donde no quisiera ir. La equivocación sigue subsistiendo. Nos corresponde a nosotros buscar una pedagogía que permita que el niño escoja al máximo la dirección por la cual deba ir y donde el adulto mande con la menor autoridad posible.

En esto se esfuerza nuestra pedagogía, dando al máximo la palabra al niño, dejándole individual y cooperativamente la mayor iniciativa posible en el marco de la comunidad, esforzándose más en prepararle que en dirigirle.

© Ediciones Morata, S. L.

Cuando preparamos nuestro plan de trabajo, presentamos a la clase tres o cuatro temas que los niños, o los equipos, estudiarán.

Para repartir los temas hay dos modos de proceder: el autoritario, habitual en la escuela tradicional que ordena:

Tema núm. 1 — X
Tema núm. 2 — Y
Tema núm. 3 — Z

Ningún niño estará satisfecho.

En lugar de eso les decimos: aquí hay tres temas para tratar. Escoged cada uno el que os interese. Se distribuyen los temas tal como los piden. Los últimos se ven obligados a tomar el que queda.

En este caso la posibilidad de elección ha sido muy limitada. Pero los niños no han sido empujados autoritariamente. Están satisfechos.

Si imponemos un texto a un niño, aparecerá automáticamente la oposición. Ofrezcámosle la libertad de escoger y todo se hará ordenadamente.

Mandar autoritariamente es un error. Evitar el error siempre será saludable.

TEST:

Habéis previsto en vuestra clase una pedagogía sin órdenes autoritarias. **verde**

Buscáis una solución mitigada con un resto de autoridad y un intento de liberalización. **naranja**

Preferís todavía usar la autoridad en todas las circunstancias. **rojo**

Invariante núm. 5
(que se deriva de la anterior):
A nadie le gusta alinearse, porque alinearse es obedecer pasivamente a un orden externo

Existen juegos o trabajos colectivos, el deporte por ejemplo, en los que la alineación se considera una necesidad y por tanto no plantea ningún problema.

Hay casos también en donde esta alineación es una necesidad administrativa o técnica, exigida por una autoridad que está por encima, y de la cual somos víctimas al igual que los niños. Así sucede con la necesidad que surge de la organización social actual de respetar estrictamente la hora de las comidas —en familia o en la cantina—, la hora de entrada y de salida de clase, la disciplina de las colas que son una invención de los tiempos de penurias.

© Ediciones Morata, S. L.

En estos casos, basta con explicar a los niños las razones imperativas de ciertos actos y comportamientos: si el tren pasa a las seis de la mañana, forzosamente tenemos que salir de casa a las cinco y media, si no queremos llegar demasiado tarde.

Se podría decir que esta disciplina es poco perturbadora y no modifica forzosamente las relaciones maestro-alumnos, a condición de que el maestro no se conceda demasiados atributos por el hecho de su función.

La obligación peligrosa es la que aparece ante los niños como superflua, como signo de un maligno placer del adulto al probar su soberana autoridad, mostrando que sus órdenes tienen que desencadenar un reflejo de obediencia pasiva que es embrutecimiento.

La disciplina militar es típica de este error insoportable para los que están en filas, rigiendo autoritariamente todas las relaciones entre los soldados rasos y los que tienen graduación.

La prueba de que esta disciplina se opone a las reglas de vida y de acción, y de que está hecha tan sólo para reforzar la autoridad brutal, es que en un período de actividad o durante las guerras se atenúa a veces hasta extinguirse. Esta forma externa de disciplina desaparecía casi totalmente para los hombres del frente, durante la guerra. Se había borrado por completo durante la clandestinidad y el maquis; sin embargo, estos soldados sin uniforme y sin disciplina externa han sabido respetar la más eficaz disciplina, la de la acción.

Lo mismo sucede en la escuela.

Existe una cierta disciplina necesaria para la convivencia de los grupos más o menos bien organizados. Los niños la comprenden, la aceptan, la practican, la organizan ellos mismos si sienten su necesidad. Es esta disciplina la que se debe buscar.

Pero es preciso desterrar todas las alineaciones cuya necesidad no sea sentida por el niño, pudiendo realizarse por medio de la organización cooperativa: orden en la entrada a clase, silencio durante el trabajo, etc.

Puede existir orden y disciplina sin la autoridad embrutecedora cuyos símbolos son las alineaciones en el patio, los toques de silbato y los brazos cruzados.

TEST:

Supresión de la autoridad brutal que exige todas las alineaciones superfluas, actitudes rígidas y brazos cruzados, que serán reemplazados por la disciplina cooperativa del trabajo **verde**

Intentos de organización de la disciplina con un mínimo de mandatos exteriores. **naranja**

Continuar con las órdenes autoritarias, las alineaciones, brazos cruzados, etc. **rojo**

© Ediciones Morata, S. L.

Invariante núm. 6
(derivada de las anteriores):
A nadie le gusta verse obligado a hacer determinado trabajo, incluso si este trabajo no le desagrada particularmente. Es la obligatoriedad lo que paraliza

La primera reacción del niño o del adulto al que se le da una orden autoritaria es decir automáticamente: ¡No!

Ahí reside, parcialmente por lo menos, la explicación de este período de oposición que se percibe en los niños de 7 a 9 años. En esta edad, el adulto, bajo el pretexto de disciplinar al niño, quiere señalar su autoridad con la orden brutal que incita u obliga a esta obediencia pasiva que demasiados padres o maestros creen indispensable en toda educación varonil.

Entonces se libra una especie de combate entre el niño, que quiere experimentar y vivir dentro del sentido de sus necesidades, y el adulto, que quiere plegarle a la obediencia.

La oposición sistemática es una fase de esta lucha. El niño se adaptará en seguida si se disciplina. Hay aquellos que no aceptan esta autoridad brutal, y que serán los insumisos, los cabezotas, los inadaptados, con todas las complicaciones individuales y sociales que se desprenden.

Esta oposición da como resultado que ciertas actividades —las escolares sobre todo— se recubran con una especie de velo maléfico, puesto que son ordenadas. Así resulta que se olvida lo aprendido, nacen las fobias, las anorexias y los complejos graves que una buena pedagogía evitaría.

TEST:

Abstenerse de todo mandato estrictamente autoritario. Encontrar otras vías que potencien el trabajo deseado. **verde**

Reducir progresivamente los mandatos, suprimir las alineaciones y los brazos cruzados. **naranja**

Continuar con la forma habitual de disciplina y de órdenes, aunque la autoridad se haya atenuado. **rojo**

Invariante núm. 7
(derivada de las anteriores):
A cada uno le gusta escoger su trabajo, aunque la elección no sea la más ventajosa

Dad un caramelo a un niño. Ciertamente estará satisfecho, pero no por ello dejará de mirar con envidia el resto de la caja. Dadle la caja para que escoja. Estará mucho más satisfecho, incluso si su elección no es la más ventajosa.

También en este caso la libertad colorea de rojo, naranja o verde la decisión de intervenir.

Ya hemos dicho cómo, en la preparación del trabajo, dejamos que los niños seleccionen los temas en vez de distribuírselos usando nuestra autoridad.

Esta invariante es una de las razones que constituyen el éxito de nuestros ficheros autocorrectores y de nuestras tiras de enseñanza. Con el manual de cálculo, el niño no tiene ningún margen. Los ejercicios que tendrá que hacer están impuestos por el libro o por el maestro. El niño sólo tiene que alinearse sin decir nada.

Dad a los niños la libertad de escoger su trabajo, de decidir el momento y el ritmo de este trabajo y todo habrá cambiado.

Imponed a los alumnos un texto para leer y estudiar. Ni les apetece ni les entusiasma. Dejadles la libertad de escoger, como lo hacemos mediante el texto libre, y el trabajo se realizará entonces en un clima mucho más favorable.

Este principio, válido para todos los individuos, motiva la supervivencia del artesanado en Francia. El obrero prefiere su actividad como artesano al trabajo impuesto en la fábrica, puesto que lo practica a la hora y al ritmo que le conviene, aunque esta libertad suponga jornadas más largas y más fatigosas.

Test:

Organizarse y prever técnicas para que el niño tenga siempre la impresión de que escoge su trabajo.	**verde**
Experimentar esta selección libre, al menos, en lengua y en cálculo.	**naranja**
Practicar casi íntegramente trabajos, en cuya selección no se consulte al niño en absoluto	**rojo**

Invariante núm. 8
(que se deriva de las anteriores):
A nadie le gusta dar vueltas en el vacío, comportarse como robot; es decir, actuar, someterse a pensamientos inscritos en rutinas en las que no participa

Si un niño pedalea sobre una bicicleta estática pronto se cansará, mientras que iría al fin del mundo si la bicicleta pudiera rodar de verdad.

En los capítulos siguientes veremos a dónde puede conducirnos el semáforo verde que nos abre el camino hacia el trabajo vivo y la acción.

Allí tendremos que juzgar todos los ejercicios escolares que funcionan inútilmente sobre calzos, o en todo caso para conseguir fines que no son los nuestros.

© Ediciones Morata, S. L.

Semáforo rojo para los diversos ejercicios que no tienen otra finalidad que cubrirse a veces de tinta roja.

Semáforo rojo para el estudio mecánico y memorista de textos o recitados que no se comprenden.

Semáforo rojo para los deberes de redacción cuyo único lector será el maestro y que no responden a ninguno de los imperativos naturales de expresión y de comunicación.

Sin embargo, la mayor parte del tiempo tendremos que contemplar los semáforos naranja e intermitentes.

En las condiciones actuales de trabajo escolar resultará difícil, durante tiempo, sustituir el trabajo escolástico por actividades motivadas, que constituyen la razón de ser de nuestra pedagogía.

En este caso nos veremos obligados con mucha frecuencia a amoldarnos a la realidad, a adaptarla, lo mejor posible, a nuestras técnicas, y a crear, en ese ambiente que condenamos, elementos de libertad y progreso.

Uno de los elementos al que no abriremos el semáforo verde, contrariamente a lo que pretenden los psicólogos, sino sólo la luz naranja e intermitente, será el juego, que no es una actividad natural sino un sucedáneo del trabajo.

TEST:

Es válida toda actividad que tiene su razón de ser en el comportamiento del individuo en su medio.	**verde**
Actividades que dan, a veces, una ilusión de libertad y de motivación, pero que no son más que un sucedáneo.	**naranja**
Deberes escolásticos impuestos.	**rojo**

Invariante núm. 9
(que extrae su conclusión de las precedentes):
Es preciso que motivemos el trabajo

En uno de mis *Dichos de Mateo* he dado un ejemplo de la diferencia fundamental que existe entre el trabajo de soldado, sin motivación y sin finalidad, (al cual sólo se concede la actividad mínima necesaria, justo lo suficiente para evitar las sanciones) y el trabajo motivado poderosamente, integrado al ser en su medio, al cual denominamos *trabajo de recién casado*. (Véase pág. 142 de esta misma obra.)

Lo que hemos aportado de nuevo a la pedagogía es esta posibilidad técnica de realizar eficazmente en nuestras aulas un trabajo animado, un trabajo de marido cariñoso.

Cuando el niño escribe con gusto un texto libre para su periódico o sus corresponsales, *luz verde*.

© Ediciones Morata, S. L.

Cuando escribe una carta a su corresponsal, *luz verde*.

Cuando imprime, cuando dibuja y pinta, cuando hace experimentos o prepara conferencias, *luz verde*.

Los niños comprenderán en seguida cuáles son las actividades motivadas y las que sólo están presentes en función de la escuela.

TEST:

Actividades motivadas a las cuales los niños se entregan totalmente.	**verde**
Actividades mitigadas a las que tratamos de influir con un espíritu nuevo.	**naranja**
Trabajo ordinario.	**rojo**

Invariante núm. 10:
Basta de escolástica

La escolástica es una regla de trabajo y de vida particular de la escuela que no es válida fuera de ella, en las diversas circunstancias de la vida para las cuales no sabría preparar.

Os proponemos un medio sencillo para detectar la escolástica.

Si queréis saber en qué medida una forma de trabajo es escolástica y si, por tanto, debéis aplicarle luz naranja o roja, planteaos las siguientes preguntas:

— Si me obligaran a hacer ese trabajo, ¿lo haría con gusto y con eficacia?

— Si yo estuviera en el lugar de ese alumno, ¿trabajaría con más entusiasmo y aplicación?

— Si dejara las puertas de la clase abiertas con la libertad total de salir cuando se desee, ¿se quedarían los niños trabajando o se escaparían para realizar otras actividades?

TEST:

Trabajos que nosotros mismos realizaríamos con interés, a los cuales alumnos y maestros son capaces de dedicarse fuera de las horas legales, en los recreos, sin darse cuenta del tiempo que pasa.	**verde**
Trabajos más o menos señalados como de escuela moderna, en los cuales, sin embargo, dadas las condiciones actuales de la escuela y del medio, la parte de escolástica sigue siendo todavía más o menos importante; siempre que nos demos cuenta de ello.	**naranja**
Trabajos escolásticos tradicionales.	**rojo**

© Ediciones Morata, S. L.

Invariante núm. 10 a:
Todo individuo quiere conseguir éxitos. El fracaso es inhibidor, destructor del ánimo y del entusiasmo

Insistimos muy especialmente en esta invariante, porque toda la técnica de la escuela tradicional se basa en el fracaso.

Los primeros de la clase logran el éxito, sin duda, ya que tienen aptitudes particulares; pero también porque siempre tienen buenas notas, Bien y Muy Bien, y porque consiguen salir airosos de los exámenes.

Pero la escuela aturde a los demás bajo la avalancha de los fracasos: exceso de correcciones rojas en los deberes, malas notas, "hay que repetir", cuadernos mal llevados... Las observaciones permiten sólo raramente que el niño se reconforte con un éxito. Se desanima y busca otras vías —reprensibles— para alcanzar otros triunfos.

Haced siempre que vuestros niños tengan éxito. El tono de la enseñanza se recuperará mucho sólo por ello.

Sin embargo, os dirán padres y educadores, no se puede dar una buena calificación a un trabajo insuficiente, o felicitar a un alumno que no lleva bien su cuaderno.

Es verdad, pero nosotros podemos practicar una pedagogía que permita que los niños tengan éxito, presenten trabajos hechos con amor, realicen pinturas o cerámicas que sean obras maestras, den conferencias aplaudidas por la audiencia.

Hace falta que cambiemos toda la fórmula de la escuela, así como el papel del educador que, en lugar de ser tan sólo un censor, sabrá promover su papel ante todo de ayuda.

TEST:

Por una pedagogía del éxito.	**verde**
Esfuerzo para evitar el fracaso.	**naranja**
Pedagogía del fracaso.	**rojo**

Invariante núm. 10 b:
El juego no es lo natural en el niño, sino el trabajo

Nosotros vamos contracorriente de la psicología y de la pedagogía contemporáneas afirmando esta invariante de la primacía del trabajo.

El error comienza en la escuela maternal que, desde este punto de vista, ha contaminado a las familias: basta con consultar los catálogos de las grandes editoriales para convencerse: no presentan ningún instrumento de trabajo, sino una infinidad de juegos.

Igualmente, en las familias se ha adoptado la costumbre de no hacer trabajar a los niños. Son los reyes holgazanes a los que sólo se ofrecen juegos.

En los demás niveles, por la fuerza de las cosas, la pedagogía generalmente recurre a los juegos con menos frecuencia, aunque no por ello haya aceptado el principio del trabajo.

La escuela primaria y el segundo grado caen también bajo el dominio de los deberes y los ejercicios impuestos, que presentan, si acaso, un interés superficial, pero que no responden, en modo alguno, a nuestra definición del trabajo natural, motivado y exhaustivo, cuyas virtudes nunca elogiaremos lo suficiente.

Nuestra pedagogía es justamente una pedagogía del trabajo. Nuestra originalidad es la de haber creado, experimentado, difundido instrumentos y técnicas de trabajo cuya práctica transforma profundamente nuestras clases.

TEST:

Realización máxima de una escuela del trabajo.	**verde**
Mezcla de deberes y trabajo.	**naranja**
Todavía sin un verdadero trabajo.	**rojo**

© Ediciones Morata, S. L.

Las técnicas educativas

Invariante núm. 11:
La vía normal de la adquisición no es de ningún modo la observación, la explicación y la demostración (que constituyen el proceso esencial de la escuela), sino el tanteo experimental, procedimiento natural y universal

La escuela tradicional actúa exclusivamente por medio de explicaciones. Los experimentos, cuando se hacen, sólo intervienen como complemento de demostración.

Ahora bien, la explicación, aunque esté ayudada por la demostración, no aporta más que una adquisición superficial y formal, que nunca arraiga en la vida del individuo, en su medio. Es igual que los brotes que crecen prematuramente en un árbol que se acaba de plantar, dando durante un instante la ilusión de vida. Pero las raíces, todavía sin adaptarse al medio, no aportan la savia indispensable y la planta se seca, falta del alimento sustancial.

Por desgracia, esta adquisición superficial, recubierta con el barniz de las palabras, es la que busca la escuela actual y la que controlan los exámenes.

Se siente cada vez más la vanidad de esta superficialidad y se defiende casi por todas partes (pero especialmente fuera de la enseñanza) la cultura profunda que prepara a los investigadores inteligentes y eficientes.

Parece ser que para una cultura verdadera se requiere el *tanteo experimental,* tal como lo hemos expuesto en nuestro libro *Essai de psychologie sensible,* que es la base de nuestra pedagogía.

Los *trabajos científicos experimentales* son el primer reconocimiento oficial de este proceso universal.

TEST:

Para una educación basada en la experiencia y la vida, por el tanteo experimental.	**verde**
Para la introducción cada vez más práctica de la experimentación en la escuela utilizando todavía la explicación para ciertas disciplinas.	**naranja**
Todavía no se ha modificado la práctica habitual escolástica del aprendizaje y del atiborramiento del cerebro.	**rojo**

Invariante núm. 12:
La memoria, por la que se preocupa tanto la escuela, es válida y preciosa sólo cuando se integra en el tanteo experimental, cuando está verdaderamente al servicio de la vida

En caso contrario, sólo juega el papel de una cinta magnética que registra las palabras para sustituirlas según se solicite, sin que exista el menor proceso inteligente de integración a la vida mental.

"Saber de memoria, no es saber", decía ya MONTAIGNE que, en su tiempo, criticaba duramente esta costumbre de los escolásticos de imponer los conocimientos como si se vertieran con un embudo.

Una buena memoria es, sin duda, preciosa. Por ello se ha llegado a la conclusión de que para poseer esta buena memoria, era preciso ejercer sin cesar esta facultad como si fuera un vehículo esencial del conocimiento.

Pero contrariamente a la creencia general de los escolásticos, la memoria no se cultiva con el ejercicio. Por esa vía equivocada se pueden adquirir ciertos procesos mnemotécnicos que hacen ilusión. El uso mecánico de la memoria tiende, por el contrario, a fatigarla y agotarla. Esto es lo que le sucede a nuestra maltratada juventud.

Por desgracia, toda la enseñanza escolástica se funda en la memoria, y los exámenes miden exclusivamente las adquisiciones de la misma.

TEST:

Dar una enseñanza viva en donde la memoria juegue sólo un papel de ayuda técnica.	**verde**
Dar una enseñanza donde la memoria tiene todavía un papel demasiado amplio aunque se inicia la cultura en profundidad.	**naranja**
Dar una educación y una motivación memorística.	**rojo**

© Ediciones Morata, S. L.

Invariante núm. 13:
Las adquisiciones no se logran, como a veces se cree, mediante el estudio de reglas y leyes, sino por la experiencia. Estudiar en primer lugar estas reglas y estas leyes, en lengua, en arte, en matemáticas, en ciencias, es colocar la carreta delante de los bueyes

Las reglas y las leyes son el fruto de la experiencia, de otro modo sólo son fórmulas sin valor.

TEST:

Para un trabajo vivo experimental. (En la forja se hace el herrero.)   **verde**

Experiencias, pero con el estudio simultáneo de ciertas reglas en la esperanza —vana— de que la enseñanza salga beneficiada.   **naranja**

Enseñanza clásica a base de reglas y principios aprendidos de memoria.   **rojo**

Invariante núm. 14:
La inteligencia no es una facultad específica, según enseña la escolástica, que funciona como un circuito cerrado independientemente de los demás elementos vitales del individuo

Se dice: "Este niño es, o no es, inteligente".
Ahora bien, la inteligencia no existe en sí misma; es como la emanación compleja de las posibilidades más claras del individuo.
Si la inteligencia no existe en sí misma, no hay un método especial de cultivo de esta inteligencia. Como la salud, es una síntesis de elementos íntimamente unidos sobre los cuales tendremos que actuar favorablemente.
Hemos explicado en nuestro *Essai de psychologie sensible* que la inteligencia es la permeabilidad a la experiencia. Cuanto más sensible es el individuo a estas experiencias, más influyen las experiencias positivas en su comportamiento, y más rápidamente progresa.
Generalizando la práctica del *tanteo experimental,* en clase y fuera de ella, haciéndola posible y eficaz, es como en definitiva se educa la inteligencia.

TEST:

Proceso intensivo de tanteo experimental.   **verde**

Intensificación progresiva del tanteo experimental aunque dentro del marco de la vieja pedagogía intelectualista.   **naranja**

Concepción todavía clásica de la inteligencia, mediante prácticas escolares escolásticas   **rojo**

© Ediciones Morata, S. L.

Invariante núm. 15:
La escuela sólo cultiva una forma abstracta de inteligencia, que actúa fuera de la realidad viva, mediante la interpretación de palabras y de ideas fijadas por la memoria

Los individuos con esta forma hipertrofiada de inteligencia serán capaces de discurrir con virtuosismo en todos los temas aprendidos, lo que no impide que algunos no sean inteligentes en absoluto en todo lo que afecta a la vida y a la adaptación al medio.

Existen otras formas de inteligencia, que varían según las incidencias del *tanteo experimental* que les ha servido de base:

— la inteligencia de las manos, procedente de las virtudes con las que se actúa sobre el medio para transformarlo y dominarlo;

— la inteligencia artística;

— la inteligencia sensible que desarrolla el sentido común;

— la inteligencia especulativa que constituye el talento de los investigadores científicos y de los grandes maestros del comercio y de la industria;

— la inteligencia política y social que forma a los hombres de acción y a los conductores de masas.

El pueblo siempre ha honrado a estas diversas formas de inteligencia. Nos han proporcionado talentos artísticos, hombres abnegados hasta el sacrificio, inventores y sabios, que frecuentemente habían fracasado en la escuela porque se rebelaban contra sus enseñanzas tradicionales.

La sociedad actual tiene tal necesidad de marcos polivalentes, de investigadores y de creadores, que se manifiesta, a menudo fuera de la Universidad, una tendencia muy clara, hacia el desarrollo de estas formas diversas de inteligencia.

Nuestra pedagogía apela a ello y, en este campo, ocupa todavía un puesto de audaz vanguardia.

Sin embargo, estamos lejos de ganar la partida. Los "intelectuales" defienden y defenderán todavía durante mucho tiempo sus privilegios confirmados por exámenes y diplomas.

Test:

Si cultiváis al máximo, mediante las técnicas adecuadas, todo el potencial de inteligencia de los individuos. **verde**

Si el cultivo de estas posibilidades complementarias sólo se realiza accidentalmente. **naranja**

Si todavía os contentáis con el cultivo de la inteligencia escolar. **rojo**

© Ediciones Morata, S. L.

Invariante núm. 16:
Al niño no le gusta recibir una lección magistral

No es que sea especialmente por distracción o por pereza. Por las razones que ya hemos dado, ni al niño ni al hombre les gusta escuchar lo que no han solicitado, ni aquello que no desean expresamente conocer. Esto explica el escaso rendimiento de las lecciones magistrales y todos los artificios que los educadores han tenido que inventar para obligar a los niños a someterse a ellas.

Se dirá, sin embargo, que es preciso que el niño aprenda y comprenda lo que desconoce y que, por tanto, el maestro tiene que enseñarle. ¿Pero no hay quizá otras vías para esta enseñanza?

Nuestros técnicos aportan diversas soluciones a estos problemas. Nosotros recomendamos una sobre todo:

Si explicáis una lección valiéndoos de vuestra autoridad, nadie escucha. Pero organizad vuestro trabajo de modo que el niño empiece por actuar él mismo, por experimentar, por preguntar, por leer, por seleccionar y clasificar documentos. Entonces os hará preguntas que le han intrigado más o menos. Responded a sus preguntas: será lo que nosotros denominamos *la lección a posteriori*.

TEST:

En todas las disciplinas empezáis por la experiencia y la información. **verde**

Tratáis de hacer que la lección sea interesante, aunque no deja de ser lección. **naranja**

No habéis pasado de la etapa de la lección magistral. **rojo**

Invariante núm. 17:
El niño no se cansa cuando hace un trabajo que está dentro de su línea de vida, que es, por decirlo así, funcional para él

Lo que cansa a los niños, como a los adultos, es el esfuerzo contrario a la naturaleza, que se hace por obligación.

La escolástica está tan acostumbrada a sus errores que se admite oficialmente que el niño no puede trabajar más de cuarenta minutos seguidos, y que necesita en seguida diez minutos de recreo en todas las clases.

Sin embargo, nosotros constatamos experimentalmente —constatación con muy pocas excepciones— que esta regla escolástica es falsa: cuando está ocupado en un trabajo vivo que responde a sus necesidades, el niño no se fatiga en absoluto, pudiendo seguir dedicándose al trabajo durante dos o tres horas, y hasta más, si no intervinieran las necesidades físicas naturales.

© Ediciones Morata, S. L.

En la Escuela Freinet los niños trabajan sin interrupción desde las 8,30 a las 11,30 con toda normalidad.

La fatiga de los niños es la prueba que permite revelar la calidad de una pedagogía.

Test:

El niño puede trabajar varias horas sin cansarse.	**verde**
El niño se fatiga algunas veces, y necesita detenerse y descansar.	**naranja**
Es obligado tener recreos.	**rojo**

Invariante núm. 18:
A nadie, sea niño o adulto, le gusta el control y el castigo, que siempre consideran una ofensa a su dignidad, sobre todo cuando se ejercen en público

Sólo hace falta recordar en qué estado de oposición, frecuentemente malévola, os coloca el control de un policía aunque no hayáis hecho ningún delito.

Desde este punto de vista, la corrección de los deberes y ejercicios y la recitación de resúmenes son siempre una razón de perturbación y oposición del niño.

Nadie puede negarlo.

Cuesta poco decir que es un mal necesario, y que es imprescindible ordenar y controlar. El argumento es siempre éste, cuando, frente a iniciativas revolucionarias, se propone defender la tradición y los propios privilegios. Sin embargo, si encontráramos la posibilidad de suprimir estas prácticas perturbadoras, la pedagogía daría un paso esperanzador.

No son las correcciones en sí mismas las que debemos abandonar, sino que hay que modificar más bien la actitud del maestro frente al trabajo del niño.

En la escuela tradicional, el niño por principio siempre está en falta. El maestro se inclina a ver, en los trabajos de sus alumnos, sólo lo que según él es condenable, y no lo que está bien. En eso se parece a los guardias, que siempre están a la busca de delincuentes.

Esta posición de inferioridad y de hallarse en falta es fundamentalmente degradante. En realidad, es una de las principales causas de los fracasos escolares y de la aversión que el niño experimenta tempranamente por las cosas de la escuela.

Se dirá, sin embargo, que es preciso que se corrijan las faltas y las debilidades de los niños, pues si no ellos jamás se esforzarían por mejorar.

La madre no regaña jamás a su hijo porque haya pronunciado mal una palabra o porque haya caído cuando da sus primeros pasos. Ella sabe, intuitivamente, que el niño por naturaleza hace todo lo posible por hacerlo bien, pues el fracaso le desequilibra. Si ha cometido una falta es porque no ha podido evitarla. Nuestro papel de educadores es semejante: no corregir, sino ayudar a alcanzar el éxito y a superar los errores.

La actitud de ayuda es la única válida en pedagogía. Ella supone, evidentemente, que se han reconsiderado las técnicas de trabajo, que los métodos naturales han sustituido a la escolástica y que los niños trabajan completamente a su gusto, sin la autoridad del maestro.

El primero de los objetivos de la Escuela Moderna será, pues, interesar al niño por su trabajo y su vida infantil. En nuestros escritos diversos, en nuestras aulas y en nuestras exposiciones, se puede apreciar en qué medida hemos iniciado esta revolución pedagógica.

Test:

Habéis suprimido las correcciones con tinta roja, y adoptáis una actitud de ayuda. **verde**

Estáis solamente a mitad de camino de esta conquista. **naranja**

Os mantenéis todavía en los viejos principios de correción y sanciones. **rojo**

Invariante núm. 19:
Las notas y las clasificaciones son siempre un error

La nota es la apreciación hecha por un adulto del trabajo del niño. Sería válida si fuera objetiva y justa. Puede serlo, al menos parcialmente, cuando se trata de adquisiciones sencillas; por ejemplo, la técnica de las cuatro operaciones aritméticas. Pero cuando se trata de trabajos más complejos, en donde entran en valoración la inteligencia, la comprensión, las propias nociones de comportamiento, toda medida sistemática es descorazonadora. No cabe extrañarse si a este nivel las notas pueden variar del simple al doble, según quienes sean los examinadores, lo que no impide usar imperturbablemente mitades y cuartos como si fuera una medición cronométrica.

¿Qué decir entonces de las clasificaciones establecidas sobre la base de estas notas falsas? y ¿cómo decidir que tal alumno pase delante de aquel que le sigue por algunas centésimas de puntos?

Sin lugar a dudas, ésta es la más falsa de las matemáticas, la más inhumana de las estadísticas.

Profesores y padres, sin embargo, la apoyan porque en las condiciones actuales de la escuela, con unos niños que no tienen deseos de trabajar, las notas y las clasificaciones son todavía el medio más eficaz de sanción y emulación. Aunque este medio tenga una contrapartida sumamente peligrosa:

© Ediciones Morata, S. L.

— Como se trata de conceder notas con un mínimo de error, en pedagogía se atienen a lo que es mensurable. Un ejercicio, un cálculo, un problema, la repetición de una lección, todo esto puede suponer, efectivamente, una nota aceptable. Pero la comprensión, las funciones de inteligencia, la creación, la invención, el sentido artístico, científico, histórico, no pueden calificarse. Entonces se reducen al mínimo en la escuela, suprimiéndolos de la competición. Apenas se les toma en cuenta en exámenes y concursos.

Ésta es la situación actual.

Nosotros la remediamos:
— proporcionando a los niños el gusto y la necesidad de trabajar;
— creando una emulación sana por la competición cooperativa y social;
— implantando un sistema de gráficas y certificados que reemplazarán en un futuro próximo el uso abusivo de las notas y las clasificaciones.

Test:

Habéis suprimido las notas y las clasificaciones que reemplazáis con las nuevas formas de trabajo.	**verde**
Reemplazáis prudentemente las notas y clasificaciones por otros sistemas.	**naranja**
Permanecéis fieles a la antigua tradición.	**rojo**

Invariante núm. 20:
Hablad lo menos posible

Por mucho que hagamos, la vieja pedagogía nos ha marcado de tal modo que siempre nos inclinamos a hablar, a explicar, a demostrar, cuando algo no marcha.

Economizad, hasta la usura, vuestro órgano bucal acostumbrado a sobrepasar a todos los ruidos.

No deis explicaciones por cualquier motivo: no sirve de nada. Cuanto menos habléis, más cosas haréis.

El que trabaja concienzudamente no habla. Pero este cambio en vuestra conducta y vuestra acción supone que tenéis conciencia de nuestra invariante núm. 13. La formación de los alumnos no se consigue con explicaciones y demostraciones, sino por la acción y el tanteo experimental. Supone también que domináis el material y las técnicas que permiten realizar una pedagogía más eficaz.

Test:

Os habéis organizado para trabajar; habéis suprimido las lecciones. Cada vez habláis menos.	**verde**

© Ediciones Morata, S. L.

Os esforzáis en hablar menos, pero aún no habéis efectuado la evolución pedagógica necesaria. **naranja**

Preferís limitaros a las virtudes del lenguaje explicativo. **rojo**

Invariante núm. 21:
Al niño no le gusta el trabajo en rebaño, al cual debe conformarse el individuo. Le gusta el trabajo individual o el trabajo de equipo dentro de una comunidad cooperativa

La condenación definitiva de las prácticas escolásticas, consiste en que todos los niños hacen, en el mismo instante, exactamente la misma cosa. Es inútil clasificar a los alumnos por divisiones o por cursos: jamás tienen las mismas necesidades ni las mismas aptitudes, y es profundamente irracional pretender que todos avancen al mismo paso. Unos se ponen nerviosos porque deben avanzar despacio, mientras que quisieran y podrían ir más deprisa. Otros se desaniman porque son incapaces de seguir sin ayuda. Sólo una pequeña minoría aprovecha el trabajo así dispuesto.

Nosotros hemos buscado y hallado la posibilidad de permitir a los niños que trabajen a su propio ritmo, dentro de una comunidad viva.

Las propias nociones de trabajo en equipo y de trabajo cooperativo deben considerarse de nuevo. Trabajar en equipo o en cooperativa no significa forzosamente que cada miembro haga el mismo trabajo. Por el contrario, el individuo tiene que conservar su personalidad al máximo, pero al servicio de una comunidad.

Esta nueva fórmula de trabajo es, pedagógica y humanamente hablando, de una importancia extrema.

TEST:

Organizáis la interesante práctica del trabajo individual dentro de un equipo o de una comunidad. **verde**

Intentáis el trabajo en equipo. **naranja**

Persistís en la organización tradicional del trabajo. **rojo**

Invariante núm. 22:
El orden y la disciplina son necesarios en clase

Se cree con demasiada frecuencia que las técnicas Freinet coinciden fácilmente con una falta anárquica de organización, y que la expresión libre es sinónimo de libertinaje y de abandono.

La realidad es exactamente lo contrario: una clase compleja, que debe practicar simultáneamente diversas técnicas, en donde se trata de evitar la

© Ediciones Morata, S. L.

autoridad brutal, necesita mucho más orden y disciplina que una clase tradicional, donde los manuales y las lecciones son los instrumentos esenciales.

Aunque no se trata en este caso de este orden formal que se exterioriza, cuando el maestro vigila, en silencio y con los brazos cruzados. Tenemos necesidad de un orden profundo, inmerso en el comportamiento y el trabajo de los alumnos; de una verdadera técnica de vida motivada, y deseada, por los propios usuarios.

No se trata aquí de palabras, sino de realidades posibles en todas las aulas que se orienten hacia el trabajo nuevo. El orden y la disciplina de la Escuela Moderna son la organización del trabajo.

Practicad las técnicas modernas mediante el trabajo vivo, y los niños se disciplinarán por sí mismos, porque quieren trabajar y progresar según reglas que les son propias.

Entonces tendréis en vuestras aulas un orden verdadero.

TEST:

Conseguís, mediante técnicas complejas de trabajo, un orden vivo. **verde**

El trabajo no está aún lo bastante organizado para que pueda ser suficiente en esta búsqueda del orden necesario. **naranja**

Los niños necesitan aún el orden impuesto desde fuera. **rojo**

Invariante núm. 23:
Los castigos son siempre un error. Son humillantes para todos y jamás conducen a la finalidad buscada. Son, como mucho, una mala solución

Sin embargo, hay casos, nos dirán, en que el castigo se convierte en necesidad, cuando es la única solución para mantener el orden.

Es exacto. Pero lo es porque el error se ha cometido antes de nosotros o sin que nosotros intervengamos, teniendo ahora que soportar la triste consecuencia. Cuando la familia pega frecuentemente a los niños, éstos se forjan una técnica de vida basada en golpes y castigos. De momento, son insensibles a cualquier otra técnica de vida, siendo algunas veces terriblemente largo y difícil el proceso de enderezamiento.

Si los niños están mal alimentados, mal alojados, si no están habituados al trabajo, nos costará mucho conseguir un orden funcional. También en este caso, el error se habrá cometido fuera de nosotros.

Pero ajustando nuestro paso al error, no lo corregiremos; será preciso actuar consiguiendo que los castigos sean innecesarios.

Observad sinceramente a un niño al que se castiga; estudiad vuestras propias reacciones a los castigos que habéis sufrido. Existe siempre un elemento de oposición, de cólera, de venganza, de odio a veces. Siempre hay humillación, aun cuando esta humillación se recubra con un aire de bravata, de orgullo o de fanfarronada.

Si el castigo es siempre una equivocación, cada vez que recurráis a él, cometeréis una maniobra falsa, hasta en el caso de que aparentemente todo parezca ajustarse al orden, aunque no veáis en seguida sus consecuencias.

En el mismo grado en que interesemos a los niños en el trabajo dentro de la clase, satisfagamos su necesidad de creación, de enriquecimiento y de vida, la clase se armonizará y las sanciones serán inútiles.

No decimos que sea una cosa sencilla dejar de castigar. El orden y la disciplina son el resultado final de todas las condiciones de trabajo en la clase, y estas condiciones, muy frecuentemente, presentan todavía muchos aspectos negativos.

Pero todo ello no nos impide razonar justamente y medir la importancia de nuestros errores, aunque no podamos siempre evitarlos.

TEST:

Habéis suprimido totalmente los castigos bajo su forma de sanción automática. **verde**

Tratáis de suprimir los castigos, pero notáis, aún con demasiada frecuencia, recaídas sintomáticas. **naranja**

Creéis que los castigos son necesarios, y por tanto aceptables. **rojo**

Invariante núm. 24:
La vida nueva de la escuela supone la cooperación escolar, o sea, la gestión de la vida y del trabajo escolar, por los usuarios, incluyendo al maestro

La cooperación escolar es la consecuencia de las invariantes precedentes. Si todavía no habéis conquistado suficientes semáforos verdes, dudaréis en entregaros totalmente a la cooperación. Pensaréis que los niños no tienen bastante experiencia, no son suficientemente conscientes de sus obligaciones, no son bastante "hombres", siendo necesario que manifestéis vuestra superioridad y vuestra autoridad.

Si verdaderamente os habéis despojado del maestro a la antigua, daréis a la cooperativa escolar el máximo de responsabilidades en la organización de vuestra aula.

Pero:

1. Esta responsabilidad no debe ser exclusivamente económica y técnica. No se trata de recoger fondos y administrarlos, ni siquiera de producir beneficios para la cooperativa. Todo esto no debe ser descuidado, constitu-

yendo en suma un primer paso. A pesar de todo, es solamente un aspecto menor de una cooperación que debe extenderse a toda la vida de la clase, sobre todo al aspecto social y moral de la organización.

Ya hemos indicado cuáles son las técnicas, sobre todo el periódico mural y la asamblea general semanal de la cooperativa.

2. El maestro no debe contentarse viendo funcionar la cooperativa para castigar, desde fuera, las debilidades y los errores. Ha de integrarse en la cooperativa, intentando ser, con mucha comprensión y dinamismo, el mejor elemento de la misma.

TEST:

Practicáis esta cooperación total. **verde**

Tenéis una cooperativa sobrepuesta, por así decirlo, a la clase, pero sin estar investida todavía de todas sus responsabilidades. **naranja**

Queréis conservar todo el poder. **rojo**

Invariante núm. 25:
La sobrecarga de las clases es siempre un error pedagógico

Si se tratara sólo de instruir a los niños, quizá pudiera aceptarse, a veces, que fueran numerosos. Puede haber técnicas de trabajo que permitan las adquisiciones mecánicas a una masa de cincuenta alumnos, casi tan bien como a un equipo de diez.

Es lo que se trata de demostrar cuando se habla de las virtudes posibles de las técnicas audiovisuales.

Pero la adquisición de los conocimientos es, a pesar de todo, una función menor de la escuela. Por el contrario, lo importante es la formación en el niño del hombre que será mañana, del hombre moral y social, del trabajador consciente de sus derechos y deberes, suficientemente valeroso para enfrentarse a ellos, del niño y del hombre inteligente, investigador, creador, escritor, matemático, músico, artista.

Las cualidades que exigen estas funciones no pueden adquirirse de ningún modo en un grupo anónimo. No se adquirirán jamás por la simple información, por muy imponente que ésta sea. No pueden desarrollarse si no se tiene la posibilidad efectiva de trabajar, de actuar y de vivir individual y socialmente. También en este terreno "en la forja se hace el herrero"; viviendo y trabajando en equipo se aprende a vivir en grupo.

Estas condiciones ya no se cumplen desde el momento en que la escuela se convierte en una masa anónima, como ocurre automáticamente cuando hay más de veinte o veinticinco alumnos por clase.

© Ediciones Morata, S. L.

Test:

Tenéis veinte o veinticinco alumnos por clase y todo os es posible.	**verde**
Tenéis treinta o treinta y cinco alumnos, tendréis muchas dificultades.	**naranja**
Con un número de alumnos superior a éste.	**rojo**

Invariante núm. 26:
La concepción actual de los grandes conjuntos escolares conduce al anonimato de maestros y alumnos; por este mismo hecho es siempre una equivocación y un obstáculo

La gran masa, cuando no está organizada al servicio de las peculiaridades personales, cuando es la simple yuxtaposición de individuos que no están unidos por ningún nexo, sea espiritual o psíquico, es siempre destructora de la personalidad. Es lo que en todas las épocas se ha constatado en el ejército, que siempre embrutece.

Las escuelitas con menos de cinco o seis clases, siguen siendo todavía como un pueblo simpático donde las gentes pueden conocerse y vivir los unos en función de los otros, donde los maestros pueden simpatizar, discutir entre ellos y seguir a todos sus alumnos.

Por encima de este número de clases, se cae en los grandes grupos escolares, de tipo cuartel, donde el anonimato es general: los maestros no siempre se conocen entre sí; en todo caso no hay ningún pensamiento ni preocupación común que los agrupe y los una. Para los niños es un cuartel, más o menos maléfico, en donde no podría erradicar el espíritu cuartelario.

La construcción de escuelas de cinco o seis clases, la dispersión de los grandes grupos en unidades pedagógicas de cinco o seis elementos, nos parecen las medidas indispensables para la modernización y el éxito de la escuela.

Test:

Os encontráis en un grupo humano de cinco o seis clases, alcanzaréis el éxito con más facilidad.	**verde**
Condiciones especiales os posibilitan un trabajo aceptable dentro de un gran grupo escolar (por ejemplo, local y cursos separados, o clase de perfeccionamiento).	**naranja**
En un gran grupo tipo cuartel anónimo.	**rojo**

© Ediciones Morata, S. L.

Invariante núm. 27:
La democracia de mañana se prepara con la democracia en la escuela. Un régimen autoritario en la escuela no podría formar ciudadanos demócratas

Es algo tan natural que parece que el simple sentido común nos impondría a todos esta invariante. Las costumbres autoritarias están, desgraciadamente, tan arraigadas en la vida de padres y maestros que, en casi todas las clases y las familias, los niños continúan siendo esencialmente menores sometidos a la autoridad incontestable de los adultos.

El padre quizá pertenece a un sindicato y simpatiza naturalmente con un ideal progresista o milita en una agrupación política. Pero cuando está con su familia, con frecuencia se siente el amo que, como en la Edad Media, no tolera ninguna oposición a sus órdenes.

El maestro también se considera evolucionado social, sindical y políticamente, pero en su clase no tolera que se contradiga su autoridad. Todo debe marchar mediante reglas... si no es con el puntero.

Luego nos extrañamos de que los niños que un día escapan a esta autoridad sean incapaces de gobernarse ellos solos, de reflexionar y de actuar; que no puedan organizarse y que su preocupación principal, sea ahora y más tarde, la de ¡escapar a la autoridad!

En el siglo de la democracia, cuando todos los países, unos tras otros, alcanzan su independencia, la escuela del pueblo no debe ser sino una escuela democrática que prepare la verdadera democracia mediante el ejemplo y la acción.

Test:

Os esforzáis en organizar la democracia en la escuela. **verde**

Tímidamente hacéis algunos ensayos que aún no afectan a toda la enseñanza. **naranja**

Os encontráis todavía en la escuela autoritaria. **rojo**

Invariante núm. 28:
Sólo se puede educar dentro de la dignidad. Respetar a los niños, debiendo éstos respetar a sus maestros, es una de las primeras condiciones de la renovación de la escuela

A esta conclusión llegamos con los semáforos de luz naranja y luz verde que jalonan la ruta que nos hemos dedicado a definir.

De acuerdo con esta dignidad, en las nuevas relaciones que se establezcan en nuestras clases, mediremos los progresos reales que hayamos conseguido.

© Ediciones Morata, S. L.

El viejo proverbio recomendado a los adultos es íntegramente válido en nuestras aulas:

"No quieras para los demás lo que no quieras para ti. Haz a los demás lo que quisieras que te hicieran a ti."

TEST:

Conseguís que sea realidad esta regla en vuestra clase.	**verde**
Os esforzáis en ello, sin lograrlo aún totalmente.	**naranja**
No habéis humanizado todavía la escuela.	**rojo**

Invariante núm. 29:
La oposición de la reacción pedagógica, elemento de la reacción social y política, es también una invariante con la cual tendremos que contar por desgracia, sin que esté en nosotros la posibilidad de evitarla o modificarla

La naturaleza humana es tal que se instala egoístamente en su situación actual y se defiende, llegando hasta la injusticia y la violencia, contra cualquiera que pretenda, en nombre del progreso, perturbar la tranquilidad de quienes la detentan.

En una estación, de noche, intentad haceros sitio en un compartimiento en donde los viajeros estén instalados cómodamente, aunque ocupen las plazas que no les corresponden. Tendréis un concierto unánime de gruñidos, de protestas, de invectivas y hasta de actos violentos.

Puesto que habréis adquirido conciencia de la realidad de estas treinta invariantes, querréis adaptar la organización de vuestro trabajo y de vuestra clase a sus enseñanzas. Pero vuestro ejemplo, sobre todo si alcanza el éxito, obligará a los maestros y padres que estén a vuestro alrededor a reconsiderar progresivamente su acción. Será uno de vuestros méritos el conseguirlo lentamente, a pesar de las oposiciones, críticas, gruñidos e invectivas.

Si tantos de los nuestros son criticados, denigrados y calumniados, si muchas veces se logra movilizar contra ellos la conjunción del inmovilismo y del conservadurismo, es que se trata también en este caso de una invariante del progreso escolar y social.

No os extrañéis por ello. Sabed anticipadamente que es preciso contar con esta invariante, que es el precio que tendréis que pagar por vuestras conquistas, y que las mismas dificultades y los mismos sufrimientos jalonan siempre el camino de los que quieren ponerse a la cabeza, ya que se esfuerzan en ser educadores auténticos, formadores generosos de hombres.

© Ediciones Morata, S. L.

TEST:

Habéis conseguido dominar estas oposiciones. **verde**

Os encontráis enfrentados a estas oposiciones aunque con grandes esperanzas de éxito. **naranja**

Encontráis demasiada oposición para avanzar. **rojo**

Invariante núm. 30:
Por fin una invariante que justifica todos nuestros tanteos y autentifica nuestra acción: es la esperanza optimista en la vida

Así es: cuanto más joven y novel es el individuo, tanto más experimenta la necesidad de avanzar temerariamente. Cuando la autoridad brutal cree haber detenido su ímpetu, le vemos tomando clandestinamente veredas y atajos para pasar los obstáculos y reemprender inmediatamente su marcha adelante.

Sólo cuando por enfermedad, aburguesamiento, vejez o por equivocaciones graves en la educación, se llega a aniquilar esta esperanza en la vida, el fracaso puede parecer definitivo.

En nuestra incierta tentativa de seguir las invariantes indicadas hasta aquí, esta esperanza en la vida será el hilo misterioso de Ariadna que nos conduce hacia nuestro objetivo común: *la formación en el niño del hombre del mañana.*

© Ediciones Morata, S. L.

Célestin Freinet: datos biográficos

1896	15 de octubre: nacimiento en Gars (Alpes Marítimos).
1908	Octubre: ingreso en la *École primaire supérieure* de Grasse.
1912	Octubre: ingreso en la *École normale d'instituteurs* de Niza.
1914	Al final del segundo año de la *École normale*, profesor interino en Saint-Cézaire.
1915	10 de abril: movilización.
	15 de agosto: alumno aspirante en la academia militar de Saint-Cyr.
1916	26 de febrero: llegada al frente.
1917	23 de octubre: hieren a Freinet en el pulmón derecho en los bosques de Gobinaux, en el *Chemin des Dames*. "No, nosotros no somos gloriosos; damos pena."
1920	1 de enero: nombrado maestro adjunto de la escuela de Bar sur-Loup (Alpes Marítimos). En el mismo año, aparece *Touché. Souvenirs d'un blessé de guerre*, en la *Maison française d'art et d'édition* (París). "Ya no volverá mi juventud perdida..."
	Primeros artículos en *L'école emancipée*, órgano de la *Fédération de l'enseignement*.
1922	Durante las vacaciones escolares, visita las escuelas de tendencia anarquista de Hamburgo.
1923	Siempre durante las vacaciones escolares, Freinet participa en el *Congrès de la Ligue international pour l'education nouvelle* de Montreux (Suiza). Se encuentra con los grandes pedagogos de la época, como Ferrière, Claparède y Bovet.
	En el mismo año, aparecen el texto libre y la imprenta en la escuela, cuyos beneficios recoge Freinet en *Clarté*, la revista de Henri Barbusse y, de nuevo, en *L'école emancipée*. De este modo, empiezan a conocerse sus primeras experiencias pedagógicas.

Tras la publicación de esos artículos, llegan las primeras peticiones de información procedentes de enseñantes deseosos, como le dice uno de ellos, "de salir del atolladero".

En el curso de una reunión pedagógica en la que muestra tímidamente sus primeros ensayos a sus colegas de la región de Niza: "Pobre FREINET, le dicen, nunca harás nada práctico."

1924 Un maestro de Finistère, René DANIEL, le participa su deseo de adquirir una imprenta y de trabajar en su clase como se trabaja en Bar-sur-Loup. Es el principio de la correspondencia interescolar. "No estamos solos", indica FREINET en su diario de a bordo.

1925 Marzo: aparece un relato corto: *Tony l'assisté*, en *Éditions de la jeunesse*, de *L'École émancipée*.

Al final del curso escolar, viaje de estudios pedagógicos a la Unión Soviética, que FREINET recordará en *Un mois chez les enfants russes*, publicado en 1927 en la editorial de la revista *Les Humbles*, de Maurice WULLENS.

El cine entra en clase, con una cámara y un proyector Pathé-Baby. Sigue colaborando en *Clarté* y en *L'École émancipée* y, entre congreso y congreso, continúa la actividad pedagógica, muy animada, antes de emprender, en los años siguientes, diversos viajes para pronunciar conferencias en Francia y en el extranjero.

1926 6 de marzo: se casa con Élise Lagier-Bruno, que será, durante toda su vida, su principal colaboradora. Con ella, el arte en libertad hace su entrada en la escuela de Bar-sur-Loup.

1 de julio: primera carta circular: "El número de escuelas que trabajan con *L'Imprimerie à l'école* va en constante aumento. El año pasado, éramos sólo dos; en octubre próximo, seremos seis." Primer número de *L'Imprimerie à l'école*, boletín mensual de la cooperativa de ayuda mutua *L'Imprimerie à l'école*.

1927 2 de enero: "Al día de hoy, el saldo de nuestra cooperativa es de 150 francos."

Aparición de *L'Imprimerie à l'école*, en Éditions Ferrary.

Primer Congreso de *L'Imprimerie à l'école*, en Tours. Desde entonces, cada año se celebrará un congreso en una ciudad diferente, salvo durante la ocupación alemana.

Aparición de *La Gerbe*, primera revista redactada e ilustrada por niños.

Creación de la "cinemateca cooperativa".

1928 Creación de la *Coopérative de l'enseignement laïc* (CEL).

Congreso pedagógico internacional de Leipzig, al que llega FREINET "cargado de prensas, componedores, rodillos, ediciones diversas y dibujos de niños". Gran éxito.

La revista *L'Imprimerie à l'ecole* añade a su título: *"Le cinéma, la radio et les techniques nouvelles d'éducation populaire"*.

© Ediciones Morata, S. L.

"Habían pasado cinco años desde el nacimiento de *L'Imprimerie à l'école* que, día a día, le había llevado a este descubrimiento radiante del niño que iluminará toda su vida" (Élise FREINET).

Julio: se marcha de Bar-sur-Loup para ir a Saint-Paul-de-Vence. Había efectuado sus primeras investigaciones solo, sin apoyo. Ahora, puede escribir en el último boletín del año que envía a sus compañeros: "Sin duda, en octubre, superaremos la centena de afiliados."

Instalación en Saint-Paul, en donde, a partir de entonces, estará la sede de la CEL. "Ayer tenía 45 alumnos amontonados en una clase construida para 27 y que sólo tiene 41 asientos."

1929 Nacimiento del *Fichier scolaire coopératif* (FSC), conjunto de fichas documentales portátiles que permiten el trabajo individualizado.

1930 "El año que se inaugura es plenamente estimulante."

Ediciones Ferrary publica *Plus de manuels scolaires*.

El disco y el fonógrafo entran en la escuela.

La edición del FSC abre otro agujero en las difíciles finanzas de la CEL. "Personalmente, no puedo ir más allá de los sacrificios aceptados."

Le Dessin, première activité libre, de Élise FREINET.

1931 *La Grammaire en quatre pages*.

El *Camescasse*, iniciador matemático, se connvierte en un nuevo instrumento de la CEL.

Primer curso de esperanto en *L'Imprimerie à l'école*. De él se sigue un incentivo para la correspondencia internacional.

En noviembre: primer número de la *Bibliothèque de travail*, "folletos documentales para el trabajo libre de los niños".

1932 *L'Imprimerie à l'école* se convierte en *L'Éducateur prolétarien*.

Edición del *Fichier de calcul*, fichas autocorrectivas para el trabajo individualizado. Le seguirá el *Fichier de grammaire*.

Desarrollo de la cooperativa escolar, siguiendo a su iniciador, M. PROFIT: "En mi clase, he puesto en manos de los niños la gestión de toda la comunidad escolar."

En *L'Éducateur proletarien* aparece un artículo de FREINET sobre "*Psychanalyse et éducation*".

Principios de agosto: El *Congrés international d'Éducation nouvelle* de Niza, "una de las manifestaciones más importantes de la nueva pedagogía mundial", está dominado por el prestigio de Maria MONTESSORI. El 7, por la mañana, una centena de congresistas, invitados por FREINET, invade la escuela y las calles de Saint-Paul. Entre ellos, Roger COUSINET y, procedente de la Unión Soviética, RUBAKÍN. En este día, considerado "revolucionario" por los notables del "Saint-Paul de los ricos", puede situarse el principio de lo que se convertiría en el "asunto de Saint-Paul".

© Ediciones Morata, S. L.

1933	A pesar de la movilización unánime de los partidos de izquierda, de los sindicatos y de altas personalidades del mundo artístico e intelectual, vencerá la reacción. El 21 de junio, FREINET es "trasladado de oficio en beneficio de la escuela laica". "¿Qué importan las vicisitudes del momento? —señala. Lo esencial es que la idea avanza y que, mediante nuestro modesto esfuerzo, contribuimos a la lucha decisiva que impone la historia a nuestras generaciones."
1934	FREINET dimite de la enseñanza pública. Proyección internacional de la pedagogía Freinet que han hecho conocer los acontecimientos de Saint-Paul. Educación y salud son indisolubles: se abre la sección fija: *"Naturisme prolétarien"*, en *L'Éducateur* del mismo nombre. En primavera, parte de Saint-Paul y va a Vence, en donde se construirá la escuela nueva: la *École Freinet*. "Escojo la única vía que me parece posible para continuar la obra que constituye toda mi vida." Durante las vacaciones de verano, la CEL sigue sus pasos.
1935	Acción con los padres: cuatro artículos publicados en *L'Éducateur prolétarien*: *"Formez des ligues de parents prolétaires"*, el *"Premier discours aux parents"*, seguido del *"Deuxième"* y del *"Troisième discours aux parents"*. La *Ligue des parents* será la primera etapa de un movimiento más importante, que defenderá especialmente al niño: el *Front de l'enfance*. 1 de octubre: inauguración oficial de la *École Freinet*, en la colina de Pioulier, en Vence. Lo esencial de lo que constituye la "pedagogía Freinet" ya está en la calle. Pero, en la *École Freinet*, todo se afina y, por fin, allí puede crear FREINET su auténtico "laboratorio viviente", libre ya para dedicarse a sus investigaciones.
1936	"Al Frente popular debe responder el Frente de la infancia." En el *Congrés de l'Internationales de l'enseignement*, en el mes de octubre, en Meudon, FREINET presenta un informe sobre las perspectivas que abre el *Front de l'enfance*. Entusiasmo. El presidente será Romain ROLLAND. La CEL cuenta con 1.500 afiliados. Fracaso relativo del *Front de l'enfance*. Decepción, pero "proseguiremos nuestra ingrata tarea de creación y de construcción". Y, en efecto, prosigue. El 15 de octubre, aparece *Pour un nouveau plan d'études français*, "proyecto de realizaciones inmediatas sometido al Sr. Ministro de Educación nacional, a los diputados y a los organismos pedagógicos". Silencio.
1937-1938	Éxodo de niños españoles. La *École Freinet* se convierte en un lugar de acogida y de asilo, en medio de innumerables dificultades materiales y financieras. "Nuestra única preocupación es servir a España, servir a los niños españoles."

© Ediciones Morata, S. L.

Lanzamiento de las *Brochures d'éducation nouvelle populaire* (BENP). FREINET escribirá unos veinte.

En el mes de agosto de esos dos años: "Cursos de vacaciones" organizados en la *École Freinet*. Numerosos participantes, a menudo extranjeros.

1939 Del 30 de julio al 6 de agosto. Tercer "curso de vacaciones" en la *École Freinet*.

1 de octubre: *L'Éducateur prolétarien* se convierte en *L'Éducateur*. Durante el verano, se declara la guerra, que reduce progresivamente la actividad de la CEL y de la *École Freinet*.

1940 15 de marzo: deja de aparecer *L'Éducateur*.

20 de marzo: la policía de Vichy detiene a FREINET, como militante comunista, y lo interna. "A mi pesar, soñaba en el día en que hiciera el camino en sentido inverso, porque no tiene sentido desesperar."

1941 10 de junio: prevenida de su inminente detención, Élise FREINET abandona precipitadamente Le Pioulier, dejándolo todo. "No lamento esta dura experiencia de nuestra escuela que nos ha permitido salvar a tantos niños en condiciones de continua pobreza", escribirá. Optó por marchar a Vallouise (Altos Alpes), en donde se encontraba su madre.

1941-1943 El tiempo de inacción se convierte en tiempo de escritura. En los campos y en Vallouise, FREINET construye su obra, la que le sobrevivirá.

1944 Desde el principio del año, el maquis de Béassac, cerca de Vallouise, le acapara.

Llegada la liberación, estimula en Gap el Comité departamental de liberación de los Altos Alpes y, en el *Grand Séminaire*, todavía desocupado, dirige un "centro escolar" que acoge a los niños víctimas de la guerra.

FERRIÈRE le escribe: "He visto a LANGEVIN. Es tu hora y espero que llegue la mía." Con el tiempo justo de acabar la obra emprendida, la hora habrá pasado. Pero esto es otra historia.

1945 15 de febrero: *L'Éducateur* reaparece con diez modestas páginas.

Del 30 de julio al 4 de agosto: *Stage international de l'Imprimerie à l'ecole* en el *Grand Séminaire*. De nuevo, la CEL entra en la historia.

Principio de la campaña de calumnias orquestada por el partido comunista francés contra FREINET, que ingresó en él en 1927 y lo abandonaría en 1948.

En agosto: vuelta a Vence y reapertura de la *École Freinet*. "Volvemos a partir de cero. [...] No será la menor de nuestras victorias la de probar, en marcha, la aplastante verdad que os deslumbrará mañana."

1946 Durante las vacaciones de Pascua, segundo encuentro después de la guerra, en Cannes.

1 de septiembre: La CEL se instala en Cannes. "No hay salvador supremo. No esperéis que la salud os venga de lo alto. Está en todos vosotros, en todos nosotros, en trabajar juntos. El porvenir está en vuestras manos."

* * *

Desde entonces, la pedagogía Freinet cobra su dimensión definitiva. Su estructura se desarrolla en el plano internacional, creándose grupos en numerosos países y conociendo una importante actividad. En 1961, la *Fédération internationale des mouvements d'École moderne* (FIMEM) los reúne. La CEL cuenta rápidamente con 10.000, 20.000 y 30.000 afiliados.

La frenética actividad de Freinet da aún lugar a gran cantidad de realizaciones, retirando las piedras del camino que han jalonado su vida sin ahogar "el inextinguible entusiasmo". Aparecen nuevas revistas: en 1950, *Art enfantin*, dirigida por Élise Freinet; después, en 1953, *Albums d'enfants* y *L'Éducateur culturel*; en 1959, *Techniques de vie*; en 1963, *L'Éducateur second degré*; en 1964, *L'Éducateur technologique*.

En 1955, en Éditions de la Table ronde, aparece *Enfants poètes*, poemas de la *École Freinet*, y *Bandes enseignantes et programmation*, en la colección "Bibliothèque de l'École moderne" (BEM). En 1953, Freinet lanza la campaña "25 alumnos por clase" y, diez años más tarde, la creación de una sociedad protectora del niño.

En 1949, la película *L'École buissonière* dio a conocer al gran público *L'Imprimerie à l'école* y el "asunto de Saint-Paul", sin mencionar a Freinet ni Saint-Paul.

La *École Freinet* toma un nuevo auge. Su renombre lleva a Vence a miles de congresistas y visitantes. Se suceden las "*Journées de Vence*" y los coloquios en torno a Freinet. Se crea un museo de arte infantil. En 1964, se convierte en "escuela experimental" y, por fin, los emolumentos de sus enseñantes corren a cargo del Ministerio de Educación nacional.

* * *

1965	Freinet trata de crear un instituto de formación que diera a su escuela una nueva dimensión. Pero, una vez más, falta el dinero y será demasiado tarde para esta última aventura.
1966	8 de octubre: Freinet muere en Vence. Adolphe Ferrière, el amigo de siempre, escribe: "Trasladó a la realidad todos los sueños generosos de los grandes pedagogos".

© Ediciones Morata, S. L.

EPÍLOGO

1967   Una asociación, al amparo de la ley 1901, cuyos fines son "asegurar la conservación, el desarrollo y la aplicación práctica de los métodos pedagógicos de Célestin Freinet", dirige la *École Freinet*.
1981   Deceso de Élise FREINET.
1986   La CEL cesa en sus actividades.
1991   Por decisión de M. Lionel JOSPIN, Ministro de Educación nacional, la *École Freinet* se convierte en escuela pública del Estado.

© Ediciones Morata, S. L.

Obras de Célestin y de Élise Freinet traducidas al castellano
(por orden de su fecha de publicación en francés)

Obras de Célestin Freinet

1927:

— *La imprenta en la escuela*. Villafranca del Panadés. Cooperativa española de la imprenta en la escuela, 1936. [*L'Imprimerie à l'École,* Ferrary.]

1960:

— *La educación moral y cívica*. Barcelona. Laia, 1979, 3.ª ed. [*L'éducation morale et civique*. Cannes. Coopérative de l'Enseignement Laïc.]
— *El texto libre*. Barcelona. Laia, 1979, 4.ª ed. [*Le texte libre*. Cannes. Coopérative de l'Enseignement Laïc.]
— *Modernizar la escuela* (en colab. con R. SALENGROS). Barcelona. Laia, 1974, 3.ª ed. [*Moderniser l'école*. Cannes. Coopérative de l'Enseignement Laïc.]

1961:

— *La lectura en la escuela por medio de la imprenta* (en colab. L. BALESSE). Barcelona. Laia, 1979, 4.ª ed. [*La lecture par l'imprimerie à l'école*. Cannes. Coopérative de l'Enseignement Laïc.]
— *El método natural de lectura*. Barcelona. Laia, 1978, 3.ª ed. [*Méthode naturelle de lecture*. Cannes. Coopérative de l'Enseignement Laïc.]
— *La salud mental de los niños*. Barcelona. Laia, 1982, 4.ª ed. [*La santé mentale des enfants*. Cannes. Coopérative de l'Enseignement Laïc.]

1962:

— *Consejos a los maestros jóvenes*. Barcelona. Laia, 1979, 4.ª ed. [*Conseils aux jeunes*. Cannes. Coopérative de l'Enseignement Laïc.]
— *Dibujos y pinturas de niños*. Barcelona. Laia, 1978, 4.ª ed. [*Dessins et pintures d'enfants*. Cannes. Coopérative de l'Enseignement Laïc.]
— *La enseñanza del cálculo* (en colab. con M. BEAUGRAND). Barcelona. Laia, 1979, 3.ª ed. [*L'enseignement de calcul*. Cannes. Coopérative de l'Enseignement Laïc.]
— *La enseñanza de las ciencias*. Barcelona. Laia, 1979, 3.ª ed. [*L'enseignement des sciences*. Cannes. Coopérative de l'Enseignement Laïc.]
— *Los planes de trabajo*. Barcelona. Laia, 1979, 4.ª ed. [*Les plans de travail*. Cannes. Coopérative de l'Enseignement Laïc.]

1963:

— ¿Cuál es el papel del maestro? ¿Cuál es el papel del niño? Barcelona. Laia, 1978, 4.ª ed. [Quelle est la part du maître? Quelle est la part de l'enfant? Cannes. Coopérative de l'Enseignement Laïc.]
— La formación de la infancia y de la juventud. Barcelona. Laia, 1982, 6.ª ed. [Formation de l'enfance et de la jeunesse. Cannes. Coopérative de l'Enseignement Laïc.]
— Las técnicas audiovisuales. Barcelona. Laia, 1979, 3.ª ed. [Les techniques audio-visuelles. Cannes. Coopérative de l'Enseignement Laïc.]

1964:

— Las enfermedades escolares. Barcelona. Laia, 1982, 6.ª ed. [Les maladies scolaires. Cannes. Coopérative de l'Enseignement Laïc.]

1967:

— El diario escolar. Barcelona. Laia, 1977, 2.ª ed. [Le journal scolaire. Cannes. Coopérative de l'Enseignement Laïc.]
— La educación por el trabajo. México. Fondo de Cultura Económica, 1974. [L'éducation du travail. Neuchâtel. Delachaux et Niestlé.]

1968:

— Los métodos naturales. Vol. I. El aprendizaje de la lengua. Barcelona. Martínez Roca, 1984, 3.ª ed. [La méthode naturelle. L'apprentissage de la langue. Neuchâtel. Delachaux et Niestlé.]
— Los métodos naturales. Vol. II. El aprendizaje del dibujo. Barcelona. Martínez Roca, 1987. [La méthode naturelle. L'apprentissage du dessin. Neuchâtel. Delachaux et Niestlé.]

1971:

— Ensayo de Psicología Sensitiva. Reeducación de las técnicas de vida sustitutivas. Madrid. Villalar, 1977. [Essai de Psychologie sensible. Vol. II. Reéducation des techniques de vie ersatz. Neuchâtel. Delachaux et Niestlé.]
— Los métodos naturales. Vol. III. El aprendizaje de la escritura. Barcelona. Martínez Roca, 1986. [La méthode naturelle. L'apprentissage de l'écriture. Neuchâtel. Delachaux et Niestlé.]

1978:

— El equilibrio mental del niño. Barcelona. Laia, 1979. [La santé mentale de l'enfant. París. Librairie François Maspero.]
FREINET, C.; DOERING, M.; PISTRAK; CHULGUIN; EPSTEIN; DOWONOVSKI y otros (s. f.): La escuela y el niño proletario. La nueva pedagogía soviética. Valencia. Edit. Unión de Escritores y Artistas Proletarios.
   (Este libro contiene, en su primera parte, una selección de los informes presentados en el Congreso Mundial de Trabajadores de la Enseñanza, en Leipzig, donde Célestin Freinet presenta un texto con el título: La disciplina en la escuela burguesa; y en la segunda parte otra selección de los trabajos presentados en el Congreso de Trabajadores de la Enseñanza de la Unión Soviética.)

Obras de Élise Freinet

1968:

— Nacimiento de una pedagogía popular. Historia de una escuela moderna. Barcelona. Laia, 1977, 2.ª ed. [Naissance d'une pédagogie populaire. París. François Maspero.]

1975:

— La escuela Freinet. Los niños en un medio natural. Barcelona. Laia, 1981. [L'école Freinet, réserve d'enfants. París. François Maspero.]

1980:

— Pedagogía Freinet. Los equipos pedagógicos como método. México. Trillas. 1994. [Les équipes pédagogiques. François Maspero.]

© Ediciones Morata, S. L.

Otras obras de Ediciones Morata de interés

Ball, S.: *Foucault y la educación,* (2.ª ed.), 1994.
Baudelot, Ch. y Establet, R.: *El nivel educativo sube,* 1989.
Bennett, N.: *Estilos de enseñanza y progreso de los alumnos,* 1979.
Bernstein, B.: *La estructura del discurso pedagógico,* (2.ª ed.), 1994.
Browne, N. y France, P.: *Hacia una educación infantil no sexista,* 1988.
Bruner, J.: *Desarrollo cognitivo y educación,* (2.ª ed.), 1995.
Cook, T. D. y Reichardt, Ch.: *Métodos cualitativos y cuantitativos en investigación evaluativa,* 1986.
Dewey, J.: *Democracia y educación,* 1995.
Donaldson, M.: *La mente de los niños,* (3.ª ed.), 1993.
— — — *Una exploración de la mente humana,* 1996.
Driver, R., Guesne, E. y Tiberghien, A.: *Ideas científicas en la infancia y la adolescencia,* (2.ª ed.), 1992.
Elliott, J.: *La investigación-acción en educación,* (2.ª ed.), 1994.
— — — *El cambio educativo desde la investigación-acción,* 1993.
Escuelas infantiles de Reggio Emilia: *La inteligencia se construye usándola,* 1995.
Fernández Pérez, M.: *Evaluación y cambio educativo: el fracaso escolar,* (3.ª ed.), 1994.
Field, T.: *Primera infancia,* 1996.
Gimeno Sacristán, J.: *El* curriculum: *una reflexión sobre la práctica,* (5.ª ed.), 1995.
— — — *La pedagogía por objetivos: obsesión por la eficiencia,* (8.ª ed.), 1995.
— — — *El significado de las transiciones en educación,* 1996.
— — — **y Pérez Gómez, A.:** *Comprender y transformar la enseñanza,* (5.ª ed.), 1996.
Goetz, J. P. y LeCompte, M. D.: *Etnografía y diseño cualitativo en investigación educativa,* 1988.
González Portal, M. D.: *Conducta prosocial: evaluación e intervención,* (2.ª ed.), 1995.
Grundy, S.: *Producto o praxis del* curriculum, (2.ª ed.), 1994.
Hegarty, S.: *Aprender juntos: la integración escolar,* (2.ª ed.), 1994.
Hicks, D.: *Educación para la paz,* 1993.
Hyde, J. Sh.: *Psicología de la mujer,* 1995.
Jackson, Ph. W.: *La vida en las aulas,* (4.ª ed.), 1996.
Kemmis, S.: *El* curriculum: *más allá de la teoría de la reproducción,* (2.ª ed.), 1993.
Liston, D. P. y Zeichner, K. M.: *Formación del profesorado y condiciones sociales de la escolarización,* 1993.
Loughlin, C. E. y Suina, J. H.: *El ambiente de aprendizaje: diseño y organización,* (3.ª ed.), 1995.
Lundgren, U. P.: *Teoría del* curriculum *y escolarización,* 1992.
McCarthy, C.: *Racismo y curriculum,* 1994.
Newman, D., Griffin, P. y Cole, M.: *La zona de construcción del conocimiento, 1994.*
Perrenoud, J.: *La construcción del éxito y del fracaso escolar,* (2.ª ed.),1996.
Popkewitz, Th. S.: *Sociología política de las reformas educativas,* 1994.
Saunders, R. y Bingham-Newman, A. M.: *Perspectivas piagetianas en la educación infantil,* 1989.
Stenhouse, J.: *Investigación y desarrollo del* curriculum, (3.ª ed.), 1993.
— — — *La investigación como base de la enseñanza,* (2.ª ed.), 1993.
Tann, C. S.: *Diseño y desarrollo de unidades didácticas en la escuela primaria,* (2.ª ed.), 1993.
Torres, J.: *El* curriculum *oculto,* (4.ª ed.), 1994.
— — — *Globalización e interdisciplinariedad: el* curriculum *integrado,* (2.ª ed.), 1996.
Turner, J.: *Redescubrir el grupo social,* 1990.
Tyler, W.: *Organización escolar,* (2.ª ed.), 1996.
Usher, R. y Bryant, I.: *La educación de adultos como teoría, práctica e investigación,* 1992.
V.V.A.A.: *Volver a pensar la educación* (2 vols.), 1995.
Walker, R.: *Métodos de investigación para el profesorado,* 1989.
Zimmermann, D.: *Observación y comunicación no verbal en la escuela infantil,* (2.ª ed.), 1992.

© Ediciones Morata, S. L.